W0473517

Die Autoren

Prof. Dr. Josef Fleckenstein, geb. 1919 in Kämmeritz, Kreis Querfurt, studierte in Leipzig, Mainz und Freiburg i. Br. Geschichte, Kunstgeschichte, Germanistik und Latein, wurde 1958 Privatdozent der Geschichte in Freiburg i. Br., war seit 1962 ord. Professor in Frankfurt a. M., seit 1965 in Freiburg und ist seit 1971 Direktor am Max-Planck-Institut für Geschichte in Göttingen. Seine Hauptforschungsgebiete sind Verfassungs- und Sozialgeschichte sowie Geistesgeschichte des Mittelalters. Neben zahlreichen Spezialarbeiten u. a. zur Geschichte des frühen deutschen Adels und Vorarbeiten für eine Geschichte des mittelalterlichen Rittertums veröffentlichte er u. a.: ›Die Bildungsreform Karls des Großen als Verwirklichung der norma rectitudinis‹ (1953); ›Karl der Große‹ (1962); ›Die Hofkapelle der deutschen Könige‹ (2 Bde., 1959–62).

Dr. Marie Luise Bulst-Thiele, geb. 1906 in Witten/Ruhr, promovierte 1933 in Göttingen mit einer Arbeit über die Kaiserin Agnes, hatte seit 1947 einen Lehrauftrag für lateinische Literatur des Mittelalters an der Universität Heidelberg; mit Fritz Ernst gab sie die ›Texte zur Geschichte der salischen Kaiserzeit‹ heraus (2 Bde., 1953–63) und veröffentlichte Spezialuntersuchungen vor allem über Quellen des 11. Jahrhunderts und zur Geschichte des Templerordens.

Gebhardt
Handbuch der deutschen Geschichte

Neunte, neu bearbeitete Auflage,
herausgegeben von
Herbert Grundmann

Band 3

Josef Fleckenstein
Marie Luise Bulst-Thiele:
Begründung und Aufstieg des deutschen Reiches

Deutscher
Taschenbuch
Verlag

dtv

Band 3 der Taschenbuchausgabe enthält den ungekürzten Text des Handbuchs der deutschen Geschichte, Band 1: Frühzeit und Mittelalter, Teil III.
Unsere Zählung Kapitel 1–31 entspricht den §§ 48–78 im Band 1 des Originalwerkes.

März 1973
Deutscher Taschenbuch Verlag GmbH & Co. KG, München
© 1970 Union Verlag, Stuttgart
Umschlaggestaltung: Celestino Piatti
Gesamtherstellung: C. H. Beck'sche Buchdruckerei, Nördlingen
Printed in Germany · ISBN 3-423-04203-6

Inhalt

Abkürzungsverzeichnis

Abh. Ak.	Abhandlung(en) der Akademie der Wissenschaften ..., phil.-hist. Klasse (wenn nicht anders angegeben)
ADB	Allgemeine Deutsche Biographie (56 Bde. München 1875–1912)
AHR	The American Historical Review (New York 1895 ff.)
AKG	Archiv für Kulturgeschichte (1903 ff.)
Anal. Boll.	Analecta Bollandiana (Zeitschr. der Acta Sanctorum, 1882 ff.)
AnnHVNiederrh.	Annalen des Historischen Vereins für den Niederrhein (Köln 1855 ff.)
AÖG	Archiv für österreichische Geschichte (Wien 1848 ff.)
AUF	Archiv für Urkundenforschung (18 Bde. 1908–1939), fortgesetzt im Archiv für Diplomatik (1955 ff. = Arch. f. Dipl.)
B.	Bischof; Bt. = Bistum
BECh	Bibliothèque de l'Ecole des Chartes (Paris 1839 ff.)
BFW	J. Fr. Böhmer, Regesta Imperii, 5. Aufl., neu bearbeitet von J. Ficker u. E. Winkelmann (4 Bde. 1881–1901)
BIStIAM	Bulletino dell'Istituto Storico Italiano per il medio avo e archivio Muratoriano
Bll.	Blätter
Const.	Constitutiones (Abteilung der MGH)
DA	Deutsches Archiv für Geschichte des Mittelalters (1937 ff., seit Bd. 8: für Erforschung des Mittelalters; Zeitschrift der MGH, Fortsetzung des NA)
DALVF	Deutsches Archiv für Landes- und Volksforschung (8 Bde. 1937 bis 1944)
DD	Diplomata (Hauptabteilung der MGH); DD H. I. = Urkunde Heinrichs I. usw.
Diss.	Dissertation; Diss. Ms. = ungedruckte Dissertation in Maschinenschrift
DLZ	Deutsche Literaturzeitung (1880 ff.)
Dt., dt.	deutsch; Dtld. = Deutschland
Dt. O.	Deutscher Orden
DVLG	Deutsche Vierteljahrsschrift für Literaturwissenschaft und Geistesgeschichte (1923 ff.)
DW^{9}	Dahlmann-Waitz, Quellenkunde der deutschen Geschichte, 9. Aufl., hg. v. H. Haering (1931, Registerband 1932)
DW^{10}	dasselbe, 10. Aufl., hg. v. H. Heimpel u. H. Geuss (seit 1965 im Erscheinen)
DZG	Deutsche Zeitschrift für Geschichtswissenschaft (14 Bde. 1890 bis 1898), fortgesetzt in HV
Eb.	Erzbischof; Ebt. = Erzbistum
EHR	The English Historical Review (London 1886 ff.)
ELJb.	Elsaß-Lothringisches Jahrbuch (21 Bde. 1922–1943)
Epp.	Epistolae (Hauptabteilung der MGH)
FBPG	Forschungen zur brandenburgischen und preußischen Geschichte (55 Bde. 1888–1944)
FDG	Forschungen zur deutschen Geschichte (26 Bde. 1862–1886)
FRA	Fontes rerum Austriacarum
GBll.	Geschichtsblätter

GdV	Geschichtschreiber der deutschen Vorzeit
Gf.	Graf; Gfsch. = Grafschaft
GGA	Göttingische Gelehrte Anzeigen (1739 ff.)
GV	Geschichtsverein
GWU	Geschichte in Wissenschaft und Unterricht, Zeitschrift des Verbandes der Geschichtslehrer Deutschlands (1950 ff.)
Hdb.	Handbuch
Hdwb.	Handwörterbuch
hg. v.	herausgegeben von; (Hg.) = Herausgeber
Hg.	Herzog; Hgt. = Herzogtum
HJb	Historisches Jahrbuch der Görresgesellschaft (1880 ff.)
HM	Hochmeister
HV	Historische Vierteljahrschrift (Fortsetzung der DZG, 31 Bde. 1898–1938). – In anderen Zeitschriften-Titeln HV = Historischer Verein
HZ	Historische Zeitschrift (1859 ff.)
Jb.	Jahrbuch; Jbb. = Jahrbücher
JE, JK, JL	Ph. Jaffé, Regesta pontificum Romanorum, 2. Aufl. bearb. von P. Ewald, F. Kaltenbrunner, S. Löwenfeld (2 Bde. 1885/88)
K.	Kaiser
Kf.	Kurfürst; Kft. = Kurfürstentum
Kg.	König; Kgr. = Königreich
KiG	Kirchengeschichte
KiR	Kirchenrecht
LG	Landesgeschichte
Lgf.	Landgraf
LL	Leges (Hauptabteilung der MGH)
LThK	Lexikon für Theologie und Kirche, hg. v. M. Buchberger (10 Bde. 1930 bis 1938); 2. Aufl. hg. v. J. Höfer u. K. Rahner (11 Bde. 1957–1967)
MA	Mittelalter; mal. = mittelalterlich
MG, MGH	Monumenta Germaniae Historica (s. im Anhang unter Quellensammlungen
Mgf.	Markgraf; Mgfsch. = Marktgrafschaft
Migne, PL	Abbé J. P. Migne, Patrologiae cursus latinus (221 Bde. 1844–64)
MIÖG	Mitteilungen des Instituts für österreichische Geschichtsforschung (Wien 1880 ff.); Bd. 39–55 (1923–1944): MÖIG = Mitteilungen des österreich. Inst. f. Geschichtsforschung
N	Neu, News
NA	Neues Archiv der Gesellschaft für ältere deutsche Geschichtskunde (50 Bde. 1876–1935; Zeitschrift der MGH, fortgesetzt im DA)
NDB	Neue Deutsche Biographie (1953 ff.)
Ndr.	Neudruck, Nachdruck
NF	Neue Folge
NS, n. s.	Nova series
NZ	Neuzeit
PBB	Beiträge zur Gesch. der deutschen Sprache und Literatur, begründet von H. Paul und W. Braune (1874 ff.)
Pfgf.	Pfalzgraf
PRE	Realenzyklopädie für protestantische Theologie und Kirche, begr. v. J. J. Herzog, 3. Aufl. hg. v. A. Hauck (24Bde. 1896 bis 1913)

QFItA	Quellen und Forschungen aus italienischen Archiven und Bibliotheken (1897 ff., Zeitschrift des Preußischen bzw. Deutschen Historischen Instituts in Rom)
RG	Rechtsgeschichte
RGG	Die Religion in Geschichte und Gegenwart, 3. Aufl. hg. v. K. Galling (6 Bde. 1957–1962)
RGK	Römisch-German. Kommission
RH	Revue historique (Paris 1876 ff.)
RHE	Revue d'histoire ecclésiastique (Louvain 1900 ff.)
Rhein.Vjbll.	Rheinische Vierteljahrsblätter, Mitteilungen des Instituts für geschichtl. Landeskunde der Rheinlande an der Universität Bonn (1931 ff.)
RI	Regesta Imperii, begründet von J. Fr. Böhmer
RNI	Regestum super negotio Romani imperii
RQH	Revue des questions historiques (134 Bde. Paris 1866–1939)
RQs	Römische Quartalschrift für christliche Altertumskunde und für Kirchengeschichte (1887 ff.)
RT	Reichstag
RTA	Dt. Reichstagsakten
Sa(chsen) u. Anh.	Sachsen und Anhalt, Jahrbuch der landesgeschichtlichen Forschungsstelle für die Provinz Sachsen und Anhalt (17 Bde. 1925 bis 1943)
SB	Sitzungsberichte der Akad. d. Wiss. . . ., phil.-hist. Klasse
SS	Scriptores (Hauptabteilung der MGH)
SSCI	Settimane di Studio del Centro Italiano di Studi sull'Alto Medioevo (Spoleto 1954 ff.)
Tb.	Taschenbuch
UB	Urkundenbuch
V	Verein
Vfg.	Verfassung
VG	Verfassungsgeschichte
Vjh.	Vierteljahrshefte
VSWG	Vierteljahrsschrift für Sozial- und Wirtschaftsgeschichte (1903ff.)
VuG	Vergangenheit und Gegenwart, Zeitschrift für den Geschichtsunterricht und für staatsbürgerliche Erziehung (34 Bde. Leipzig 1911–1944)
WaG	Die Welt als Geschichte, Zeitschrift für universalgeschichtliche Forschung (23 Bde. 1935–1963)
WB	Wörterbuch
WG	Wirtschaftsgeschichte
ZA	Zeitalter
ZdA	Zeitschrift für deutsches Altertum und deutsche Literatur (1841 ff.)
ZGORh	Zeitschrift für die Geschichte des Oberrheins (1850 ff., NF seit 1886)
ZKiG	Zeitschrift für Kirchengeschichte (1876 ff.)
ZRG	Zeitschrift für Rechtsgeschichte (13 Bde. 1861–1878)
ZRG GA	Zeitschrift der Savigny-Stiftung für Rechtsgeschichte, Germanistische Abteilung (1880 ff.)
ZRG KA	dasselbe, Kanonistische Abteilung; bei Sonderzählung ihrer Bände entspricht Bd. 1 (1911) dem Jahrgang 32 der gesamten Zeitschrift

ZRG RA	dasselbe, Romanistische Abteilung
Zs.	Zeitschrift

Quellen- und Literaturverweise innerhalb des Handbuchs wurden auf die neue Einteilung in Taschenbücher umgestellt. So entspricht z. B. Bd. 2, Kap. 4 dem § 27 im Band 1 der Originalausgabe.
Bei Verweisen innerhalb eines Bandes wurde auf die Angabe des Bandes verzichtet und nur das Kapitel angegeben.

Allgemeine Literatur und Quellen zu diesem Band

Eine Übersicht über die Hilfsmittel, Quellensammlungen und allgemeinen Darstellungen zur Geschichte des deutschen Mittelalters findet sich am Schluß dieses Bandes.

Quellen: DW^{9} 5922 ff. u. 6084 ff. – Quellenkunde: W. Wattenbach – R. Holtzmann, Dtlds. Geschichtsquellen im MA. Dt. Kaiserzeit I, 1–4 (1938/43), Neuausg. ergänzt v. F.-J. Schmale (2 Bde. 1967), mit Hinweisen auf Ausgaben und Übersetzungen. A. Lhotsky, Quellenkunde zur mittelalterl. Gesch. Österreichs, MIÖG Erg.-Bd. 19 (1963). Knappe Einführung: K. Jakob, Quellenkunde d. dt. Gesch. im MA 2, neu bearb. v. H. Hohenleutner (Slg. Göschen ^{5}1961).
Herrscher-Urkunden: MG Diplomata regum et imperatorum Germaniae (= DD) 1–5 (von Konrad I. bis Heinrich III.), hg. v. Th. Sickel u. a. (1879–1931). – F. J. Böhmer, Regesta Imperii (= RI), Neubearbeitung s. zu den einzelnen Herrschern, dazu Bd. II 5: Papstregesten 911–1024, bearb. v. H. Zimmermann (1969). – Reichsgesetze im MG Const. 1 (1893, Ndr. 1963).
Gute, bes. die erzählenden Quellen wörtlich heranziehende Arbeitsgrundlage: G. Richter u. H. Kohl, Annalen d. dt. Gesch. im MA 2 u. 3, 1 (1885–1890).

Literatur: DW^{9} 5963 ff. u. 6159 ff. Von älteren Darstellungen behalten ihren Wert: W. Giesebrecht, Gesch. der dt. Kaiserzeit, Bd. 1/2 (^{4}1873–1875), u. L. v. Ranke, Weltgesch., Bd. 6–8 (zuerst 1885–1887). Die ausführl. ›Jahrbücher des dt. Reiches‹ werden zu den einzelnen Herrschern genannt. Neuere Zusammenfassung: R. Holtzmann, Gesch. d. Sächs. Kaiserzeit 900–1024 (1941, Tb., 1971); zeitl. anschließend K. Hampe, Dt. Kaisergesch. in d. Zeit d. Salier u. Staufer, bearb. v. F. Baethgen (^{10}1949, Ndr. 1964). K. Hampe, Das Hochmittelalter (1932, hg. v. G. Tellenbach, ^{4}1953); J. Haller, Das altdt. Kaisertum (1926 u. ö.); ders., Von den Karolingern zu den Staufern (1934), hg. v. H. Dannenbauer (^{4}1958); H. Günter, Das dt. MA 1 (1936); A. Cartellieri, Die Weltstellung des dt. Reiches 911–1047 (1932); F. Schneider, MA bis z. Mitte d. 13. Jh. (Hdb. f. d. Geschichtslehrer, Bd. 3, 1929, Ndr. 1967); E. Caspar im Hdb. d. Dt. Gesch., hg. v. A. O. Meyer, Bd. 1 (1937); K. Jordan, ebd., neu hg. v. L. Just (1954); H. Grundmann in: Neue Propyl.weltgesch., hg. v. W. Andreas, Bd. 2 (1940); A. Nitschke u. A. Borst in: Propyl.weltgesch., hg. v. G. Mann, Bd. 5 (1963); H. Beumann u. Th. Schieffer in: Dt. Gesch. im Überblick, hg. v. P. Rassow (1942, ^{2}1962); G. Tellenbach in: Historia Mundi 6 (1958); ders. in: Saeculum-Weltgesch., Bd. 5 (1967); J. Dhondt, Das frühe MA, Fischer-Weltgesch., Bd. 10 (1968). – Ausländ. Sammelwerke: Histoire du moyen âge. Hist. Gén., hg. v. G. Glotz, Bd. 2: A. Fliche 888–1125 (1941); Peuples et Civilisations, Bd. 6: L. Halphen, L'essor de l'Europe (^{3}1948); The Cambridge Medieval History, Bd. 3 (1936, Ndr. 1964); Z. N. Brooke, A Hist. of Europe from 911 to 1198 (1938). Zu beachten sind auch die Darstellungen der Gesch. dt. Länder (s. u., S. 187), dazu für Österreich: K. u. M. Uhlirz, Hdb. d. Gesch. Österreichs u. seiner Nachbarländer Böhmen u. Ungarn, Bd. 1 (^{2}1963); für England: F. M. Stenton, Anglo-Saxon England (^{2}1947); für Frankreich: nicht ersetzt E. Lavisse, Hist. de la France, Bd. II 1 u. 2 (1901–1903); G. Duby u. R. Mandrou, Hist. de la civilisation française, Moyen âge (1958); W. Kienast, Dtld. u. Frankreich in d. Kaiserzeit (1943); für Italien: L. M. Hartmann, Gesch. Italiens im MA, Bd. III 2 u. IV 1 (1911–1915); Storia politica d'Italia, hg. v. A. Solmi, Bd. 7–8: C. G. Mor, L'età feudale (1952/53); Storia d'Italia, hg. v. N. Valeri, Bd. 1: Il medioevo (1959); M. Seidlmayer, Gesch. Italiens (1962). Kirche: A. Hauck, KiG Dtlds., Bd. 3 ($^{3/4}$1906, Ndr. ^{6}1952); Hdb. d. KiG, hg. v. H.

Jedin, Bd. 3: Die mittelalterl. Kirche 1 (1966); E. Amann u. A. Dumas, in: Hist. de l'Église, hg. v. A. Fliche u. V. Martin, Bd. 7 (1936, Ndr. 1946 u. ö.); J. Haller, Das Papsttum. Idee u. Wirklichkeit, Bd. 2 (1937), hg. v. H. Dannenbauer (^{2}1951 Tb. 1965).

A. Das Reich der Ottonen im 10. Jahrhundert

Von Josef Fleckenstein

Kapitel 1
Gefährdungen und Wandlungen an der Schwelle zum 10. Jahrhundert

Das deutsche Reich ist, wie Frankreich und wie das »regnum Italiae«, ein Nachfolgestaat des Frankenreiches.

Hatte dieses sich im 8. Jh. zu einem Großreich entwickelt, das fast das gesamte europäische Festland umspannte und neben dem Islam und Byzanz zur dritten Weltmacht aufgestiegen war, so war es im folgenden Jahrhundert, von inneren Streitigkeiten zerrissen, unaufhaltsam von dieser Höhe abgesunken.

Als das 9. Jh. ausklang, war das großfränkische Reich zerfallen. Es hatte sich, wie Regino von Prüm feststellte, »in Teile aufgelöst«, und obgleich diese Teile sich sofort in fünf neuen Reichen zu festigen suchten, wirkten doch die alten Streitigkeiten fort und trieben immer neue Kämpfe hervor. So endete das Jahrhundert in allgemeinem Niedergang und tiefer Not. Ihre Überwindung sollte das 10. Jh. bringen, in dem sich aus dem *Zerfall des alten Karolingerreiches* die Vielheit der europäischen Reiche und Völker auszubilden begann. An ihre Spitze trat, zunächst politisch, dann auch kulturell als neues Kraftzentrum erkennbar, das *deutsche Reich der Ottonen*[1].

Wie stets bei den großen Umbrüchen der Geschichte waren dabei Auflösung und Neubildung eng ineinander verquickt. Sie waren von heftigen inneren Kämpfen begleitet, in denen Königtum und Adel und die mächtigeren Adelsfamilien untereinander um die Macht konkurrierten. Diese Kämpfe bestimmen das Bild am Ende des 9. und zu Beginn des 10. Jh. Sie wurden noch überschattet durch die *äußeren Gefahren*, die über alle karolingischen Nachfolgereiche hereinbrachen und die Unsicherheit und Not in ihrem Innern beängstigend verstärkten. Sie bewirkten, daß den Zeitgenossen zunächst nur die Bedrohung, die Auflösung und der Niedergang vor Augen traten.

Die äußere Bedrohung stellte sich von allen Seiten ein: im Norden und Westen durch die Normannen, im Süden durch die Sarazenen, im Osten durch die Ungarn.

Die *Normannen*[2], die schon in der Spätzeit Karls d. Gr. den

Auftakt gegeben hatten, waren seitdem zum Schrecken des ganzen Frankenreiches geworden, an dessen Nord- und Westküste sie immer wieder erschienen, um mit ihren schnellen kleinen Schiffen die Flußläufe hinauf tief in das Innere des Landes einzudringen und von der Garonne bis zur Elbe vor allem Klöster und Städte zu plündern. Berühmte Handelsplätze wie Dorestad und Quentowic gingen unter ihrem Ansturm zugrunde. Nantes und Rouen, Hamburg und Paris, Orléans und Utrecht und viele andere Städte und Klöster besonders Westfrankens litten schwer unter ihren Heimsuchungen, die seit der Landung eines starken Normannenheeres in Flandern im Jahre 878 immer gefährlichere Formen annahmen. Obwohl sie 880 von Ludwig dem Jüngeren bei Thiméon an der Sambre und 881 von Ludwig III. von Westfranken bei Saucourt geschlagen wurden, konnten sie dadurch nicht zurückgeworfen werden, zumal sie seit 881 in Elsloo an der Maas einen festen Stützpunkt besaßen, von dem aus sie ihre Angriffe weiter vorantrugen und 881/82 z. B. Köln, Bonn und Aachen plünderten. 885/86 bedrohten sie erneut Paris, bis Karl III. Ende 886 ihren Abzug gegen eine hohe Geldzahlung erkaufte und ihnen noch obendrein Winterquartiere in Burgund überließ. Während danach Karls ostfränkischer Nachfolger Arnulf – nachdem noch 889 ein ostfränkisches Heer bei Meersen vernichtend geschlagen worden war – 891 durch seinen Sieg bei Löwen an der Dyle wenigstens für Ostfranken eine Beruhigung erzwang, hielt die normannische Bedrohung für Westfranken noch weiter an, bis Karl der Einfältige ihrem Führer Rollo im Frieden von St. Clair an der Epte 911 das Land an der unteren Seine, das nach seinen neuen Herren Normandie genannt wurde, als Lehen überließ.

Ähnlich wie die Normannen im Norden waren die *Sarazenen*[3] im Süden von Sizilien und Spanien aus vorgedrungen. Seit sie 841 das byzantinische Bari erobert hatten, war die Küste Italiens bis zur Provence ihren Angriffen ausgesetzt. Um 888 konnten sie, wie die Normannen in Elsloo, in Fraxinetum bei Toulon einen festen Stützpunkt erobern, von dem aus sie fast ein Jahrhundert lang, von niemandem ernstlich behindert, ihre Beutezüge durch Südfrankreich und Norditalien durchführten und die Pilgerstraße über den Großen St. Bernhard blockierten. So bedeuteten sie für den Süden und indirekt sogar für den Norden eine dauernde Gefahr, die erst durch die Ottonen überwunden worden ist.

Sie trat freilich um die Jahrhundertwende hinter der viel größeren Gefahr zurück, die plötzlich vom Osten aus mit den *Ungarn* in Erscheinung trat und seit 899 in kurzer Zeit Italien wie das ostfränkische Reich und selbst dessen Nachbarschaft in schwerste Bedrängnis brachte[4]. Vor allem nachdem das mährische Reich 906 unter ihrem Ansturm zusammengebrochen war, fielen sie in immer neuen Zügen in Sachsen (906), Bayern (907) und Schwaben (909 und 910) ein und brachen jeden Widerstand. So war 907 der bayrische Heerbann unter Markgraf Liutpold bei Preßburg vernichtet worden, und 910 wurde sogar ein Reichsheer unter König Ludwig dem Kind auf dem Lechfeld bei Augsburg vernichtend geschlagen. Der König selbst, der bald nach dieser Niederlage starb, war den Ungarn unterlegen, sein Reich von ihnen aufs äußerste bedroht.

Es war für das ostfränkische Reich eine Lebensfrage, ob es gelang, diese Bedrohung abzuwenden. Ihre Überwindung war eigentlich eine der vornehmsten Aufgaben des Königtums, das aber unter den letzten Karolingern so starke Einbußen an Macht und Autorität erlitten hatte, daß es dieser Aufgabe kaum noch gewachsen war. Zwar hatte in Ostfranken König Arnulf nach dem Versagen Karls III. noch einmal die Kraft des Reiches gegen die Normannen und die Slaven zusammenfassen können, aber schon in seinen letzten Regierungsjahren zeichnete sich seit seiner Erkrankung eine *Schwächung der königlichen Gewalt* ab, und unter seinem Sohn Ludwig dem Kind fiel sie praktisch aus: Dafür traten jetzt mehrere große Herren hervor, die innerhalb ihrer Stämme bereits eine führende Stellung besaßen oder im Begriff waren, sie zu erlangen.

Die Schwächung der Königsgewalt und die Bedrohung von außen stellten spezifische Bedingungen ihres Aufstiegs dar[5]. Sie wirkten sich in zweifacher Richtung aus: in dem Bestreben der *großen Adelsfamilien*, ihren Einfluß auf Kosten des geschwächten Königtums auszudehnen, und in der scharfen Rivalität der mächtigen Familien untereinander, die sich dabei gegenseitig den Rang abzulaufen suchten. In den blutigen Fehden, in denen sich die mächtigsten nach oben kämpften, wurde eine ganze Reihe bedeutender Familien, zumal in Franken und Lothringen überhaupt ausgerottet. Im Kampf um die Führung dezimierten sich gerade die größten Familien, und einige wenige stiegen allmählich über die anderen empor. Dabei zeigen sich jedoch zwischen den einzelnen Stämmen gewichtige Unterschiede, die vor allem auf die äußere Bedrohung und die Notwendigkeit ihrer Abwehr zurückgehen.

In *Sachsen* und *Bayern*, den am stärksten bedrohten Stämmen, hat sich am frühesten je eine Familie durchsetzen können und mit dem Grenzschutz die Führung des ganzen Stammes übernommen. So stand um 900 der Liudolfinger Otto, der in einer Urkunde Konrads I. als »dux« erscheint, unbestritten an der Spitze des sächsischen Stammes[6], nachdem schon seine Vorfahren sich im Kampf gegen Normannen und Slaven bewährt hatten. Um die gleiche Zeit faßte in Bayern der Markgraf Liutpold die Kräfte seines Stammes gegen die Ungarn zusammen[7]. Als er 907 bei Preßburg fiel, trat sein Sohn Arnulf ohne weiteres in seine Stellung ein. Er nannte sich selbst »dux Baioariorum«. Die markgräfliche Stellung hatte es dem Liutpoldinger in Bayern wie dem Liudolfinger in Sachsen ermöglicht, herzogliche Funktionen an sich zu ziehen und die Führung des Stammes zu übernehmen. Es ist die *Entstehung des* sogenannten *Stammesherzogtums*, die damit in unseren Blick tritt.

Sie zeichnet sich in anderer Weise auch in *Franken* ab, das ursprünglich die meisten Familien der alten Reichsaristokratie hatte aufweisen können, dann die blutigsten Fehden erlebt und die größten Verluste erlitten hatte – mit dem Ergebnis, daß um 900 nur noch zwei Familien um die Führung stritten: die in Hessen, Mainfranken und am Mittelrhein begüterten Konradiner[8] und die Babenberger am Obermain[9]. Als es den Konradinern gelang, ihre babenbergischen Gegner mit Hilfe der Reichsgewalt (906) niederzuwerfen, hatten sie sich die Führung des Stammes erkämpft, wenn sich ihre Gewalt wohl auch noch nicht über das gesamte Stammesgebiet erstreckte und es umstritten bleibt, ob man in Franken überhaupt von einem echten Stammesherzogtum sprechen kann[10]. Nach den zeitgenössischen Quellen hat jedenfalls das Haupt der Konradiner, der spätere König Konrad, der »dux« genannt wird, die Franken in der gleichen Weise repräsentiert wie Otto und Arnulf die Sachsen und die Bayern.

Dagegen gab es in *Schwaben* einen solchen Repräsentanten beim Tode Ludwigs des Kindes noch nicht. Der Grund dafür liegt darin, daß hier nicht nur zwei Familien, die Hunfridinger und die Familie des Pfalzgrafen Erchanger, sich gegenseitig die Macht streitig machten, sondern auch die großen geistlichen Herren, der Bischof von Konstanz und die Äbte von St. Gallen und Reichenau, die dem karolingischen Königtum besonders eng verbunden waren, sich in den Kampf einschalteten, um gegen die aufstrebenden aristokratischen Rivalen die Position des Königtums zu verteidigen[11]. So war hier noch keine Entscheidung gefallen, doch hatte auch Schwaben in diesen Kämpfen bereits den Weg betreten, der zur Entstehung des Stammesherzogtums führen sollte.

Die Situation war also völlig offen, als Ludwig das Kind 911 starb: Mit seinem Tode war die ostfränkische Linie der Karolinger erloschen; in den Stämmen bildeten sich neue Zwischengewalten heraus, und die äußere Bedrohung hielt in voller Schärfe an. Das ostfränkische Reich war an einem Kreuzweg angelangt.

[1] Zur Entstehung des dt. Reiches sind in erster Linie zu nennen: G. Tellenbach, Königtum u. Stämme in der Werdezeit d. dt. Reiches (1939); ders., Die Entstehung d. dt. Reiches (³1947); M. Lintzel, Die Anfänge d. dt. Reiches (1942); H. Sproemberg, La naissance d'un Etat allemand au M. A., Le moyen âge 64 (1958); W. Schlesinger, Die Grundlegung d. dt. Einheit im frühen MA, in: Die dt. Einheit als Problem d. europ. Gesch., hg. v. C. Hinrichs u. W. Berges (o.J. [1960]), verbessert in: ders., Beiträge z. dt. Verf.gesch. d. MA 1 (1963); R. Folz, La naissance du Saint-Empire, in: Le mémorial des siècles, begr. v. G. Walter (1963). Dazu die Aufsatzsammlung: Die Entstehung d. dt. Reiches, hg. v. H. Kämpf (Wege der Forschung 1, 1956) mit den einschlägigen Aufsätzen von E. Klebel, W. Schlesinger, G. Tellenbach, M. Lintzel, K. Reindel u. M. Hellmann. – Lit. zum Problem d. Unteilbarkeit d. Reiches s. Kap. 7, Anm. 2. – Zur franz. Parallele insbes. F. Lot, Naissance de la France (1948) u. P. E. Schramm, Der König v. Frankreich (1939, Ndr. 1960); dazu J.-F. Lemarignier, Le gouvernement royal aux premiers temps capetiens 987–1108 (1965) u. K. F. Werner, Untersuchungen z. Frühzeit d. franz. Fürstentums, WaG 18–20 (1958–1960).

[2] Lit. zur Gesch. d. Normannen u. ihrer Einfälle im Frankenreich s. Bd. 2, Kap. 22; zu den Einfällen zu Beginn d. 10. Jh.: L. Musset, Les invasions II. Le second assaut contre l'Europe chrétienne, La Nouvelle Clio 12 (1965), S. 107 ff. u. G. Jones, A History of the Vikings (1968), S. 204 ff.

[3] J. Gay, L'Italie méridionale et l'Empire byzantin, Bibl. Ecoles françaises d'Athènes et de Rome 90 (1904); Musset, Les invasions II, s. o. Anm. 2.

[4] Bester Überblick: B. Hóman, Gesch. d. ungar. MA (1940). Zu den Einfällen: R. Lüttich, Die Ungarnzüge in Europa im 10. Jh. (1910); G. Fasoli, Le incursioni ungare in Europa nel seculo X (1945); dies., Points de vue sur les incursions hongroises en Europe au Xe siècle, Cahiers de civilisation médiévale 2 (1959), S. 17 ff. Speziell für Bayern: J. Hobauer, Südost-Bayern u. Ungarn am Anfang d. 10. Jh. Die Schlacht an der Rott 909, in: Ostbair. Grenzmarken 4 (1960).

[5] Vgl. G. Läwen, Stammesherzog u. Stammesherzogtum (1935); dazu G. Tellenbach, ZRG GA 56 (1936), S. 518 ff., u. bes. ders., Königtum u. Stämme (s. o. Anm. 1); ferner mit starker Betonung der gentilen Züge: W. Schlesinger, Grundlegung (s. ebd.). Frühere Entwicklung: E. Klebel, Herzogtümer u. Marken bis 900, DA 2 (1938); für Bayern: M. Mitterauer, Karol. Markgrafen (s. u. Anm. 7).

[6] DK I 15; zur älteren Gesch. der Liudolfinger: W. Lüders, Die Liudolfinger, ein altsächs. Geschlecht, Zs. d.

Harzvereins 70 (1937); S. KRÜGER, Studien zur sächs. Grafschaftsverfassung im 9. Jh. (1950); H. GOETTING, Die Anfänge d. Reichsstiftes Gandersheim, Braunschweig. Jb. 31 (1950). Davon abweichend, jedoch mehr auf z. T. nur hypothetisch beantwortbare Einzelfragen der »cognatio« begrenzt: W. METZ, Die Abstammung Kg. Heinrichs I., HJb 84 (1964).

7 Über Liutpold u. sein Geschlecht: K. REINDEL, Die bayerischen Luitpoldinger 893–989 (Quellen u. Erört. z. bayer. Gesch., NF 11, 1953); dazu K. BOSL, Das »jüngere« bayr. Stammesherzogtum der Luitpoldinger, Zs. f. bayer. Landesgesch. 18 (1955); ferner M. MITTERAUER, Karol. Markgrafen im Südosten. Fränk. Reichsaristokratie u. bayr. Stammesadel im österr. Raum, AÖG 123 (1963), bes. S. 227 ff.

8 Die ältere Forschung überholt durch I. DIETRICH, Das Haus d. Konradiner. Untersuchungen z. Verf.gesch. d. späten Karolingerzeit (Diss. Marburg 1952). Einzelprobleme: dies., Die Konradiner im fränk.-sächs. Grenzraum von Thüringen u. Hessen, Hess. Jb. f. Landesgesch. 3 (1953); H. BÜTTNER u. I. DIETRICH, Weserland u. Hessen im Kräftespiel d. karol. u. frühen ottonischen Politik, Westfalen 30 (1952); vgl. E. E. STENGEL, Udo u. Hermann, die Herzoge vom Elsaß, Hess. Jb. f. Landesgesch. 1 (1951).

9 Für die Gesch. d. Babenberger noch immer nützlich: F. STEIN, Gesch. Frankens, Bd. 1 (1885); genealogisch bleiben wesentliche Fragen offen, sie werden durch Hypothesen nur notdürftig überbrückt: W. METZ, Das Problem d. Babenberger in landesgesch. Sicht, Bll. f. dt. Landesgesch. 99 (1962); F. GELDNER, Zum Babenberger-Problem, HJb 81 (1962); ders., Zur Genealogie der »alten Babenberger«, HJb 84 (1964).

10 Zur Frage d. fränk. Stammes u. Hgt.: G. WAITZ, Dt. Verf.gesch. 5, hg. v. ZEUMER (^{2}1893); B. SCHMEIDLER, Franken u. das dt. Reich im MA (1930); G. TELLENBACH, Königtum u. Stämme (s. o. Anm. 1); E. E. STENGEL, Der Stamm d. Hessen u. das »Herzogtum« Franken, in: Festschr. E. Heymann, Bd. 1 (1940), auch ergänzt in STENGEL, Abh. u. Unters. zur hess. Gesch. (1960).

11 G. TELLENBACH, Königtum u. Stämme (s. o. Anm. 1), S. 84 f. Mit anderer Akzentuierung: W. SCHLESINGER, Grundlegung (s. o. Anm. 1), Beiträge S. 267 ff.

Kapitel 2
Königtum, Kirche und Stammesherzogtum unter Konrad I.

Der Tod des letzten ostfränkischen Karolingers stellte das seines Hauptes und der dynastischen Klammer beraubte Reich plötzlich auf sich selbst. In dieser Situation, in der sich erweisen mußte, ob es eine eigene handlungsfähige und geschichtsmächtige Gemeinschaft bildete, nennen die Quellen die *Stämme als handelnde Einheiten:* Die Lothringer setzten sich ab, sie unterstellten sich der Herrschaft des westfränkischen Karolingers Karls des Einfältigen und lösten sich damit aus der Gemeinschaft des ostfränkischen Reiches heraus[1]. Alle übrigen hielten dagegen an ihr fest: Franken und Sachsen versammelten sich im November 911 im oberfränkischen Forchheim und wählten auf den »Rat« Ottos von Sachsen den *Franken Konrad* zum *neuen König*; Bayern und Schwaben, die in Forchheim wahrscheinlich durch Gesandtschaften vertreten waren, schlossen sich der Wahl an[2].

Die vier Stämme bekundeten mit dieser Wahl, daß ihnen ihre Gemeinschaft wichtiger war als die Unterstellung unter das karolingische Herrscherhaus, das in Westfranken noch fortbestand. Sie bekräftigten damit die Entscheidung von 887 und gingen über sie noch einen Schritt hinaus, indem sie nun auch den Zusammenhang mit der karolingischen Dynastie aufgaben. Denn Konrad, der neue König, war kein Karolinger[3]. Daß er ihnen verwandtschaftlich verbunden war, hat sicher das Ansehen seiner Familie gehoben, doch gab es neben ihr noch mehrere Familien, die sich ebenfalls solcher Beziehungen rühmen konnten. Die Quellen wissen denn auch nur, daß er als Haupt der Franken, des vornehmsten Stammes, gewählt worden ist[4].

Obwohl er seine Herrschaft nicht seiner königlichen Abstammung, sondern allein der *Wahl der Stämme*, d. h. in erster Linie den Stammesführern verdankte, wollte Konrad noch einmal wie ein Karolinger herrschen. Darin lag ein Widerspruch, der seine ganze Herrschaft belastet hat. Denn wenn es für die Karolinger charakteristisch gewesen war, daß sie die Zwischengewalten der alten »duces« ausgeschaltet hatten, so hatten sich inzwischen mit dem Aufstieg der Stammesherzöge *neue Zwischengewalten* gebildet, die beanspruchten, mit dem König Mitträger des Reiches zu sein. Konrad I. war selbst als einer dieser Stammesherzöge an die Herrschaft gelangt. Indem er sich als König an das Vorbild der Karolinger hielt und ihre Politik fortzusetzen suchte, wandte er sich gegen die Stammesherzöge, d. h. gegen seine eigene Vergangenheit und gegen diejenigen, denen er seine Herrschaft verdankte. Der Kampf gegen sie hat seine Kräfte in zunehmendem Maße in Anspruch genommen und, da er dabei erfolglos blieb, seine Regierung schließlich lahmgelegt.

Noch ehe er begann, war Konrad genötigt, im *Westen* einzugreifen, wo Karl der Einfältige den Übergang Lothringens an Westfranken auszunutzen suchte, indem er gleich noch das benachbarte *Elsaß* besetzte[5]. Da dem Karolinger selbst keine wirkliche Macht zur Verfügung stand, konnte Konrad ihn noch im Winter 911/12 aus dem Elsaß zurückdrängen. Aber seine folgenden, in drei Feldzügen (912 und 913) unternommenen Versuche, auch *Lothringen* wieder zurückzugewinnen, blieben ohne Erfolg. Konrad fand sich damit ab: Nach 913 hatte er es gar nicht mehr versucht, den Verlust wieder rückgängig zu machen.

Noch gravierender war, daß er keine Anstalten traf, um Abhilfe zu schaffen gegen die drängendste Gefahr der Zeit, die mit den *Ungarn* heraufgezogen war. Dabei hielten ihre Einfälle in unverminderter Schärfe an und bedrängten nach wie vor das ganze Reich: 912 suchten sie Franken und Thüringen heim, 913 Bayern und Schwaben, 915 Schwaben, Thüringen und Sachsen, 917 wiederum Schwaben, dazu das Elsaß und Lothringen. Von St. Gallen bis nach Bremen hinterließen sie in Rauch und Trümmern ihre Spur. Statt ihnen selbst entgegenzutreten, überließ der König ihre Abwehr den Stämmen und ihren Führern, von denen die Schwaben Erchanger und Berthold und der Bayernherzog Arnulf sich 913 zusammentaten und die Ungarn mit vereinter Kraft besiegten, ohne allerdings durch diesen einmaligen Sieg verhindern zu können, daß sie schon bald wiederkamen. Die Stammeshäupter hatten immerhin die vordringlichste Aufgabe wahrgenommen und sich den Ungarn in den Weg gestellt, während der *König untätig* geblieben war. Es war offensichtlich: Konrad I. hatte im Kampf gegen die Ungarn versagt.

Sein Versagen gegen die äußeren Feinde hing damit zusammen, daß er von Anfang an seine Kraft in die *Innenpolitik* konzentrierte. Beraten von den führenden Staatsmännern unter Ludwig dem Kind, Erzbischof Hatto von Mainz und vom Kanzler-Bischof Salomo von Konstanz[6], erstrebte er die Stärkung seines Königtums, indem er sich besonders auf die *Kirche* stützte und die neuen Stammesgewalten zurückzudrängen suchte. Er ist deshalb in *Schwaben*, wo er seinen Kanzler Salomo stark begünstigte, schon früh mit dessen Gegner Erchanger aneinandergeraten. In Schwaben, wo sich noch kein Stammesherzogtum hatte ausbilden können, schien die Gelegenheit am günstigsten, der königlichen Gewalt stärkere Geltung zu verschaffen. Doch hatten sich seit der Ermordung des hunfridingischen Markgrafen Burchard von Rätien (911) die Verhältnisse stark zugunsten von dessen Rivalen, der Brüder Erchanger und Berthold, verschoben, die sich in ihrem Streben nach dem Stammesherzogtum nun vor allem von Salomo von Konstanz behindert sahen und es als eine starke Störung empfanden, als König Konrad Salomo noch den Rücken stärkte. So kam es zu ersten Spannungen zwischen Konrad und Erchanger schon vor 913, die aber noch nicht zu offenen Kämpfen führten: 913 söhnten sich beide noch einmal aus und bekräftigten ihre Aussöhnung durch einen Ehebund des Königs, der Erchangers Schwester Kunigunde, die Witwe des Markgrafen Liutpold und Mutter Arnulfs, »tamquam pacis obsidem« heiratete. Aber der Gegensatz zwischen ihnen war zu groß, als daß er durch eine solche »Friedensheirat« noch hätte überwunden werden können. 914 nahm Erchanger Salomo gefangen und forderte damit den König zum offenen Kampf heraus. Er führte noch 914 zur Gefangennahme und Verbannung Erchangers und zur Befreiung Salomos. Doch war auch damit noch keine Entscheidung gefallen, denn jetzt tauchte ein neuer Prätendent auf die führende Stellung in Schwaben auf: Burchard, der Sohn des 911 ermordeten Markgrafen von Rätien, der sich auf dem Hohentwiel festsetzte[7]. Konrad, der sofort gegen ihn auszog, mußte 915 die Belagerung abbrechen, um den Einfall des Sachsenherzogs Heinrich in Franken abzuwehren.

Inzwischen war der König nämlich auch mit dem Herzog von Sachsen und ebenso mit dem Herzog von Bayern zusammengestoßen. In der Ausweitung des Kampfes auf sämtliche Stammesherzogtümer (außer dem königsnahen Franken) wird deutlich, daß es dabei um eine prinzipielle Auseinandersetzung über die Abgrenzung des *Verhältnisses von Königtum und Stammesherzogtum* ging.

In *Sachsen* hatte bereits der Tod des alten Herzogs Otto (912) einen Wechsel im Verhältnis zum Königtum gebracht. Als Konrad versuchte, Ottos Sohn Heinrich, der seinem Vater als Herzog nachgefolgt war, die von Otto erworbenen thüringischen Lehen zu entziehen, setzte sich Heinrich einfach über den Willen des Königs hinweg, behauptete seine Rechte und überzog Konrads ersten Berater, Hatto von Mainz, den er offenbar für den Entschluß des Königs verantwortlich machte, mit Krieg. Noch während der Kämpfe, in denen Heinrich seine Hand auf Besitzungen der Mainzer Kirche in Thüringen legte, starb Hatto 913. Es dauerte zwei Jahre, bis Konrads Bruder Eberhard daraufhin in Sachsen einfiel – mit dem Erfolg, daß er sich bei der Eresburg (Obermarsberg a. d. Diemel) eine schwere Niederlage holte und Heinrich obendrein zu einem Gegenstoß nach Franken herausforderte. Heinrich zog sich zwar vor dem heranrückenden König wieder nach Sachsen zurück und Konrad folgte ihm bis vor Grona bei Göttingen, sah sich aber nicht in der Lage, den Sachsenherzog in seinem eigenen Lande zur Rechenschaft zu ziehen. Es kam anscheinend zu Verhandlungen[8], in denen sich König und Herzog gegenseitig anerkannten. Seitdem ruhten zwischen beiden die Waffen: Heinrich hatte sich behauptet; er ist der erste unter den Stammesherzögen, der den König zur vollen Anerkennung seiner führenden Stellung in seinem Stammesgebiet zwang.

Noch im gleichen Jahr mußte Konrad auch in *Schwaben* zurückstecken, wo der aus der Verbannung zurückgekehrte Erchanger und sein Bruder Berthold sich mit Burchard vereinigten und die Anhänger des Königs bei der Wahlwies unweit Stockach (915) schlugen. Anschließend riefen die Sieger Erchanger zum Herzog von Schwaben aus.

Während sich also nach Sachsen auch Schwaben dem König zu entziehen begann (und auch Bayern in die gleiche Bahn einlenkte), versuchte Konrad den Gang der Dinge noch einmal aufzuhalten, indem er bei der *Kirche* Hilfe gegen seine Widersacher, vor allem *gegen die Stammesherzöge* suchte. Auf seine Veranlassung trat im September 916 in *Hohenaltheim*[9] bei Nördlingen eine deutsche *Synode* zusammen, an der die hohe Geistlichkeit von Franken, Schwaben und Bayern teilnahm, während die Bischöfe Sachsens bezeichnenderweise fernblieben. Auch ein päpstlicher Legat war zugegen. Wie erwartet, stellte sich die Synode hinter den König und schützte ihn gegen die Empörer als »Gesalbten des Herrn« (Const. I nr. 433). Sie zog auch sofort die Konsequenz aus dieser Auffassung und verurteilte Erchanger und Berthold zu lebenslänglicher Klosterhaft; der Bayernherzog wurde vor eine weitere Synode nach Regensburg geladen. Wenn Arnulf sich auch wenig darum kümmerte, so konnte doch König Konrad, der Erchanger und Berthold tatsächlich in seine Gewalt bekam, mit dem Ausgang der Synode zufrieden sein. Sie brachte jedoch nicht die Wendung, die er von ihr erhofft hatte. Als Konrad in einer unköniglichen Anwandlung von Rache die beiden schwäbischen Brüder gegen den Beschluß der Synode hinrichten ließ (Januar 917), erreichte er damit nur, daß ihr Rivale Burchard (II.) an ihre Stelle trat: Er wurde in kurzer Zeit in ganz Schwaben als Herzog anerkannt.

Wie in Schwaben, so endeten schließlich auch in *Bayern* die Kämpfe, in die Herzog Arnulf seit 914 verwickelt war, mit einem Sieg des Stammesherzogtums[10]. Obwohl Arnulf wiederholt in schwere Bedrängnis geriet – 914 mußte er vor dem heranziehenden König zu den Ungarn fliehen, 916 konnte er nicht verhindern, daß Konrad seine Hauptstadt Regensburg eroberte –, war seine Autorität in Bayern doch bereits so gefestigt, daß er alle Angriffe überstand und sich zuletzt unangefochten als Stammesherzog behaupten konnte.

So gab es am Ende der Regierung Konrads I., der am 23. 12. 918 starb, in Sachsen, Bayern und Schwaben *Stammesherzöge*, die sich gegen den König durchgesetzt hatten und nahezu selbständig schalteten; der König selbst sah sich auf sein eigenes Stammesherzogtum Franken beschränkt. Er hatte weder im Innern noch gegenüber dem Westen das Königtum zur Geltung gebracht, und gegen die Ungarn hatte er gänzlich versagt: Das ostfränkische Reich war nach innen wie nach außen gefährdet wie zuvor.

Dieses Ergebnis seiner Herrschaft vor Augen, hat Konrad I. am Ende seines Lebens seine folgenreichste Tat vollbracht: Indem er seinen Bruder Eberhard zum Verzicht auf seine Nachfolge bewegte und die Wahl auf Herzog Heinrich von Sachsen, den stärksten seiner alten Gegner, lenkte[11], gab er den Anstoß zur Überwindung des Niedergangs, zum Aufstieg und zur Umwandlung des ostfränkischen in das deutsche Reich der Ottonen.

Urkunden Konrads I.: MG DD I (1879–84); Reg. Imp. Bd. 1, 2, hg. v. MÜHLBACHER-LECHNER (1908). Jahrbücher: E. DÜMMLER, Gesch. d. ostfränk. Reiches 3 (²1888). Erzählende Quellen s. Kap. 3; vgl. WATTENBACH-HOLTZMANN, Geschichtsquellen (s. o. S. 11).

[1] Sonderstellung Lothringens: P. E. HÜBINGER, Lothringen, in: Der Vertrag von Verdun 843, hg. v. TH. MAYER (1943); TH. SCHIEFFER, Die rheinischen Lande an der Schwelle d. dt. Gesch., in: Hist. Forschungen u. Probleme (Festschr. f. P. Rassow 1961).

[2] Zur Wahl Konrads: G. TELLENBACH, Königtum u. Stämme; H. MITTEIS, Die dt. Königswahl (²1944); F. RÖRIG, Geblütsrecht u. freie Wahl in ihrer Auswirkung auf die dt. Gesch. Untersuchungen z. Gesch. d. dt. Königserhebung 911–1198, Abh. Ak. Berlin 1945/46 (1948); W. SCHLESINGER, Die Anfänge d. dt. Königswahl, ZRG GA 66 (1948), auch in: ders., Beitr. z. dt. Verf.gesch. 1 (1963); M. LINTZEL, Zu den Königswahlen d. Ottonenzeit, ZRG GA 66 (1948); ders., Miszellen z. Gesch. d. 10. Jh., Ber. Sächs. Ak. 100 (1953); auch in: Ausgewählte Schriften 2 (1961). Über die Rolle Ottos von Sachsen: Widukind I, 16; dazu M. LINTZEL, Miszellen S. 26 ff. Beteiligung von Schwaben u. Bayern: RI I 2070c; DÜMMLER, Gesch. d. ostfränk. Reiches 3, S. 575.

[3] Die Quellen lassen keinen Zweifel daran, daß Konrad gewählt wurde »regali iam stirpe deficiente« (Cont. Regin. 911), »deficiente nostris in partibus regio stemmate« (Herimanni Aug. Chron. 911). Mißverständlich: E. KIMPEN, Die Abstammung Konrads I. u. Heinrichs I. von Karl d. Gr., HV 29 (1935), der ignoriert, daß Konrad gerade nicht als Karolinger zur Herrschaft kam. Dies schließt Verwandtschaft mit den Karolingern nicht aus.

[4] Vgl. DÜMMLER, Gesch. d. ostfränk. Reiches 3, S. 576.

[5] Zur Lage im Elsaß: E. E. STENGEL, Udo u. Hermann, die Herzoge vom Elsaß, Hess. Jb. f. Landesgesch. 1 (1951).

[6] Über Hatto: K. BEYERLE, Die Kultur der Abtei Reichenau 1 (1925). Salomo: K. ZELLER, B. Salomo III. von Konstanz, Abt von St. Gallen (Beitr. z. Kulturgesch. d. MA u. d. Renaissance 10, 1910).

[7] TH. MAYER, Das schwäb. Hgt. u. der Hohentwiel, in: Hohentwiel, hg. v. H. BERNER (1957).

[8] Vermutung bereits von G. WAITZ, Jbb. S. 32, weiter ausgebaut von M. HEIDMANN, Kg. Konrad I. (Diss. Jena 1922), der von einem »Erbvertrag« zwischen Konrad u. Heinrich spricht. Er geht damit wohl einen Schritt zu weit; vgl. die kritischen Bemerkungen von M. HELLMANN, Die Synode von Hohenaltheim (s. u. Anm. 9), S. 139 bzw. 305. Herrschende Lehre: R. HOLTZMANN, Gesch. d. sächs. Kaiserzeit ([4]1961), Tb. 1971.

[9] M. HELLMANN, Die Synode von Hohenaltheim, HJb 73 (1954), auch in: Die Entstehung d. dt. Reiches, hg. v. H. KÄMPF (1956); dazu H. FUHRMANN, Zs. f. bayer. Landesgesch. 17 (1954), S. 136 ff.

[10] G. TELLENBACH, Königtum u. Stämme, S. 85 ff.; K. REINDEL, Hg. Arnulf u. das Regnum Bavariae, Zs. f. bayer. Landesgesch. 17 (1954), auch in: Die Entstehung d. dt. Reiches, hg. v. H. KÄMPF (1956); K. BOSL, Das »jüngere« bayer. Stammesherzogtum, s. Kap. 1, Anm. 7.

[11] Lit. s. Kap. 3, Anm. 1.

Kapitel 3
Der Übergang der Herrschaft auf Heinrich I. und die Konsolidierung des deutschen Reiches

Widukind von Korvei hat dem sterbenden König Konrad aufschlußreiche Worte in den Mund gelegt, mit denen er seinen Verzicht auf die Herrschaft und die *Designation des Sachsenherzogs Heinrich* motivierte[1]: Die Franken haben mächtige Heere, Burgen und Waffen, dazu die königlichen Abzeichen und alles, was die königliche Würde fordere – nur nicht, worauf letztlich alles ankomme: das Königsheil. »Fortuna cum nobilissimis moribus« sei auf Heinrich übergegangen, die größte Macht liege bei den Sachsen. Auch wenn die Rede erst später niedergeschrieben worden ist und nicht wörtlich genommen werden darf, spiegelt sie zumindest die sächsische Auffassung des Königtums und trifft dabei einen wesentlichen Sachverhalt. Entscheidend für den Herrschaftsübergang war danach: 1. die Person des Herzogs Heinrich als Träger des edelsten Geblüts und damit des Königsheils und 2. der sächsische Stamm als Träger der größten Macht.

In beidem drückt sich die tiefgreifende Wandlung aus, die im 9. und zu Beginn des 10. Jh. vor sich gegangen ist. Wie sich die *Liudolfinger*[2] noch im 9. Jh. in Sachsen über die reichsaristokratischen Ekbertiner-Kobbonen erhoben hatten und damit an die Seite der ersten Familien Ostfrankens getreten waren, so war auch der *sächsische Stamm*, der als letzter in das großfränkische Reich einbezogen worden war, mittlerweile ganz in das Reich hineingewachsen. Und in dem gleichen Maße, wie die Liudolfinger sich innerhalb ihres Stammes durchgesetzt hatten, war Sachsen zur führenden Stellung in Ostfranken gelangt. Nach der sächsischen Tradition, die Widukind (I, 34) überliefert hat, hatte bereits die Übertragung der Gebeine des hl. Vitus von St. Denis nach Korvei (836) die Wende gebracht, daß »bei den Franken die Dinge abzunehmen, bei den Sachsen aber zu wachsen begannen«[3]. Zu Beginn des 10. Jh. trat dann der Umschlag ein. Während bei der Wahl Konrads I. die Wähler den Franken noch einen Vorrang vor den übrigen Stämmen zugebilligt hatten, war dieser Vorrang 919 geschwunden: Die Sachsen waren gleichrangig neben die Franken getreten; an realer Macht hatten sie sie hinter sich gelassen.

Der sächsische Aufstieg schloß den *Aufstieg des Geschlechts der Liudolfinger* in sich ein. Seine Vorgeschichte, die vor allem aus der Überlieferung des ottonischen Hausklosters Gandersheim bekannt ist, lichtet sich mit dem ostfränkischen Grafen Liudolf, der bereits als »dux orientalium Saxonum« in markgräflicher Stellung erscheint. Er vererbte sie seinem Sohn Bruno, der 880 an der Spitze des sächsischen Heerbannes gegen die Normannen fiel, worauf Brunos jüngerer Bruder Otto an dessen Stelle trat. Otto, der nunmehr die Führung des ganzen Stammes übernahm, hat auch in der Reichspolitik unter Arnulf und Ludwig dem Kind eine hervorragende Rolle gespielt und 911 die Wahl auf Konrad I. gelenkt. Als er 912 starb, vererbte er das Herzogtum seinem Sohn Heinrich, dem künftigen König.

Die sächsische Geschichtsschreibung und besonders Widukind rühmt bereits dem Herzog Heinrich – zwar aus der Kenntnis der folgenden Zeit, aber doch nicht ohne Grund – alle Tugenden des adligen Kriegers und des besonnenen Hausverwalters nach. Er hatte sich schon seit Jahren im Grenzkampf gegen die Slaven bewährt und selbst bei seinen zwei Heiraten einen wachen Besitzinstinkt an den Tag gelegt. Als er sich von seiner ersten Gemahlin Hatheburg, der Erbtochter des Grafen Erwin von Merseburg, einer Witwe, die schon den Schleier genommen hatte, einen kirchlichen Einspruch benutzend, trennte, behielt er dennoch ihre Mitgift zurück, um danach durch die Heirat der noch vornehmeren und reicheren Mathilde aus dem Geschlecht Widukinds seinen Eigenbesitz noch weiter zu vermehren[4]. Daß er sich seinen Besitz und seine Rechte nicht verkürzen ließ, hat er schließlich als Herzog dem König selbst bewiesen, dem er in den folgenden Kämpfen als dessen stärkster Gegner gegenübertrat. Es ist nicht unwahrscheinlich, wenn auch nicht klar beweisbar, daß Konrad, als er 915 mit Heinrich Frieden schloß, dem Sachsenherzog bereits die Anwartschaft auf seine Nachfolge zugesichert hat. Vor seinem Tode war er sich jedenfalls im klaren darüber, daß Heinrich allein die Voraussetzungen besaß, als König zu herrschen und dem bedrohten Reich Sicherheit und Ordnung zurückzugeben.

Seiner Weisung folgend, hat Eberhard, der Bruder Konrads und nunmehr Herzog der Franken, mit Heinrich Frieden und Freundschaft geschlossen und ihm die königlichen Insignien überbracht. Darauf fand im Mai 919 in Fritzlar[5], auf fränkischer Erde, eine Versammlung von Franken und Sachsen statt, auf der Eberhard den Versammelten Heinrich als König präsentierte. Nach Eberhard trat Erzbischof Heriger von Mainz hervor und bot dem neuen König die Salbung an, die dieser aber ablehnte – gewiß nicht nur aus Bescheidenheit, wie Widukind erzählt. Heinrichs Rede löste die Akklamation, den huldigenden Zuruf des Volkes aus. Es ist nicht überliefert, aber wahrscheinlich, daß zuvor noch eine besondere Huldigung der Großen erfolgt ist.

Franken und Sachsen hatten jedenfalls den Willen Konrads erfüllt und den Sachsenherzog Heinrich zum neuen König im ostfränkischen Reich gewählt, und Heinrich I. trat die Herrschaft in seinem Reich an – obwohl Bayern und Schwaben sich der Wahl noch nicht angeschlossen hatten.

Wenn damit die *Wahl Heinrichs I. in Fritzlar* in gewissem Sinne noch nicht abgeschlossen war, so hat sie doch bereits die Entscheidung gebracht, die für die folgende Geschichte von grundlegender Bedeutung wurde. Sie weist drei wesentliche Aspekte auf: Zunächst fällt auf, daß Heinrich das *Salbungsangebot*[6] des Mainzer Erzbischofs *zurückwies*. Die spätere Geschichtsschreibung hat darin einen Mangel gesehen, doch bleibt zu berücksichtigen, daß die Salbung auf ostfränkischem Boden eine Neuerung darstellte: Nur Konrad I., allenfalls schon Ludwig das Kind waren bislang gesalbt worden. Heinrich I. hat also keine alte Tradition gebrochen, sondern nur zum Ausdruck gebracht, daß er die Politik seiner letzten beiden Vorgänger, die sich mit der Kirche gegen das Stammesherzogtum verbunden hatten, nicht fortsetzen werde. In der Zurückweisung des Erzbischofs, den er bald darauf zu seinem Erzkapellan ernannte[7] und damit an sich band, dokumentiert sich Heinrichs Wille zu einem Neubeginn.

Diesem Willen kam der Wechsel der allgemeinen Verhältnisse entgegen, den die Wahl selbst bewirkte. Es ist ein entscheidendes Faktum, daß durch die Wahl Heinrichs I. die Herrschaft von den Franken zu den Sachsen überging. Dieser Übergang, der ein neues Verhältnis der Stämme zueinander anzeigt, hatte vor allem auch eine *Verlagerung der Machtgrundlagen des Königtums* zur Folge: Sie verschoben sich vom Mittelrhein in den deutschen Nordosten, und da Heinrich I. von Anfang an in eine enge Verbindung mit Franken trat, bildeten nun *Sachsen und Franken die Kernlandschaften* der Reichsgewalt[8].

Gestützt auf diese neuen Machtgrundlagen ist es Heinrich I. tatsächlich gelungen, den allgemeinen Niedergang aufzuhalten und einen neuen Aufstieg des Reiches zu erzwingen. So erweist sich auch vom Ergebnis seiner Herrschaft aus seine Wahl als ein echter Neubeginn: Mit dem Übergang der Herrschaft auf Heinrich I. war der entscheidende Schritt im *Übergang vom ostfränkischen zum deutschen Reich* getan.

Freilich galt es zunächst noch ein Hindernis aus der Welt zu schaffen, das seiner Herrschaft entgegenstand. Während nämlich Heinrich I. in Fritzlar von Franken und Sachsen gewählt wurde, erhoben die Bayern ihren *Herzog Arnulf zum König* – und zwar, wie die Salzburger Annalen erklären: »in regno Teutonicorum«[9]. Obwohl die Formel singulär und problematisch ist, spricht sie doch in Verbindung mit anderen Nachrichten dafür, daß Arnulf nicht nur in Bayern, sondern im ganzen ostfränkischen Reich König werden wollte, und daß man dieses Reich nunmehr auch als deutsches Reich verstand. Mag bei der dürftigen Überlieferung hier auch einiges offenbleiben, so besteht jedoch kein Zweifel, daß Heinrich I., den Konrad selbstverständlich für sein gesamtes Reich zum Nachfolger designiert hatte, dementsprechend auch die Herrschaft im ganzen Reich für sich in Anspruch nahm. Die Zusammengehörigkeit des Reiches stand für ihn von vornherein fest. Er hat deshalb seine erste Aufgabe darin gesehen, sich die Anerkennung von Bayern und Schwaben zu erzwingen.

Es ist charakteristisch für sein besonnen-abwägendes Taktieren, daß er zunächst Arnulf in Bayern überging und das noch unentschiedene *Schwaben*[10] als das leichtere Ziel angriff. Als er schon gleich nach seiner Wahl mit einem schlagkräftigen Heer in Schwaben einfiel (919), verzichtete Herzog Burchard auf jeden bewaffneten Widerstand und unterwarf sich dem König »mit allen seinen Burgen und seinem ganzen Volke« (Widukind I, 27). So begann Heinrich I. seine Regierung sogleich mit einem Erfolg. Nach Franken und Sachsen erkannte ihn auch Schwaben als König an. Er mußte freilich der Tatsache Rechnung tragen, daß Herzog Burchard ihm entgegengekommen war. Solange Burchard lebte, hat er und nicht Heinrich in Schwaben über die Reichskirche verfügt. Die Einigung zwischen dem König und dem Herzog war offenbar um den Preis zustande gekommen, daß der König dem Herzog in seinem Stammesgebiet die Verfügung über die Reichskirche überließ. Andererseits hatte Herzog Burchard durch die Einigung mit Heinrich Rückendeckung gegen König Rudolf II. von Hochburgund gewonnen, den er noch 919 bei Winterthur besiegen konnte, um sich allerdings bald darauf mit ihm enger zu verbinden; das Bündnis wurde 922 durch die Heirat König Rudolfs mit Burchards Tochter Bertha besiegelt.

Erst zwei Jahre nach dem schwäbischen Unternehmen wandte sich Heinrich, der 920 in Lothringen zum erstenmal eingegriffen hatte, *gegen Arnulf von Bayern*[11]. Wie erwartet, zog sich der Feldzug länger hin. Arnulf hatte den Schutz des festen Regensburg gesucht und den König zu einer langwierigen Belagerung gezwungen. Schließlich einigte man sich jedoch auch hier ohne Waffengang: Arnulf, von dessen Königtum jetzt nicht mehr die Rede war, unterwarf sich König Heinrich, wie Widukind (I, 27) allerdings noch im Hinblick auf dessen gefestigte Herrschaft erklärt: »cum omni regno suo«. Er wurde von Heinrich »ehrenvoll aufgenommen und amicus regis genannt«, was Liutprand (Antap. II, 21) mit der Wendung »miles regis« wiedergibt; d. h., Arnulf huldigte dem König und wurde damit sein *Vasall*[12]. Und wiederum sah sich Heinrich genötigt, indem er der starken Stellung Arnulfs Rechnung trug, dem Herzog die volle Verfügung über die Kirche in Bayern zu überlassen. Nach Liutprand (Antap. III, 49) hätte er ihm sogar das freie Kriegsrecht zugestanden. Arnulf wahrte jedenfalls eine relativ starke Selbständigkeit. Gleichwohl hatte Heinrich das Ziel des Zuges erreicht: Er hatte mit Arnulf den letzten deutschen Stammesherzog an sich gebunden und seine Herrschaft im ganzen Reich durchgesetzt.

Es war offenkundig: Heinrich hatte unter die Politik Konrads I. einen Schlußstrich gezogen. Anstelle der Gegnerschaft hat er die *Einigung mit den Stammesherzögen* erreicht. Sie bildete die Voraussetzung seiner Herrschaft im ostfränkisch-deutschen Reich. Daß sie zunächst mit Konzessionen erkauft werden mußte, hat ihn nicht irritiert. Er war nüchtern und selbstsicher genug, um zu wissen, daß sein großes Ziel nur Schritt für Schritt zu erreichen war, und tatsächlich erwies sich schon bald, daß er mit seiner neuen Politik einen Weg betreten hatte, der weiterführte.

Die Anerkennung der Stammesherzöge erlaubte ihm vor allem, die großen außenpolitischen Aufgaben in Angriff zu nehmen, deren erfolgreiche Durchführung sein Ansehen und seine Autorität gewaltig steigerte[13]. Dies bedeutete einen Machtgewinn, der im Innern wiederum seiner Stellung gegenüber den Herzögen zugute kam – dies um so mehr, als er gleichzeitig die *Verbindung mit der Kirche*, die er in Schwaben und Bayern den Herzögen hatte opfern müssen, bei jeder günstigen Gelegenheit erstrebte und stärkte. So hat er bereits 922 den Erzbischof von Mainz als Erzkapellan an sich gezogen und, obwohl er weitgehend unschriftlich regierte, im Anschluß daran auch eine Hofkapelle aufgebaut. In seiner Umgebung tauchen in zunehmendem Maße *Bischöfe und Äbte* auf, und zwar neben den sächsischen zunächst fränkische, dann auch schwäbische, aber keine bayrischen. Daran zeigte sich, daß Heinrichs Verhältnis zum Episkopat mit seinem Verhältnis zu den Stammesherzögen zusammenhing. Das wird 926 besonders deutlich sichtbar. In diesem Jahr war Herzog Burchard von Schwaben in Verfolg der Italienpolitik seines Schwiegersohns, König Rudolfs von Hochburgund, den er gegen Hugo von der Provence unterstützt hatte, vor Novara gefallen. Der Tod des Herzogs bot Heinrich die Gelegenheit, sein *Verhältnis zum Herzogtum Schwaben* neu zu regeln. Indem er auf einem Reichstag in Worms (926) den Franken Hermann[14] aus dem Haus der Konradiner, einen Vetter des Frankenherzogs Eberhard, zum Nachfolger Burchards bestellte, verschob er in Schwaben die Gewichte entschieden zugunsten des Königtums: Der stammesfremde Herzog, der noch 926 die Witwe Burchards heiratete, blieb stets auf den Rückhalt des Königs angewiesen. Dieser sicherte sich sofort das alte Königsrecht der Verfügungsgewalt über die Reichskirche in Schwaben und nahm dem neuen Herzog zugleich die selbständige Politik gegenüber Burgund und Italien aus der Hand.

Es ist kaum zu bezweifeln, daß Heinrich entschlossen war, dem Königtum in *Bayern* auf ähnliche Weise wie in Schwaben verstärkte Geltung zu verschaffen. Doch stellte sich eine entsprechende Gelegenheit dazu nicht ein, da Herzog Arnulf den König überlebte. Wenn damit Bayern als einziges Herzogtum noch eine relativ selbständige Stellung behauptete, so ist doch deutlich, wie Heinrich den anfangs noch losen Zusammenschluß der Stämme zu intensivieren verstand, indem er die Zentralgewalt gegenüber den Stammesherzogtümern stärkte und gleichzeitig damit in verstärktem Maße die Herrschaft über die Reichskirche in Anspruch nahm.

Urkunden Heinrichs I.: MG DD I (1879–84); Reg. Imp. II, 1, bearb. v. E. v. Ottenthal, mit Ergänzungen von H. H. Kaminsky (1967); Jbb. v. G. Waitz ([3]1885). Hauptquellen: Continuatio Reginonis (von Adalbert), hg. v. F. Kurze, SS rer. Germ. (1890), (GdV 28). Zur Beurteilung Adalberts: M. Lintzel, Eb. Adalbert v. Magdeburg als Geschichtsschreiber, in: Zur Gesch. u. Kultur des Elb-Saale-Raums (Festschr. f. W. Möllenberg 1939), auch in: Ausgew. Schr. 2 (1961); Widukind von Korvei, Sachsengesch., hg. v. P. Hirsch u. H. E. Lohmann, SS rer. Germ. (1935), (GdV 33); dazu M. Lintzel, Ausgew. Schriften 2 (1961); E. E. Stengel, in: Festg. K. Strecker (1941); H. Beumann, Widukind v. Korvei (1950); L. Bornscheuer, Miseriae regum (Arbeiten zur Frühmittelalterforsch. 4, 1968). – Für den Westen: Flodoard, Annalen, hg. v. Ph. Lauer (Coll. de Textes 1905); Richer, hg. v. R. Latruche, Les Classiques de l'hist. de France au moyen âge (1930–37). – Gesamtwürdigungen: H. Heimpel, Dt. MA (1941); W. Mohr, Kg. Heinrich I. (1950); ders., Um ein endgültiges Bild d. ostfränk. Kg. Heinrich I., La Nouvelle Clio 3 (1951); dazu W. Schlesinger, HZ 174 (1952), S. 106 ff.

[1] Empfehlung Heinrichs durch Konrad: G. Waitz, Jbb. Heinrichs I. ([3]1885); H. Heimpel, Bemerkungen zur Gesch. Heinrichs I., Ber. Sächs. Ak. 88 (1937); G. Tellenbach, Königtum u. Stämme; M. Lintzel, Zur Designation u. Wahl Kg. Heinrichs I., DA 6 (1943); ders., Miszellen (s. Kap. 2, Anm. 2), S. 34 ff., 81 ff.; W. Schlesinger, Die Anfänge d. dt. Königswahl, ZRG GA 66 (1948), auch in dess. Beitr. z. dt. Verf.-gesch. des MA 1 (1963). Zur Rede Konrads: H. Heimpel, Bemerkungen, S. 13 ff.; H. Beumann, Widukind (1950), S. 237; ders., Die sakrale Legitimierung des Herrschers im Denken der ottonischen Zeit, ZRG GA 66 (1948).

[2] Lit. s. Kap. 1, Anm. 6.

[3] Widukind I, 34; dazu H. Beumann, Einhard u. die karol. Tradition im ottonischen Korvei, Westfalen 30 (1952).

[4] Über Mathilde: M. Lintzel, Miszellen, S. 96 ff.; ders., Königin Mathilde, in: Westf. Lebensbilder 5 (1937). Mathilde als Heilige: C. Erdmann, DA 4 (1940), S. 84 ff.; vgl. auch L. Bornscheuer, Miseriae regum (s. o.), S. 41 ff.

[5] Lit. z. Wahl Heinrichs I. s. o. Anm. 1, vgl. auch G. Wolf, Zum Übergang d. Königsherrschaft an die Liudolfinger (Ottonen), Westfalen 38 (1960), der abweichend von den genannten Arbeiten, doch wenig überzeugend, in Anlehnung an Kimpen (s. Kap. 2, Anm. 3) den Übergang der Herrschaft genealogisch zu erklären sucht.

[6] Nach C. Erdmann, Der ungesalbte König, DA 2 (1938), auch in dess. Ottonische Studien, hg. v. H. Beumann (1968), bedeutete die Ablehnung der Salbung durch Heinrich, daß dieser »die karolingische Tradition als Ganzes« zurückgewiesen hat. Demgegenüber zeigt M. Lintzel, Heinrich I. u. die fränk. Königssalbung, Ber. Sächs. Ak. 102 (1955), daß es in Ostfranken noch keine Salbungstradition gegeben hat. In diesem Sinn bereits P. E. Schramm, Die

Krönung in Dtld. bis zum Beginn d. salischen Hauses, ZRG KA 24 (1935) u. H. HEIMPEL, Bemerkungen, s. o. Anm. 1. Über den Zusammenhang mit der Reichskirchenpolitik vgl. J. FLECKENSTEIN, Hofkapelle (s. u.) 2, 4 f. u. Anm. 5.

[7] J. FLECKENSTEIN, Die Hofkapelle d. dt. Könige 2 (Schriften der MGH 16/2, 1966).

[8] Über die Machtgrundlagen d. Herrschaft: M. SEIDLMAYER, Deutscher Nord u. Süd im HochMA (1928); TH. MAYER, Fürsten u. Staat (1950), S. 215 f. u. ders., Das dt. Königtum u. sein Wirkungsbereich, in: Das Reich u. Europa (²1941), auch in dess. Mal. Studien (1959); ferner H. J. RIECKENBERG, Königsstraße u. Königsgut in liudolfing. u. frühsal. Zeit, AUF 17 (1941, selbständ. Ndr. 1965); unter dem Gesichtspunkt der Königsgastung: C. BRÜHL, Fodrum, Gistum, Servitium regis (Kölner hist. Abhh. 14/I, 1968) S. 116 ff.

[9] Das Königtum Arnulfs, von Liutprand bereits bezeugt, ist durch die von E. KLEBEL aufgefundenen ›Ann. Iuvavienses maximi‹ historisch gesichert: E. KLEBEL, Mitt. d. Gesellsch. f. Salzburg. Landeskunde 61 (1921); dazu H. RALL, Der Königsplan d. Bayernhg. Arnulf in Gesch.schreibung u. Politik, HJb 60 (1940); K. REINDEL, Die bayer. Luitpoldinger, S. 119 u. 126 ff.; ders., Hg. Arnulf u. das Regnum Bavariae, s. Kap. 2, Anm. 10 und im: Hdb. d. bayer. Gesch. 1 (1967), S. 212 ff.; ferner H. BÜTTNER, Heinrichs I. Südwest- u. Westpolitik, hg. v. Konstanzer Arbeitskreis f. mal. Gesch. (1964), S. 6 f.; vgl. auch G. TELLENBACH, DA 6 (1943), S. 39 u. K. BOSL, Das »jüngere« bayer. Stammesherzogtum (s. Kap. 1, Anm. 7). Zum Wort Deutsch insbes.: W. KROGMANN, Deutsch (1936); L. WEISGERBER, Der Sinn d. Wortes Deutsch (1949); ders., Deutsch als Volksname, Ursprung u. Bedeutung (1953); H. JAKOBS, Der Volksbegriff in den historischen Deutungen des Namens Deutsch, Rhein. Vjbll. 32 (1968).

[10] M. LINTZEL, Heinrich I. u. das Hgt. Schwaben, HV 24 (1927), auch in: Ausgew. Schriften 2 (1961); TH. MAYER, Das schwäb. Hgt. u. der Hohentwiel (s. Kap. 2, Anm. 7); M. HELLMANN, Der dt. Südwesten in der Reichspolitik d. Ottonen, Zs. f. württ. Landesgesch. 18 (1959); H. BÜTTNER, Heinrichs I. Südwest- u. Westpolitik, s. o. Anm. 9.

[11] Lit. s. o. Anm. 9.

[12] Dazu H. MITTEIS, Lehnrecht u. Staatsgewalt (1933), bes. S. 416 f.

[13] Über Zusammenhang u. Wechselwirkung d. Aktionen Heinrichs: H. HEIMPEL, Kg. Heinrich I., in dess.: Dt. MA (1941), S. 31 ff.

[14] LINTZEL u. HELLMANN, s. o. Anm. 10; TELLENBACH, Königtum u. Stämme, S. 88 f.

Kapitel 4
Abgrenzung im Westen

Bereits 920 griff Heinrich I. zum erstenmal in *Lothringen* ein, das sich unter Konrad I. vom ostfränkischen Reich gelöst und Westfranken angeschlossen hatte; aber noch immer war die Tradition des alten karolingischen Teilreiches dort lebendig und gab dem Bestreben nach Eigenständigkeit Nahrung und Auftrieb. Seit Giselbert als Haupt der Reginare 915 die Führung ganz Lothringens gewonnen hatte und diese Tendenzen bewußt zu fördern suchte, nahmen daher die Spannungen mit dem westfränkischen Karolinger Karl dem Einfältigen ständig zu. Sie führten 920 zum offenen Kampf, der Heinrich I. Gelegenheit bot, sich in Lothringen einzuschalten[1]. Er trat auf die Seite Giselberts, offenbar schon damals mit dem Ziel, Lothringen wieder für das Ost-Reich zurückzugewinnen. Karl der Einfältige hat dementsprechend auch in Heinrich sofort seinen Hauptgegner gesehen und eine Gegenaktion unternommen, die ihn bis nach Pfeddersheim bei Worms führte. Doch sah er sich schnell wieder zum Rückzug gezwungen, und da weder Karl noch Heinrich ihre Kräfte für eine langwierige Auseinandersetzung frei hatten, traten sie miteinander in Verhandlungen, die am 7. 11. 921 bei *Bonn* zu einer *Zusammenkunft der beiden Könige* führten[2]. Nach genau geregeltem Zeremoniell trafen Karl als »rex Francorum occidentalium« und Heinrich als »rex Francorum orientalium« auf einem mitten im Rhein verankerten Schiff, d. h. genau auf der Grenze ihrer beiden Herrschaftsgebiete, zusammen und schlossen unter Eid einen *Freundschaftsvertrag*, den nach den Königen auch die Großen ihres Gefolges beschworen. Der Vertrag brachte für Heinrich, der Karl als Herrn des linksrheinischen Lothringen anerkannte, den ersten großen außenpolitischen Erfolg: Er sicherte ihm, dem Nichtkarolinger, die Anerkennung des westfränkischen Karolingers zu und garantierte damit die Unabhängigkeit des jungen deutschen Reiches.

Trotz des Bonner Vertrags blieb indessen die Regelung für Lothringen nicht von Dauer. Unzufriedenheit mit ihrem König veranlaßte bereits 922 westfränkische Große, unterstützt von Giselbert von Lothringen, dem Karolinger Karl dem Einfältigen in Herzog Robert von Franzien einen Gegenkönig entgegenzustellen. Robert nahm seinerseits Verbindung zu König Heinrich auf, und zu Beginn des Jahres 923 schlossen beide einen Freundschaftsvertrag, der dem Bonner Vertrag mit Karl dem Einfältigen entsprach. Doch König Robert fiel schon bald darauf in der Schlacht von Soissons, in der Karl der Einfältige geschlagen wurde, worauf die westfränkischen Großen Roberts Schwiegersohn, Herzog Rudolf von Burgund, zum König erhoben. Dabei war der lothringische Adel übergangen worden, und da das westfränkische Königtum durch den dauernden Kampf um die Krone stark erschüttert war, wandten sich Giselbert von Lothringen und der Erzbischof von Trier von ihm ab und riefen Heinrich I. ins Land. Auf ihre Aufforderung erschien Heinrich noch 923 in Lothringen und eroberte zunächst einen Teil des Landes. Als Giselbert sich darauf durch eine neue Schwenkung zum westfränkischen Rudolf noch einmal der Herrschaft Heinrichs zu entziehen suchte, rückte dieser 925 ein zweites Mal ins Land, und diesmal, so erklärt Flodoard, »unterwarfen sich alle Lothringer Heinrich«.

Das zurückeroberte *Lothringen* wurde *dem Reich angegliedert*, und obwohl es keinen Stamm bildete, sondern eine geschichtliche Einheit, die aus den karolingischen Reichsteilungen erwachsen war, wurde es nach dem Muster der deutschen Stammesherzogtümer organisiert; Giselbert[3] blieb als Herzog an seiner Spitze, wurde aber durch die Heirat mit Heinrichs Schwester Gerberga enger an das Königshaus gebunden. Das ottonische Reich, das fortan aus fünf Stammesherzogtümern bestand, hatte damit eine erweiterte Grundlage und im Westen seine bleibende Abgrenzung erhalten.

[1] P. E. Hübinger, Heinrich I. u. d. dt. Westen, in: AnnHVNiederrh. 131 (1937). Sehr aufschlußreich auch schon für die Zeit Heinrichs I.: H. Sproemberg, Die lothr. Politik Ottos d. Gr., Rhein. Vjbll. 11 (1941), auch in dess. Beitr. z. belg.-niederländ. Gesch. (1959); ferner H. Büttner, Heinrichs I. Südwest- u. Westpolitik (s. Kap. 3, Anm. 9).

[2] MG Const. 1, 1; dazu H. Mitteis, Lehnrecht u. Staatsgewalt (1933), bes. S. 214 ff.; W. Kienast, Dtld. u. Frankr. in der Kaiserzeit (1943). Allg.: G. Tellenbach, Vom Zusammenleben d. abendländ. Völker im MA, in: Festschr. G. Ritter (1950).

[3] E. Hlawitschka, Hg. Giselbert v. Lothringen u. das Kloster Remiremont, ZGORh 108 (1960); ders., Lotharingien u. d. Reich an der Schwelle d. dt. Gesch. (Schriften der MGH 21, 1968).

Kapitel 5
Sicherung und Ausweitung im Osten und im Norden

So bedeutend die Erfolge waren, die Heinrich im Westen errungen hat – die eigentliche Bewährungsprobe seiner Herrschaft hatte er im Osten zu bestehen: im Kampf gegen die gefährlichsten Feinde des Reiches, die *Ungarn*. Sie hatten das karolingische Verteidigungssystem an der Ostgrenze[1] längst überrannt und damit auch den Slaven den Weg zu weiterem Vordringen frei gemacht. Heinrich, bereits als Sachsenherzog im Grenzkampf gegen die Slaven erprobt, brachte die besten Voraussetzungen mit, um dieser doppelten Gefahr aus dem Osten zu begegnen. Doch erwies sich, daß auch er den Ungarn nicht ohne weiteres gewachsen war. Als sie 919, 924 und 926 wieder mit starken

Kräften in Deutschland erschienen, konnte sie niemand daran hindern, das ganze Land raubend und plündernd zu durchziehen. Der König selbst, der ihnen (wohl 926) in Sachsen entgegentrat, mußte nach einem unglücklichen Kampf vor ihnen in der Burg Püchau bei Wurzen an der Mulde Schutz suchen und zog sich schließlich, ohne einen neuen Kampf zu wagen, in das sichere Werla[2] zurück. In dieser Bedrängnis kam ihm das Glück zu Hilfe: Ein Führer der Ungarn fiel ihm in die Hände. Mit seiner Auslieferung und einem hohen Tribut wurde ein *neunjähriger Waffenstillstand* erkauft, der anscheinend für das ganze Reich Geltung hatte, da die Ungarn in den folgenden Jahren nicht nur Sachsen, sondern auch die übrigen deutschen Stämme mit ihren Einfällen verschonten. Heinrich nutzte die so gewonnene Ruhe, um durch den Aufbau einer neuen Grenzverteidigung die Abwehr zu organisieren. Im November 926 wurde auf seine Veranlassung auf dem Reichstag in Worms eine *Burgenordnung*[3] beschlossen, über deren Durchführung in Sachsen Widukind von Korvei in seinem berühmten Kapitel I, 35 über die »milites agrarii«[4] berichtet: wohl an die königliche Grundherrschaft gebundene Bauernkrieger, die sich, jeweils in Gruppen zusammengefaßt, in die Bestellung ihrer Felder und den Burgenbau teilen mußten. In den Burgen wurden Nahrungsmittel für den Notfall gespeichert; gleichzeitig sollten sie in Friedenstagen Versammlungsstätten des Volkes sein. Diese Vorkehrungen, die sich nach dem glaubwürdigen Zeugnis der ›Miracula S. Wigberthi‹ nicht auf Sachsen beschränkten, sondern dem Reichstagsbeschluß entsprechend für das ganze Reich Geltung hatten, wurden in Sachsen noch durch die *Neuorganisation des Heerbanns* ergänzt. Da sich erwiesen hatte, daß der alte sächsische Heerbann den schnellen Reiterscharen der Ungarn nicht gewachsen war, wurde die Reiterei vermehrt und eigens für den Ungarnkampf geschult. Widukind will diese Schulung in den *Feldzügen gegen die Slaven* sehen, die Heinrich 928 und 929 unternahm. Wenn er damit der Bedeutung der kriegerischen Unternehmungen auch kaum gerecht wird, so ist doch nicht zu bezweifeln, daß zwischen der Abwehr der Ungarn und den Slavenkämpfen[5] ein Zusammenhang bestand. Man sieht, daß die 926 eingeleitete militärische Neuorganisation 928 so weit gediehen war, daß sie Heinrich jetzt eine offensive Slavenpolitik ermöglichte. Im Herbst 928 stieß er jedenfalls plötzlich über die Elbe vor, überfiel die Heveller, einen Teilstamm der Wilzen, und eroberte, bereits mitten im Winter, ihren Hauptort Brennabor (Brandenburg). Anschließend wandte er sich südwärts, um die Daleminzier, die gefährlichsten Nachbarn der Thüringer, zu unterwerfen. Nachdem er auch hier den Hauptstützpunkt Gana (wohl Jahna bei Riesa a. d. Elbe) erobert hatte, ließ er zur Sicherung des frisch eroberten Gebietes die Burg Meißen errichten[6]. Dann folgte ebenfalls 929 ein Zug nach Prag, an dem sich von Bayern aus Herzog Arnulf beteiligte – eine Bestätigung dafür, daß Heinrichs Ostpolitik sich seit 926 zu einer die Stämme übergreifenden, deutschen Angelegenheit ausgeweitet hatte. König und Herzog erreichten ohne Kampf die Unterwerfung des Tschechenherzogs Wenzel[7].

Die Kämpfe eines Jahres hatten genügt, um die *slavischen Nachbarstämme*, unter denen Widukind noch ausdrücklich die Abodriten, Wilzen und Redarier hervorhebt, zur *Anerkennung der deutschen Oberhoheit* zu zwingen. Als die Redarier sich noch im gleichen Jahr 929 durch eine Empörung der fremden Herrschaft zu entziehen suchten und mehrere slavische Stämme mit sich rissen, konnten sie dadurch die neuen Machtverhältnisse nicht mehr ändern: Sie wurden durch ein sächsisches Heer unter der Führung der beiden Grafen Bernhard und Thietmar bei der Burg Lenzen geschlagen, diese Burg zur Übergabe gezwungen. Seitdem war die Herrschaft Heinrichs im Osten gefestigt: Die Ostgrenze war wieder wie in der Karolingerzeit durch ein Vorfeld tributär abhängiger Stämme geschützt, die deutsche Oberhoheit von den slavischen Nachbarn anerkannt. 932 wurden mit der Eroberung der Burg Lebusa im Fläming noch die Lausitzer tributpflichtig gemacht. Ihre Unterwerfung rundete die Sicherheitszone jenseits der mittleren Elbe ab.

Nach diesen Erfolgen glaubte sich Heinrich gerüstet, nun auch den *Ungarn* den aufgeschobenen *Kampf* anbieten zu können. Nachdem eine Reichsversammlung in Erfurt (932) den Kampf beschlossen hatte, wurden die weiteren Tributzahlungen in herausfordernder Form eingestellt. Als die Ungarn daraufhin, wie erwartet, im Frühjahr 933 mit großer Heeresmacht erschienen, kündigte sich ihnen die veränderte Lage darin an, daß die Daleminzier sich weigerten, ihnen die gewohnte Hilfe zu leisten. Die entscheidende Veränderung aber war, daß Heinrich sie mit einem Heer erwartete, das nach dem Zeugnis Flodoards aus Angehörigen sämtlicher deutschen Stämme bestand. Es wurde entsprechend dem Vorgehen der Ungarn in zwei Gruppen geteilt, deren eine den Scharen, die westwärts vorstießen, im südlichen Sachsen entgegentrat und sie zerschlug, während das Hauptheer unter der Führung des Königs gegen die Masse der Ungarn vorrückte, die das östliche Thüringen bedrängte. Hier kam es am 15. 3. 933 bei *Riade*[8], einem nicht sicher identifizierbaren Ort, wohl an der Unstrut, zur Schlacht, in der Heinrich I. mit seinem Heer unter dem Feldzeichen des hl. Michael seinen bedeutendsten Sieg erstritt. Obwohl die Ungarn nicht vernichtet wurden, sondern, wie Widukind ausdrücklich vermerkt, zum größten Teil entkamen, hat dieser erste Ungarnsieg eines deutschen Königs in ganz Deutschland einen starken Eindruck gemacht. Er wird in den bayrischen und schwäbischen wie in den sächsischen und fränkischen Quellen vermerkt, weil er alle bewegte: *Heinrichs Ungarnsieg* ging alle Deutschen an. Der Sieg über den gefürchteten äußeren Feind hat seiner Herrschaft die letzte Bestätigung und Festigung gebracht.

Heinrich hat sich schließlich, durch normannische Plünderungen in Friesland alarmiert, 934 noch dem Norden zugewandt und im Anschluß an die Sicherung der Ostgrenze auch an der *Nordgrenze* klare Verhältnisse geschaffen. Er unterwarf auf einem Feldzug den in Haithabu sitzenden dänischen Kleinkönig Knuba[9], zwang ihn zur Tributzahlung und zur Taufe und erneuerte damit als bleibendes Ergebnis dieses Zuges die alte *dänische Mark* zwischen Eider und Schlei. Die Zeitgenossen haben Heinrich diesen Zug besonders zum Ruhme angerechnet, weil er mit ihm die letzten Reste der Normannengefahr im deutschen Norden überwunden und eine neue Basis für die Ausbreitung des Christentums zu den nordischen Völkern geschaffen hat.

[1] Zu ihrer Gesch. u. Problematik: H. Aubin, Die Ostgrenze d. alten dt. Reiches, HV 28 (1933), auch in: Von Raum u. Grenzen d. dt. Volkes (1938, u. selbständ. Ndr. 1959).

[2] Über die Bedeutung dieser Pfalz: K. Brandi, Werla. Königspfalz, Volksburgen u. Städte, DA 4 (1940); und bes. die Aufsätze von S. Krüger, H. J. Rieckenberg u. H. Schroller in: Dt. Königspfalzen (Veröffentl. d. Max-Planck-Instituts f. Gesch. 11/2, 1965).

[3] Grundlegend: C. Erdmann, Die Burgenordnung Heinrichs I., DA 6 (1943), auch in dessen Ottonische Studien (1968); dazu H. Büttner, Zur Burgenbauordnung Heinrichs I., Bll. f. dt. Landesgesch. 92 (1952).

[4] Für die Deutung d. »milites agrarii« lange Zeit bestimmend: D. Schäfer, Die agrarii milites d. Widukind, SB Berlin (1905), der in ihnen königl. Dienstmannen sah. Dagegen bereits E. E. Stengel in: Papsttum u. Kaisertum (Festschr. f. P. Kehr 1926), der sie mit den »vasalli inferioris conditionis« gleichsetzte, während G. Baaken, Königtum, Burgen u. Königsfreie, in: Vorträge u. Forschungen 6 (1961), in ihnen Königsfreie sehen möchte; dazu J. Fleckenstein, Rhein. Vjbll. 29 (1963), S. 312 ff.; Büttner, Burgenbauordnung

(s. o. Anm. 3), S. 4, resümiert den Forschungsstand, indem er die »milites agrarii« als eine Sondergruppe der »milites« definiert, die »einer königlichen oder einer Adelsgrundherrschaft verbunden« war.

[5] K. Schünemann, Dt. Kriegführung im Osten während d. MA, DA 2 (1938); H. Heimpel, Kg. Heinrich der Erste, in: Dt. MA (1941), S. 40 f.

[6] Zur frühmal. Gesch. Meißens: H. Gröger, Tausend Jahre Meißen (1929); W. Schlesinger, KiG Sachsens im MA 1 (1962), S. 35 f.

[7] Vgl. W. Wegener, Böhmen, Mähren u. das Reich im HochMA (1959); K. Bosl, Probleme d. Missionierung d. böhm.-mähr. Herrschaftsraumes, in: Siedlung u. Verfassung Böhmens in der Frühzeit, hg. v. Fr. Graus u. H. Ludat (1967), S. 120 f.; K. Richter im Hdb. d. Gesch. der böhm. Länder, hg. v. K. Bosl, Bd. 1 (1967), S. 214 ff.

[8] Über Schlachtort u. Bedeutung: M. Lintzel, Die Schlacht von Riade u. die Anfänge d. dt. Staates, Sachsen u. Anh. 9 (1933), auch in: Ausgew. Schriften 2 (1961); ferner H. G. Voigt, Heinrichs I. Ungarnsiege im Jahre 933 (1933).

[9] Über Knuba: H. Jankuhn, Haithabu. Ein Handelsplatz d. Wikingerzeit ([3]1956), S. 82 f. u. G. Jones, A History of the Vikings (1968), S. 111 f.

Kapitel 6
Karolingische Tradition und abendländische Hegemonie

Wenn Heinrichs Anfänge durch die Abkehr von der karolingischen Tradition gekennzeichnet waren, so ist es bezeichnend, daß er im Fortgang seiner Herrschaft in zunehmendem Maße in diese Tradition hineingewachsen ist. In seinen letzten Regierungsjahren war seine Politik wesentlich von ihr bestimmt. In dieser Wandlung lag kein Widerspruch, sondern Konsequenz. Da Konrad I. gescheitert war, hatte Heinrich sich zunächst genötigt gesehen, sich auf anderen Wegen als Konrad um eine *Festigung des Königtums* zu bemühen. Als ihm dies im Bunde mit dem Stammesherzogtum relativ schnell gelang, zögerte er nicht, die herzogliche Gewalt wieder stärker zurückzudrängen und gleichzeitig die Bischöfe enger an die Krone zu ziehen. Heinrich griff damit also wieder auf die *karolingische Tradition* zurück – jedoch im Unterschied zu Konrad I. erst auf der Grundlage seines gefestigten Königtums. Unter dieser Voraussetzung wurde sie erst wieder zu einer Kraft, die geeignet war, ihrerseits einer weiteren Stärkung des Königtums zu dienen. So bot sie Heinrich im Innern die Möglichkeit, die Kirche, die unter Konrad praktisch neben das Königtum getreten war, wieder seiner Herrschaft unterzuordnen. Der König hat diesen Weg bereits 922 mit der Ernennung des Erzbischofs von Mainz zum Erzkapellan und dem anschließenden Aufbau seiner Hofkapelle betreten. Dementsprechend nehmen in der Folgezeit auch die Bischöfe in seiner Umgebung zu, und 926 wird bei dem Herzogswechsel in Schwaben vollends deutlich, daß er die Herrschaft über die Reichskirche, wo er nur konnte, für sich in Anspruch nahm[1].

Der schwäbische Herzogswechsel hatte noch eine zweite, sehr weitreichende Konsequenz. Sie bezog sich auf das benachbarte *Königreich Burgund*, mit dessen König der gefallene Herzog Burchard zuletzt gemeinsame Politik betrieben hatte, die eben gerade in Italien gescheitert war. Heinrich nutzte deshalb sogleich die Gunst der Stunde, nahm dem neuen Schwabenherzog die selbständige Burgundpolitik aus der Hand und trat selbst mit dem burgundischen König in Verbindung. König Rudolf II., dem nach seiner Niederlage in Italien an guten Beziehungen zu dem mächtigen Nachbarkönig gelegen war, erschien daher sogar im November 926 auf dem Reichstag in Worms[2]: ein deutliches Zeichen dafür, daß er Heinrich einen Vorrang zuerkannte.

Obwohl der Zeitpunkt der Übergabe nicht überliefert ist, spricht alle Wahrscheinlichkeit dafür, daß Rudolf II. bei dieser Gelegenheit Heinrich auf dessen Drängen hin die *heilige Lanze*[3] übergeben hat: die berühmte, mit Nägeln vom Kreuz Christi ausgestattete, siegverheißende Reliquie, die nach Liutprand (IV, 25) als Konstantinslanze galt und als Geschenk des italienischen Grafen Samson in die Hand des Burgunderkönigs gekommen war. Heinrich schätzte sie so hoch, daß er dem Burgunder dafür außer Gold und Silber das Gebiet um Basel überließ. Doch hatte die Übergabe nach Liutprand noch einen besonderen Sinn: Indem König Rudolf dem deutschen König die Lanze übergab, huldigte er ihm in Form der *Kommendation* und schloß mit ihm einen Freundschaftsbund. Damit erkannte der Burgunderkönig die Oberherrschaft Heinrichs an. Und wenn es auch nicht gesichert ist, ob sich mit der heiligen Lanze auch ein Anspruch auf die Herrschaft über Italien verband, so kam der deutsche König doch durch die Ausdehnung seines Einflußbereichs auf Burgund neben Westfranken auch mit Italien in Berührung.

Gegenüber *Westfranken*, mit dessen König Karl dem Einfältigen Heinrich 921 und mit dessen Gegenkönig Robert er 923 einen Freundschaftsvertrag geschlossen hatte, war insofern eine veränderte Situation eingetreten, als Heinrich inzwischen Lothringen erobert hatte, dem neuen König Rudolf aber auch in dem Grafen Heribert von Vermandois, dem siegreichen Gegner des Karolingers Karl, ein gefährlicher Rivale erwachsen war, der seinen politischen Spielraum empfindlich eingrenzte. Doch vermochte König Rudolf sich besonders im Norden allmählich stärker durchzusetzen, und da König Heinrich I. an der Erhaltung des Gleichgewichts im Westen lag, arbeitete er auf ein neues *Königstreffen* hin, an dem neben dem westfränkischen König Rudolf auch König Rudolf II. von Burgund teilnehmen sollte. Die Begegnung, die im Juni 935 unweit von Sedan a. d. Maas (vielleicht in Ivois a. d. Chiers), jedenfalls an der Grenze der verschiedenen Machtbereiche zustande kam[4], führte wiederum zu einem Freundschaftsbund (Flodoard: »pactaque inter ipsos amicitia«), praktisch einer Erweiterung des Freundschaftsvertrags zwischen dem deutschen und dem burgundischen König von 926 um den König von Westfranken. Er bedeutete, wie schon der Ort des Treffens an der Maas anzeigt, für Heinrich einen großen Erfolg, denn er erreichte damit sowohl den erstrebten Ausgleich zwischen den westfränkisch-französischen Rivalen, d. h. die Bewahrung des Gleichgewichts im Westen, wie den Ausgleich zwischen den Königen von Frankreich und Burgund und schließlich die Anerkennung der Zugehörigkeit Lothringens zum deutschen Reich. Das Königstreffen von 935 zeigt, daß Heinrich nach seinen großen Erfolgen im Osten gegen Ende seiner Regierung auch im Westen zu *hegemonialer Stellung* aufgestiegen ist.

Über Burgund war in seinen letzten Regierungsjahren schließlich auch *Italien* in seinen Blick getreten. Seit König Rudolf II. sich 926 dem deutschen König kommendiert hatte, berührte sich Heinrichs Einflußbereich mit dem Königreich Niederburgund, der Herrschaft Hugos von der Provence[5], des neuen Königs von Italien, der eben 926 seinem Nachbarn Rudolf die italienische Königskrone entrissen hatte. Als auch Hugo bei dem Versuch, zur Königs- auch noch die Kaiserkrone zu erwerben, in Italien in Bedrängnis geriet, sicherte er sich zwar gegenüber seinem burgundischen Rivalen, indem er ihm gegen den Verzicht auf Italien die Provence überließ, zog sich aber in Herzog Arnulf von Bayern einen neuen Konkurrenten zu: Arnulf zog 934 über die Alpen, um die Krone Italiens für seinen Sohn Eberhard zu erkämpfen, wurde jedoch von Hugo besiegt und zur Umkehr gezwungen. War damit sein ehrgeiziger Griff nach der Krone auch vereitelt, so muß doch die Tatsache, daß der Bayernherzog – wie zuvor schon Herzog Burchard von Schwaben – nach Italien übergegriffen hatte, für Heinrich alarmierend gewesen sein. Denn es lag zweifellos nicht im Interesse des deutschen Königs, daß die Herzöge selbständige Außenpolitik betrieben. Wenn daher Widukind von Korvei (I, 40) berichtet, daß Heinrich auf der Höhe seiner Macht noch einen *Romzug geplant* habe[6], aber durch seine letzte Krankheit an seiner Durchführung gehindert worden sei, so hat diese Nachricht alle innere Wahrscheinlichkeit für sich: Der Romzug lag gewissermaßen in der Verlängerung seiner Politik.

Als Heinrich I. am 2. 7. 936 in seiner Pfalz Memleben starb[7], war er nach Widukind (I, 41) der »maximus regum Europae«: der Herr eines Reiches, das auf der Bahn der karolingischen Tradition bereits an die Spitze Europas getreten war.

[1] Darauf bereits nachdrücklich von M. Lintzel, Heinrich I. u. d. Hgt. Schwaben, S. 15 ff., hingewiesen, ferner M. Hellmann u. H. Büttner, s. Kap. 3, Anm. 9.

[2] RI II, 1, 13a; dazu C. Erdmann, Burgenordnung, s. Kap. 5, Anm. 3, u. H. Büttner, Heinrichs I. Südwest- u. Westpolitik, s. Kap. 3, Anm. 9.

[3] Ausgangspunkt der Forschung: A. Hofmeister, Die hl. Lanze (1908); neuerdings: P. E. Schramm, Herrschaftszeichen u. Staatssymbolik 2 (1955), S. 492 ff. Um beide Werke rankt sich eine reiche Lit.: H.-W. Klewitz, Die hl. Lanze Heinrichs I., DA 6 (1943); A. Brackmann, Zur Gesch. d. hl. Lanze Heinrichs I., DA 6 (1943); W. Holtzmann, Kg. Heinrich I. u. d. hl. Lanze (1947); M. Lintzel, Zur Erwerbung d. hl. Lanze durch Heinrich I., HZ 171 (1951), auch in: Ausgew. Schriften 2 (1961); J. Hörle, Die sog. »Beschreibung d. hl. Lanze« bei Liudprand v. Cremona, Arch. f. mittelrhein. KiG 14 (1962). Die Forschung zusammenfassend u. klärend: H. Büttner, Heinrichs I. Südwest- u. Westpolitik, s. Kap. 3, Anm. 9. Für eine spätere Datierung: H. E. Mayer, Ein Rundschreiben Rudolfs II. v. Burgund aus d. J. 932, DA 17 (1961).

[4] Flodoardi Ann., hg. v. Ph. Lauer, S. 61; dazu H. Büttner, Heinrichs I. Südwest- u. Westpolitik, s. Kap. 3, Anm. 9.

[5] Vgl. R. Hiestand, Byzanz u. das regnum Italicum im 10. Jh. (Arbeiten aus d. Hist. Seminar d. Univ. Zürich 9, 1964), S. 145 ff.

[6] Zum Romzugsplan Heinrichs: H. Heimpel, Bemerkungen (s. Kap. 3, Anm. 1), S. 40 ff.; C. Erdmann, Der ungesalbte König, DA 2, S. 339 f.

[7] Er wurde in Quedlinburg bestattet: C. Erdmann, Das Grab Heinrichs I., DA 4 (1940). Zeitgenöss. Charakteristiken Heinrichs: G. Waitz, Jbb., S. 111 ff.; Fr. Schröder, Das Bild Heinrichs I. in der dt. Geschichtsschreibung d. MA bis zum Interregnum (Diss. Halle 1949).

Kapitel 7
Otto I. als Erbe und Fortsetzer der Herrschaft Heinrichs I. Die Aachener Königswahl von 936

Beim Tode Heinrichs I. war die Nachfolge bereits geklärt, der neue König war sogar schon vor langer Zeit (Widukind II, 1: »iam olim«) designiert. Darin lag ein wesentlicher Unterschied gegenüber den vorausgegangenen Königswahlen Konrads I. und Heinrichs I. – ein Unterschied, der offenbar damit zusammenhing, daß der neue König bereits der Sohn eines Königs war, Konrad und Heinrich hingegen nicht. Es war entscheidend, daß König Heinrich I., als er nach seinen Slavensiegen 929 auf dem Hoftag zu Quedlinburg sein Haus bestellte[1], in seine Hausordnung die *Regelung seiner Nachfolge* miteinbezog. Als er damals seinen zweiten, 912 geborenen Sohn Otto mit Zustimmung der Großen zum Thronfolger bestimmte, leitete er zugleich eine neue Entwicklung ein. Denn indem er Otto designierte, schloß er in Abweichung vom Brauch der Karolinger, die allen Mitgliedern des Königshauses die Anwartschaft auf die Herrschaft zuerkannt hatten, seine übrigen Söhne von der Herrschaft aus. Und da alle weiteren deutschen Herrscher diese Regelung beibehielten, war mit der Designation Ottos 929 eine Entscheidung gefallen, die das junge deutsche Reich der alten Teilung entzog und ihm ein neues Prinzip eingab: das Prinzip der *Unteilbarkeit des Reiches*[2].

Noch im gleichen Jahr 929 wurde der designierte Thronfolger Otto, dem eine vornehme Slavin bereits einen Sohn Wilhelm geschenkt hatte, mit der angelsächsischen Königstochter Edgitha vermählt und auf einem Ritt durch das Reich allen Stämmen vorgestellt. Es wies in die Zukunft, daß Otto – gewiß mit der Zustimmung seines Vaters – seiner jungen Gemahlin, die ihm 930 einen Sohn Liudolf und wohl 931 eine Tochter Liutgard gebar, Magdeburg, den bedeutendsten Handelsplatz an der mittleren Elbe, als Morgengabe zuwies. Magdeburg sollte einmal Hauptort und Schwerpunkt seiner Herrschaft werden[3].

Bereits von schwerer Krankheit befallen, hat Heinrich dann noch kurz vor seinem Tode in Erfurt (936) einen Hoftag abgehalten, auf dem er mit den Großen »de regni statu« beriet. Hauptgegenstand der Beratungen war noch einmal die Nachfolge im Reich. Da sie seit langem feststand, kam es dem König wohl auf die erneute Zustimmung der Großen zur bereits erfolgten *Designation seines Sohnes Otto* an. Vielleicht hat dabei auch der Thronanspruch des übergangenen, von seiner Mutter unterstützten jüngeren Heinrich eine Rolle gespielt[4]. Auch dürfte Aachen noch von Heinrich selbst als künftiger Wahlort vorgeschlagen worden sein. Da die Quellenberichte auf die Vorverhandlungen nur summarisch eingehen, wird hier kaum völlige Klarheit zu gewinnen sein. Immerhin ist deutlich, daß die Thronfolge in allen wesentlichen Punkten geregelt war, als Heinrich in Memleben starb. Hier oder in Quedlinburg, wo er sein Grab fand, wurde wahrscheinlich die *Wahlversammlung nach Aachen* ausgeschrieben.

Die Wahl des Ortes war symbolisch und politisch motiviert: Symbolisch beschwor sie das Vorbild des großen Karl, dessen Thron der deutsche König von nun an besteigen sollte – ein Bekenntnis zur karolingischen Tradition, das Heinrich I. vorbereitet und Otto d. Gr., wie sich bald zeigen sollte, zum Programm erhoben hat; politisch dokumentierte sie gegenüber dem kurz vorher in Reims zum König gekrönten westfränkischen Karolinger Ludwig IV. die Zugehörigkeit der Karlstadt im kürzlich eroberten Lothringen zum deutschen Reich.

In relativ kurzer Frist, fünf Wochen nach dem Tod Heinrichs, fand dann in Aachen am 7. 8. 936 nach genau durchdachtem Zeremoniell die »electio universalis« Ottos statt[5]. Sie begann nach Widukind (II, 1) in einem ersten, weltlichen Teil im Säulenvorhof der »basilica Magni Karoli«, wo die Herzöge mit anderen hervorragenden weltlichen Großen den neuen Herrscher auf einen Thron setzten und ihm mit Handgang und Treueid huldigten: So machten sie ihn »more suo« zum König. Darauf folgte der zweite, geistliche Teil in der Kirche, die Otto in fränkischer Kleidung betrat, vom Erzbischof von Mainz in feierlicher Prozession zunächst bis zur Mitte der Kirche geleitet, wo der Erzbischof »den von Gott erwählten, vom Herrn Heinrich einst designierten und nun von allen Fürsten zum König gemachten Otto« dem wartenden Volk vorstellte und es aufforderte, der Wahl, wenn sie ihm gefalle, seine Zustimmung zu geben, worauf das Volk mit erhobener Hand und unter lauten Heilrufen akklamierte. Unterdessen wurde der König zum Altar geführt, auf dem die königlichen Insignien bereitlagen. Mit ihrer Übergabe begann die kirchliche Weihe, die in der Salbung und Krönung gipfelte; beide Handlungen wurden jetzt von den Erzbischöfen von Mainz und Köln gemeinsam ausgeführt. An die Weihe schloß sich eine zweite

Thronsetzung an, diesmal auf den Marmorthron Karls d. Gr. im oberen Umgang des Doms. Hier, »zwischen Säulen thronend«, wohnte der König der feierlichen Messe bei, die den zweiten geistlichen Teil der Wahlfeierlichkeiten beschloß.

In der Pfalz folgte schließlich als dritter Teil noch das Krönungsmahl[6], hoch bedeutsam dadurch, daß die Herzöge symbolisch die Hofdienste leisteten: der Lothringer als Kämmerer, der Franke als Truchseß, der Schwabe als Mundschenk, der Bayer als Marschall.

So präsentierte sich die Wahlversammlung in Aachen als eine eindrucksvolle Bekundung der Macht des jungen Reiches, in dem Königtum, Adel und Kirche als die bestimmenden Kräfte zusammenwirkten. Ihre Verbindung war das Werk und die Leistung Heinrichs I., an die sein Sohn jetzt anknüpfte, um sie im verstärkten Rückgriff auf Karl d. Gr. weiterzuführen.

Regesten Ottos I.: RI II, 1, bearb. v. E. v. OTTENTHAL mit Ergänzungen v. H. H. KAMINSKY (1967). Urkunden: MG DD I (1884). Jahrbücher: R. KÖPKE u. E. DÜMMLER (1876). Hauptquellen: wie für Heinrich I., ferner: Ruotger, Vita Brunonis, hg. v. I. OTT, SS rer. Germ. NS X (1950), (GdV 30); Hrotsvit v. Gandersheim, Gesta Ottonis, hg. v. K. STRECKER, SS rer. Germ. (1930), (GdV 32); Liudprand v. Cremona, Werke, hg. v. J. BECKER (1915), (GdV 29); dazu M. LINTZEL, Studien zu Liudprand v. Cremona (1933); Vita Udalrici (Gerhard), hg. v. G. WAITZ, SS 4 (GdV 31b); Thietmar v. Merseburg, Chronik, hg. v. R. HOLTZMANN, SS rer. Germ. NS 9 (1935), (GdV 39), mit Übers. v. W. TRILLMICH (Ausgew. Quellen z. dt. Gesch. d. MA 9, 1957); Rather v. Verona, Briefe, hg. v. F. WEIGLE, MG, Briefe d. dt. Kaiserzeit 1 (1949); dazu F. WEIGLE, DA 1 (1937) u. DA 5 (1942). – Gesamtdarstellungen: K. HAMPE, Herrschergestalten; W. v. D. STEINEN, Otto d. Gr. (1928); R. HOLTZMANN, Otto d. Gr. (1941); G. TELLENBACH, Otto d. Gr., in: Die großen Deutschen 1 (²1956).

[1] DHI 20 v. 929 Sept. 16; über die Hausordnung u. ihre weitreichenden Konsequenzen: K. SCHMID, Die Thronfolge Ottos d. Gr., ZRG GA 81 (1964).

[2] Dazu G. TELLENBACH, Die Unteilbarkeit des Reiches, HZ 163 (1941), auch in: Wege der Forschung 1 (1956); weiterführend K. SCHMID, Thronfolge Ottos d. Gr. (s. o. Anm. 1), bes. § 159 ff.

[3] Rolle u. Bedeutung Magdeburgs unter Otto d. Gr.: A. BRACKMANN, Magdeburg als Hauptstadt d. dt. Ostens im frühen MA (1932); R. HOLTZMANN, Otto d. Gr. u. Magdeburg, in: Magdeburg in der Politik d. dt. Kaiser (1936); B. SCHWINEKÖPER, Die Anfänge Magdeburgs, in: Studien zu den Anfängen des europäischen Städtewesens. Vorträge u. Forschungen 4 (1958); W. SCHLESINGER, Zur Gesch. der Magdeburger Königspfalz, Bll. f. dt. Landesgesch. 104 (1968).

[4] Heinrich als Kandidat Mathildes: M. LINTZEL, Miszellen (s. Kap. 2, Anm. 2), S. 86 ff.

[5] Aufnahme d. karol. Tradition durch Heinrich I. in Aachen: K. HAUCK, Die Ottonen u. Aachen, 876–936, in: Karl d. Gr., Bd. 4: Das Nachleben, hg. v. W. BRAUNFELS u. P. E. SCHRAMM (1967), S. 50 f. Lit. zur Wahl Ottos d. Gr. s. Kap. 2, Anm. 2; dazu M. LINTZEL, Zur Gesch. Ottos d. Gr., MÖIG 48 (1934); P. E. SCHRAMM, Die Krönung in

Dtld. bis zum Beginn d. sal. Hauses, ZRG KA 55 (1935); C. ERDMANN, Forschungen z. polit. Ideenwelt des FrühMA (1951), S. 25 ff.; A. HUYSKENS, Die erste dt. Königskrönung in Aachen, Zs. Aachener GV 56 (1936); J. RAMACKERS, Zur ersten dt. Königskrönung in Aachen, ebd. 62 (1949). Zur Thronsetzung Ottos in Aachen: H. BEUMANN, Grab u. Thron Karls d. Gr. zu Aachen, in: Karl d. Gr., Bd. 4 (1967), bes. S. 25 ff.

6 K. HAUCK, Rituelle Speisegemeinschaft im 10. u. 11. Jh., Studium Generale 3 (1950).

Kapitel 8
Das Problem der Thronfolge, die Aufstände von 937 und 939 und die Familienpolitik Ottos d. Gr.

Symbolisierte das Zeremoniell von Aachen, wie man oft und gewiß mit Recht betont hat, ein *Programm*, so läßt es auf die Absicht des jungen Königs schließen, die königliche Gewalt nachdrücklich zur Geltung zu bringen. Otto hat diese Absicht schon bald sehr deutlich zum Ausdruck gebracht, zuerst in Sachsen, bald aber auch in Franken und in Bayern, freilich ohne sie gleich im ersten Anlauf durchsetzen zu können. Denn gegenüber dem *höheren Machtanspruch des Königs* stellten sich schnell *Widerstände* von seiten des auf sein Eigenrecht bedachten Adels ein. Mitglieder des Königshauses stärkten diese Widerstände, ja sie waren es, die zur offenen Empörung aufriefen. Daraus wird deutlich, daß die Wirren der folgenden Jahre in einem inneren Zusammenhang mit der Thronfolge Ottos d. Gr. standen[1].

Gleich die ersten Maßnahmen Ottos, die der *Sicherung der Ostgrenze* galten, riefen Spannungen hervor. Die Slaven hatten den Herrscherwechsel zum Anlaß genommen, die ihnen aufgezwungene Abhängigkeit wieder abzustreifen, so daß Otto genötigt war, sich sofort dem Osten zuzuwenden[2]. Während es zunächst mißlang, den aufständischen Boleslaw in Böhmen niederzuwerfen, der den thüringischen und sächsischen Truppen in Böhmen eine empfindliche Niederlage beibrachte, führten Ottos Gegenaktionen gegen die Elbslaven zu einem vollen Erfolg. Noch 936 konnten die Redarier, die rebellischsten unter ihnen, erneut unterworfen werden. Dabei trat der vornehme Sachse Hermann Billung als besonderer Vertrauter des jungen Königs hervor: Otto übertrug ihm mit der markgräflichen Gewalt den Grenzschutz an der Niederelbe – eine Regelung, die sich auch in der Folgezeit glänzend bewährte. Ähnlich verfuhr er auch im Grenzgebiet an der mittleren Elbe und Saale, wo er nach dem Tod des Grafen Siegfried, eines Verwandten von König Heinrichs erster Gemahlin Hatheburg, den Grafen Gero, wohl Siegfrieds Bruder, einsetzte[3], ihn mit erweiterten Funktionen ausstattete und ihn ebenfalls zum *Markgrafen* erhob. Schon diese ersten Maßnahmen lassen die Weitsicht des jungen Königs erkennen, der mit ihnen von vornherein auf eine Neuorganisation der Grenzverteidigung im Osten abzielte. Ihre Durchführung sollte einmal zu den großen Leistungen des Königs gehören. Aber so glücklich sich auf lange Sicht die Wahl der beiden neuen Markgrafen erwies, hat doch gerade sie zunächst Unzufriedenheit und Widerstand hervorgerufen. Bei der Einsetzung Hermann Billungs hat sich nämlich dessen Bruder Wichmann übergangen gefühlt und seinem Unwillen Luft gemacht, indem er das Heer verließ. Und gegen die Bestellung Geros zum Nachfolger Siegfrieds zeigte sich Ottos eigener Halbbruder Thankmar erbittert, weil er, wie Widukind (II, 9) hervorhebt, Siegfrieds Erbe für sich in Anspruch nahm. Bald kam jedoch zum Vorschein, daß seine Erbitterung noch tiefere Gründe hatte. Während Thankmar in Sachsen die Unzufriedenheit schürte, tat sich in Franken eine weitere Quelle der Unruhe auf, als Herzog Eberhard gegen einen unbotmäßigen sächsischen Lehnsmann vorging und der König, erbost über solche Selbsthilfe, den Herzog und mehrere seiner Anhänger mit schweren Strafen belegte. Die Folge war, daß der gekränkte Eberhard nun ebenfalls von Otto abrückte und auf Rache sann. Die Situation komplizierte sich, als am 14. 7. 937 Herzog Arnulf von Bayern starb, nachdem er seinen ältesten Sohn Eberhard zu seinem Nachfolger bestimmt hatte, und dieser dem König, der nun auch in Bayern die Verfügung über die Reichskirche für sich forderte, die Huldigung verweigerte. Als Otto daraufhin Anfang 938 einen ersten Feldzug gegen Bayern erfolglos abbrechen mußte, sah *Thankmar* seine Stunde gekommen: Er nahm Verbindung mit Eberhard von Franken auf und erhob sich in offener *Empörung*[4]. Es ist auffällig, daß er sich zuerst gegen Ottos jüngeren, von ihm begünstigten Bruder Heinrich wandte, ihn gefangennahm und der Gewalt Eberhards übergab. Darauf besetzte er die Eresburg (an der Diemel), um von ihr aus den König zu bekämpfen, indem er das umliegende Land verwüstete. Aber seine Verwüstungen und Plünderungen schadeten weniger dem König als seiner eigenen Sache. Als Otto mit starkem Heer heranrückte, ging die Besatzung der Burg zu ihm über, und Thankmar nahm seine Zuflucht in die Peterskirche der Eresburg: Auf dem Altar legte er mit seinen Waffen seine goldene Halskette nieder, ein königliches Abzeichen, und gab damit zu verstehen, daß er die Herrschaftsansprüche, für die er gekämpft hatte, aufgab[5]. Doch sein Verzicht kam zu spät; am Altar wurde er von dem Speer eines Kriegers, der den jungen Heinrich rächen wollte, niedergestreckt. Nach seinem Tod brach der Aufstand zusammen. Herzog Eberhard ließ seinen Gefangenen Heinrich frei und machte Frieden mit dem König. Wichmann war schon zuvor ins königliche Lager übergegangen. Otto aber war nun in der Lage, sich im Herbst 938 mit stärkeren Kräften Bayern zuzuwenden: Er vertrieb den rebellischen Arnulf-Sohn Eberhard und setzte dessen Oheim Berchtold, der dem König das Recht der Bischofseinsetzung überließ, als neuen Herzog ein. Damit war in Weiterführung der Bestrebungen Heinrichs I. schließlich auch Bayern fester an die Krone gebunden. Berchtold hat dem König stets die Treue gewahrt.

So schien Otto gestärkt aus dem Aufstand Thankmars hervorgegangen zu sein – aber dessen Beispiel wirkte fort: Schon bald (939) folgte ein viel gefährlicherer *zweiter Aufstand*, an dessen Spitze Ottos *jüngerer Bruder Heinrich* trat[6]. Die ›Vita Mathildis‹ (posterior c. 9) begründet seine Erhebung damit, daß er sich der Herrschaft bemächtigen wollte, weil er »in aula regali« geboren wäre. Wie Thankmar vor ihm, so rebellierte also auch er – nur mit noch stärkeren Gründen – gegen die Thronfolge Ottos, weil er durch sie als Königssohn von der Herrschaft ausgeschlossen war. Es ist deutlich, daß die Neuregelung der Thronfolge die eigentliche Ursache der Empörungen war; denn wenn die Königsbrüder auch mit Eigengütern ausgestattet worden waren, so war dies in ihren Augen doch offenbar kein Ersatz für die Herrschaft, an der sie ihren Anteil forderten. Ein Teil des Adels stellte sich hinter sie, und da die Herzöge sich durch den energischen jungen König in ihrer Stellung gefährdet sahen, waren auch sie – sofern sie sich nicht Otto persönlich verpflichtet fühlten – bereit, sich den Empörern anzuschließen. So fand Heinrich sogleich *Unterstützung bei Eberhard von Franken* und dazu bei dem ehrgeizigen *Giselbert von Lothringen*, der im Westen noch immer seine eigenen Pläne verfolgte. Da Heinrich in Sachsen nicht mit voller Zustimmung rechnen konnte, begab er sich zu Giselbert, um den Aufstand von Lothringen aus zu betreiben. Obwohl Otto, der ihm nachgerückt war, zunächst in Bedrängnis geriet, als er mit seinem Heer bei Birten, südlich von Xanten, den Rhein überschritt, gelang es ihm, die gegnerische Übermacht in die Flucht zu schlagen. Nach seinem Sieg (im März 939), den seine Anhänger nach Liutprand (IV, 24) dem Gebet des Königs und der Wunderkraft der heiligen Lanze zuschrieben, vermochte Otto auch die sächsischen Burgen Heinrichs einzunehmen. War damit Sachsen den Aufständischen entzogen, so konnten sie sich jedoch in Lothringen weiter behaupten, zumal Giselbert und Heinrich jetzt bei dem westfränkischen Karolinger Ludwig IV. Anlehnung fanden, der bei dieser Gelegenheit Lothringen zurückzugewinnen hoffte. Otto parierte seine Einmischung, indem er mit den innerfranzösischen Gegnern Ludwigs, vor allem mit Herzog Hugo von Franzien, in Verbindung trat[7]. Die Gefahr aus dem Westen war noch nicht gebannt, als Herzog Eberhard von Franken im Süden angriff und durch die Einnahme der Burg Breisach das Elsaß bedrohte. Da der Versuch mißlang, durch die Vermittlung des Erzbischofs Friedrich von Mainz mit Eberhard zu einer friedlichen Einigung zu gelangen, und der Erzbischof daraufhin sogar mit mehreren Bischöfen noch auf die Seite der Empörer trat, geriet der König in eine immer bedrohlichere Lage; denn während Otto nun selbst Breisach belagerte, schickten sich die Empörer an, den Krieg über den Rhein nach Sachsen zu tragen. In dieser äußersten Not rettete den König die Treue seiner konradinischen Anhänger, des Schwabenherzogs Hermann und der Grafen Udo und Konrad Kurzbold, die Eberhard und Giselbert mit ihrem Heer bei Andernach überfielen (2. 10. 939) und vernichtend schlugen. Eberhard fiel im Kampf, Giselbert ertrank auf der Flucht im Rhein; Heinrich, der sich unterwarf, wurde begnadigt. Otto selbst war – nicht zuletzt dank seiner eigenen Standhaftigkeit – aus der schwierigsten Situation seines Lebens befreit.

Der *Sieg bei Andernach* gab Otto seine Handlungsfreiheit zurück, und er zog auch sofort die Konsequenzen aus den Erfahrungen der überstandenen Kämpfe. Da Ludwig IV. sich mit den Verschwörern verbündet hatte, unternahm Otto als erstes 940 einen *Feldzug nach Frankreich*, auf dem er sich in Attigny von Ludwigs Gegnern unter Führung Herzog Hugos von Franzien huldigen ließ. Nachdem er darauf noch im gleichen Jahr *in Burgund eingegriffen* und den jungen Thronerben Konrad in seinen Schutz genommen hatte, ging er daran, das *Verhältnis von Königtum und Stammesherzogtum* neu zu regeln. Das Herzogtum Franken wurde nach dem Tode Eberhards überhaupt nicht mehr besetzt; es wurde der Krone unmittelbar unterstellt und verlor damit seine politische Selbständigkeit[8]; auch Sachsen behielt der König in eigener Hand. Er verstärkte also seine Stellung, indem er zunächst zwei Herzogtümer unmittelbar mit dem Königtum verband. Ein drittes, Lothringen, vertraute er 940 seinem wieder in Gnaden aufgenommenen Bruder Heinrich an. In Schwaben und Bayern, wo sich die Herzöge bewährt hatten, blieb es vorerst beim alten Regiment, doch wurden zwischen beiden Herzogshäusern und Mitgliedern der Königsfamilie verwandtschaftliche Beziehungen angeknüpft: Nachdem Ottos Bruder Heinrich schon 938 mit Judith, der Tochter des Bayernherzogs Arnulf, vermählt worden war, wurde sein Sohn Liudolf 940 mit Ida, der Tochter Hermanns von Schwaben, verlobt, und Giselberts Witwe Gerberga, Ottos älteste Schwester, hatte nach dessen Plan 939 eigentlich den neuen Bayernherzog Berchtold heiraten sollen, als sie sich mit König Ludwig IV. von Westfranken vermählte. Wie sich bald zeigen sollte, bereiteten diese *Heiratsverbindungen* den Erwerb der Herzogtümer durch die Mitglieder der königlichen Familie vor. Es ist deutlich zu erkennen, daß Otto dieses Ziel in den nächsten Jahren konsequent verfolgt hat.

Er ließ sich von dem eingeschlagenen Weg auch nicht abbringen, als sein Bruder Heinrich, der sich in Lothringen nicht hatte halten können, 941 noch einmal eine Verschwörung vorbereitete, die Otto sogar den Tod und Heinrich die Krone bringen sollte. Doch die Verschwörung wurde rechtzeitig entdeckt und Heinrich, der sich vergeblich durch die Flucht zu retten suchte, in Ingelheim in Haft gesetzt. Diesmal sollten die Fürsten das Urteil über ihn sprechen. Als Heinrich sich jedoch am Weihnachtsfest 941 in der Pfalz Frankfurt im Büßergewand dem König zu Füßen warf, verzieh Otto, dessen höchste Tugend nach Widukind die »clementia« war[9], auch diesmal dem Bruder und nahm ihn erneut in seine Gnade auf. Und diese Aussöhnung, in die auch die Königinmutter Mathilde miteinbezogen wurde, blieb von Dauer.

Fortan wurde Otto die Krone nicht mehr streitig gemacht. Die erste große Welle der durch den Ausschluß der königlichen Brüder von der Herrschaft ausgelösten Kämpfe war 941 überstanden, und in gestärkter Position setzte Otto seine Bemühungen um eine engere *Verbindung der königlichen Familie mit den*

Herzogtümern fort. In Lothringen setzte er nach dem Scheitern Heinrichs zunächst den einheimischen Grafen Otto, Sohn Richwins von Verdun, als Herzog ein, dem es aber nicht gelang, eine stärkere Herzogsgewalt zu errichten. Als dieser Herzog Otto bereits 944 starb, folgte ihm der um Worms und Speyer reich begüterte Graf Konrad der Rote, der schon seit Jahren zu den engsten Vertrauten des Königs gehörte, als Herzog nach. König Otto band ihn nach seiner Erhebung zum Herzog noch enger an sich, indem er ihn wohl 947 mit seiner Tochter Liutgard vermählte. Gleichzeitig heiratete damals Liutgards Bruder Liudolf die schwäbische Herzogstochter Ida, mit der er schon in ganz jungen Jahren (940) verlobt worden war. Da Idas Vater, Hermann von Schwaben, keine Söhne hatte, zeigte die Heirat unmißverständlich an, daß Liudolf als dereinstigem Erben Hermanns das schwäbische Herzogtum zugedacht war[10]. Otto hat es ihm dementsprechend nach Herzog Hermanns Tod (949) übertragen. Bereits zuvor war Herzog Berchtold von Bayern gestorben (23. 11. 948), und wie in Lothringen und in Schwaben nutzte Otto auch hier den Tod des Herzogs als Gelegenheit, das Herzogtum – unter Umgehung eines unmündigen Sohnes Herzog Berchtolds – an seine Familie zu ziehen. Er verlieh es, wie offenbar seit langem geplant, seinem Bruder Heinrich, der durch seine Gemahlin Judith dem alten Herzogshaus der Liutpoldinger verwandtschaftlich verbunden war.

Damit waren sämtliche deutschen Stammesherzogtümer in Beziehung zur königlichen Familie gebracht. Im Lauf eines Jahrzehnts war es Otto also gelungen, das Verhältnis von Königtum und Stammesherzogtum neu zu regeln, und zwar so, daß er – abgesehen von Sachsen und Franken, die er in eigener Hand behielt – entweder Mitglieder der Königsfamilie zu Herzögen bestellte und sie durch Heiratsverbindungen mit den alten Herzogsfamilien verknüpfte oder daß er den Inhaber des Herzogtums durch Heirat mit der Königsfamilie verband.

Auf diese Weise hat er zweierlei bewirkt: Er hat die Thronfolgefrage endgültig geklärt, indem er die von der Herrschaft ausgeschlossenen Königssöhne durch die Belehnung mit Herzogtümern entschädigte, und er hat damit gleichzeitig den Anstoß zur Bildung einer mit der Königsfamilie versippten Adelsgruppe gegeben, deren Mitgliedern der Besitz der Herzogtümer vorbehalten blieb[11].

Obwohl sich erweisen sollte, daß die Familienpolitik, die auf dem neuen Verhältnis von Königtum und Herzogtum basierte, auch ihre Schwächen hatte und deshalb noch einer Korrektur bedurfte, hat sich doch die von Otto geschaffene *Verbindung der Königsfamilie mit den Herzogsfamilien* durch Jahrhunderte als eine wesentliche Grundlage der mittelalterlichen Königsherrschaft bewährt.

Sie hat zudem nach der Erschütterung der Kampfjahre schnell wieder zu einer Festigung der königlichen Gewalt geführt, die sich vor allem auch im Westen stark bemerkbar machte. Sie hat es Otto ermöglicht, in *Frankreich*, wo die Häupter der rivalisierenden Gruppen in die ottonische Familienpolitik miteinbezogen waren – König Ludwig IV. war mit Ottos älterer Schwester Gerberga, Hugo von Franzien mit der jüngeren Hadwig verheiratet – als *Schiedsrichter* zu fungieren. Wie schon sein Vater Heinrich, so blieb auch er darauf bedacht, die widerstreitenden Kräfte möglichst im Gleichgewicht zu halten[12]. Er war deshalb von Hugo von Franzien, mit dem er sich zunächst gegen König Ludwig wegen dessen Ambitionen auf Lothringen verbündet hatte, wieder abgerückt und 946 sogar dem König gegen seinen übermächtigen Vasallen auf einem neuen Feldzug zu Hilfe geeilt, ohne dadurch freilich die Situation des französischen Karolingers wesentlich verbessern zu können. So schwelte der Streit weiter, griff auch auf die *französische Kirche* über und konzentrierte sich dann auf deren vornehmsten Bischofssitz Reims[13]. Es kam zu einem Schisma, das Otto Gelegenheit bot, im Zusammenwirken mit dem Papst die deutschen und die französischen Bischöfe zu einer »heiligen Generalsynode« in die Kirche des hl. Remigius nach Ingelheim zu laden[14]. Neben Otto, dem päpstlichen Legaten und 30 Bischöfen nahm auch König Ludwig an der Synode teil. Er erschien als Kläger und Bittsteller und erreichte, daß die Synode sich schützend vor den König stellte, indem sie, ähnlich wie damals die Synode von Hohenaltheim, jegliche Verletzung der königlichen Gewalt verbot. Hugo von Franzien, der nicht erschienen war, wurde die Exkommunikation angedroht. Es entsprach dieser Entscheidung, daß auch der Streit um die Besetzung des Erzbistums Reims von den Synodalen zugunsten der königlichen Kandidatur entschieden wurde. Hatte damit die Synode von Ingelheim ihr ganzes Gewicht für König Ludwig eingesetzt, so gab jedoch Hugo von Franzien deshalb den Kampf noch nicht auf, und Otto, der hinter den Beschlüssen stand, mußte erst noch dafür sorgen, daß sie auch verwirklicht wurden. Er hatte diese Aufgabe Konrad dem Roten von Lothringen zugedacht, der noch im Jahr 948 einen Feldzug gegen Hugo unternahm und schließlich 950 einen Frieden zwischen König Ludwig IV. und Herzog Hugo von Franzien vermittelte. Dieser Frieden, der auf den Voraussetzungen beruhte, die durch die Synode von Ingelheim geschaffen worden waren, bestätigte die hegemoniale Stellung, die Otto d. Gr. im westlichen Europa besaß.

[1] Zum Problem der Thronfolge u. seiner zentralen Bedeutung: K. Schmid, Die Thronfolge Ottos d. Gr., wie Kap. 7, Anm. 1.

[2] 937 kamen auch die Ungarn wieder, um nach den Worten Widukinds (II, 5) »virtutem probare novi regis«.

[3] Über Hermann Billung und Gero: F. M. Fischer, Politiker um Otto d. Gr. (1938), S. 74 ff.; Billunger: S. Krüger, Studien, s. Kap. 1, Anm. 6; H. J. Freytag, Die Herrschaft der Billunger in Sachsen (1951); K. Jordan, Hgt. u. Stamm in Sachsen während des hohen MA, Niedersächs. Jb. f. Landesgesch. 30 (1958). Gero als Bruder Siegfrieds: K. Schmid, Neue Quellen zum Verständnis des Adels im 10. Jh., ZGORh 108 NF 69 (1960), S. 211 ff.

[4] K. Schmid, Thronfolge, s. Kap. 7, Anm. 1, S. 149 ff.

[5] Zur »torques aurea« und dem Begriff der Investitur: K. Hauck, Halsring u. Ahnenstab als herrscherliche Würdezeichen, in: P. E. Schramm, Herrschaftszeichen 1 (1954), S. 180 mit Anm. 170; dazu P. E. Schramm, Die Kaiser aus d. Sächs. Hause im Lichte d. Staatssymbolik, in: Festschr. z. Jahrtausendfeier d. Kaiserkrönung Ottos d. Gr., MIÖG Erg.Bd. 20, 1 (1962), S. 33.

[6] Vgl. Köpke-Dümmler, Jbb., S. 86 ff.; F. M. Fischer, Politiker um Otto d. Gr. (1938), S. 26 ff.

[7] H. Sproemberg, Die lothr. Politik Ottos d. Gr., s. Kap. 4, Anm. 1; vgl. auch Ph. Lauer, Le règne de Louis IV d'Outre-Mer (1899).

[8] B. Schmeidler, Franken u. d. dt. Reich im MA (1930), S. 55.

[9] Dazu H. Beumann, Widukind von Korvei (1950), S. 115 ff.

[10] Vgl. M. Hellmann, Der dt. Südwesten in der Reichspolitik der Ottonen, Zs. für württ. Landesgesch. 18 (1959), u. K. Schmid, Thronfolge (s. Kap. 7, Anm. 1), S. 155.

[11] Über die Bildung dieser herzoglichen Adelsschicht: G. Tellenbach, Vom karol. Reichsadel zum dt. Reichsfürstenstand, in: Adel u. Bauern im dt. Staat des MA (1943), S. 33 ff., auch in: Herrschaft u. Staat im MA (Wege der Forschung 2, 1956), S. 200 ff.; K. Schmid, Thronfolge, S. 154 ff.

[12] A. Heil, Die polit. Beziehungen zw. Otto d. Gr. u. Ludwig v. Frankreich (1904); H. Sproemberg, Die lothr. Politik Ottos d. Gr., s. Kap. 4, Anm. 1.

[13] A. Dumas, L'église de Reims au temps des luttes entre Carolingiens et Robertiens, Revue d'hist. de l'église de France 30 (1944); H. Zimmermann, Ottonische Studien 1. Frankreich u. Reims in der Politik der Ottonenzeit, in: Festschr. z. Jahrtausendfeier d. Kaiserkrönung Ottos d. Gr., MIÖG Erg.Bd. 20, 1 (1962).

[14] H. Fuhrmann, Die Synode v. Ingelheim am Rhein, hg. v. J. Autenrieth (1964), S. 159 ff.

Kapitel 9
Das Seniorat über Burgund und der erste Italienzug

Schon in den ersten Regierungsjahren hatte Otto in Fortführung der Politik seines Vaters auch in *Burgund* eingegriffen und nach dem Tod König Rudolfs II. dessen Sohn Konrad in seinen Schutz genommen. Er hatte sich zu dieser Maßnahme gedrängt gesehen, da sofort nach Rudolfs Tod dessen alter Rivale Hugo von der Provence versucht hatte, seinen Einfluß auf das Nachbarreich auszudehnen, indem er Rudolfs Witwe Bertha heiratete und seinen Sohn Lothar mit ihrer jungen Tochter Adelheid vermählte. Die Doppelheirat zielte offenbar auf die Vereinigung des Königreichs Burgund mit der Provence, d. h. auf die Bildung eines großburgundischen Reiches, die um so weniger im Interesse Ottos liegen konnte, wenn der Herrscher dieses Reiches, das unmittelbar an sein eigenes Herrschaftsgebiet grenzte, noch obendrein König des »regnum Italiae« war. Es war deshalb nur konsequent, wenn Otto König Hugos burgundische Pläne durchkreuzte, indem er sich zum Sachwalter der Herrschaft des jungen Konrad, des Sohnes Rudolfs II., machte. Er ließ sich von Konrad, den er zeitweilig an seinen Hof zog, einen Treueid schwören und nahm damit das Königreich Burgund unter sein Seniorat[1].

Hatte Otto auf diese Weise den Expansionsbestrebungen Hugos Halt geboten und ihn nach Süden abgedrängt, so wurde er selbst durch sein Eingreifen in Burgund in die *Kämpfe um Italien* hineingezogen. Bald erschienen italienische Emigranten an seinem Hof, unter ihnen Markgraf Berengar von Ivrea (941), der als Hauptgegner Hugos in Italien Anlehnung an den deutschen König suchte, um mit seiner Hilfe den verhaßten Hugo aus dem Land zu jagen. In dieser Absicht kehrte er 945 im Einverständnis mit Otto, dem er einen Treueid geleistet hatte, nach Italien zurück und konnte auch Hugo, der inzwischen seinen mit Adelheid vermählten Sohn Lothar zum Mitkönig in Italien erhoben hatte, in die Provence abdrängen, mußte sich aber zunächst damit abfinden, daß Lothar im Besitz der Königsherrschaft blieb. Immerhin konnte Berengar sich entscheidenden Einfluß sichern, und es ist deutlich, daß er entschlossen war, die Herrschaft an sich zu bringen, als der Tod 948 Hugo von der Provence und 950 auch seinen Sohn Lothar abberief. Während nun Konrad von Burgund seine Macht auch auf die Provence ausdehnen konnte, sah sich *Berengar von Ivrea* in Italien an seinem Ziel: Er ließ sich im Dezember 950 in der alten langobardischen Königsstadt Pavia zum *König im »regnum Italiae«* erheben[2].

Mit dem Griff nach der Krone hatte sich Berengar aber offenbar über den Willen Ottos hinweggesetzt. Als er dann auch noch König Lothars Witwe Adelheid, die ihre Ansprüche auf Italien aufrechterhielt, gefangennehmen und in der Burg Garda festsetzen ließ, nahm Otto den Hilferuf ihrer Anhänger zum Anlaß, selbst in Italien einzugreifen[3].

Hinter diesem Anlaß sind mehrere Gründe erkennbar, die seinen Entschluß bestimmten: Wenn die sächsische Geschichtsschreibung die Hilfsbedürftigkeit der jungen, schönen Königin in den Vordergrund stellt, so ist dies offensichtlich eine einseitige, vom Ausgang abgeleitete Motivierung; denn wenn man auch die persönlich-menschliche Seite des Unternehmens nicht gänzlich in Abrede zu stellen braucht, so dürfte es doch sicher sein, daß sie nicht von vornherein den Ausschlag gab. Bestimmend für das *Eingreifen Ottos* waren unzweifelhaft *politische Gründe*. Sie ergaben sich einmal aus den burgundisch-italienischen Zusammenhängen, ferner aus der Tatsache, daß die Herzöge von Bayern und Schwaben sich im Rückgriff auf die Politik ihrer Vorgänger sofort wieder in Italien einschalteten, und vor allem aus der *karolingischen Tradition*. Daß Otto in Karl d. Gr. sein verpflichtendes Vorbild sah, hatte er schon bei seinem Regierungsbeginn unmißverständlich zum Ausdruck gebracht. Sein Vorbild wies ihn nach Italien und nach Rom. Darum bedurfte es nur eines Anstoßes, um ihn zum Zug nach dem Süden zu bewegen, und es lag in der Konsequenz dieser Tradition, daß er bereits mit dem Ziel aufbrach, die lombardische Königskrone und die Kaiserkrone zu erlangen.

Gründliche *Vorbereitungen* gingen dem Zug voraus. Noch ehe der König aber den Befehl zum Aufbruch gab, fielen sein Bruder Heinrich von Bayern und sein Sohn Liudolf von Schwaben aus in Italien ein, um sich die Früchte des Zuges im voraus zu sichern. Heinrich brachte Aquileja in seine Gewalt, während sich Liudolf wachsenden Widerständen gegenübersah, die ihn schon bald zur Umkehr zwangen. Er schob die Schuld für sein Mißlingen seinem Oheim Heinrich zu, der ihn verraten habe. So kündigte sich gleich zu Beginn der Italienpolitik Ottos und gleichsam an der Schwelle nach Italien die alte *bayrisch-schwäbische Rivalität* um den Einfluß auf das Nachbarreich im Süden, verstärkt durch persönliche Gegensätze im Königshaus, als eine Gefahr für die Zukunft an. Sie wurde durch das Scheitern Liudolfs und den Aufbruch Ottos zunächst verdeckt, schwelte aber untergründig fort.

Als Otto im Spätsommer 951 in Begleitung zahlreicher Großer, unter ihnen auch Heinrich und Liudolf, mit einem stattlichen Heer über die Alpen zog, präsentierte er Italien das Aufgebot einer Macht, wie sie das politisch zerrissene Land seit Menschenaltern nicht mehr gesehen hatte. Dieser überlegenen Macht gegenüber kam gar kein Widerstand auf. So zog Otto bereits Ende September 951 in die Königsstadt Pavia ein, die Berengar kurz zuvor fluchtartig verlassen hatte. Viele italienische Magnaten aber gingen zu Otto über und huldigten ihm. Ohne besondere Krönung, doch wohl gestützt auf die Huldigung der Großen[4], übernahm *Otto die langobardische Königswürde* und nannte sich in bewußter Anlehnung an den Königstitel Karls d. Gr. »rex Francorum et Langobardorum«. Die neue Würde erhielt nachträglich noch eine zusätzliche Legitimation, als Otto, dessen erste Gemahlin Edgitha 946 gestorben war, die inzwischen aus der Haft befreite, damals 20jährige Witwe König Lothars Adelheid »summo honore« nach Pavia einlud und sie noch im Spätjahr 951 in ihrer alten Hauptstadt heiratete. Die junge Königin, die in den folgenden Jahrzehnten als »consors regni« eine wichtige Rolle spielen sollte, erhielt von Otto reiche Besitzungen im Elsaß, in Franken, Thüringen, Sachsen und im slavischen Grenzgebiet als Wittum übertragen.

Otto aber richtete im Besitz des »regnum Italiae« seinen Blick sofort von Pavia nach Rom. Er handelte offensichtlich im Sinne der karolingischen Tradition, als er noch im Jahr 951 eine *Gesandtschaft* unter Führung des Erzbischofs Friedrich von Mainz »pro susceptione sui« *nach Rom* sandte[5]; denn es kann nicht zweifelhaft sein, daß mit der »susceptio« Romzug und Kaiserkrönung gemeint waren. Über sie wurde verhandelt, doch ohne Erfolg, da der Patricius Alberich, der eigentliche Herr Roms, keine Neigung hatte, seine Macht und seinen Einfluß dem deutschen König abzutreten, und Papst Agapit II. nicht in der Lage war, sich über den Willen des Patricius hinwegzusetzen[6]. Es ist bezeichnend für Otto, daß er die Absage hinnahm: Er folgte zwar der Tradition, trug aber auch den tatsächlichen Verhältnissen Rechnung; er wußte, daß beide in Einklang stehen müssen, wenn Tradition fruchtbar verwirklicht werden soll. So begnügte er sich nach dem Scheitern der Verhandlungen damit, daß er seinen *Anspruch auf die Kaiser-*

krone angemeldet hatte, und trat, durch beunruhigende Nachrichten aus Deutschland alarmiert, im Frühjahr 952 wieder den *Rückmarsch über die Alpen* an. Da Berengar zwar vertrieben, aber noch nicht bezwungen war, ließ er seinen kampferprobten Helfer Herzog Konrad den Roten mit dem Auftrag, ihn zu unterwerfen, in Italien zurück.

[1] Für die polit. Zusammenhänge: A. Hofmeister, Dtld. u. Burgund im frühen MA (1914, Ndr. 1963); Seniorat: C. G. Mor, L'Età feudale 1 (Storia polit. d'Italia 7, 1952), S. 316 ff.

[2] G. Fasoli, I re d'Italia 888–962 (1949).

[3] Knapper, präziser Überblick: E. Duprè-Theseider, Otto d. Gr. u. Italien, in: Festschr. z. Jahrtausendfeier d. Kaiserkrönung Ottos d. Gr., MIÖG Erg.Bd. 20, 1 (1962), S. 53 ff.; zum folgenden auch: Chr.-E. Perrin, L'Allemagne et l'Italie de 843 à 962, in: Les Cours de Sorbonne, Hist. du M. A. 1962.

[4] So im Unterschied zu Dümmler, Jbb., S. 197, u. der ihm folgenden Lit. wohl mit Recht Duprè-Theseider (s. o. Anm. 3), S. 60.

[5] Flodoard zu 952, dazu RI II Nr. 2019.

[6] Zum Papsttum im 10. Jh.: O. Gerstenberg, Die polit. Entwicklung des röm. Adels im 10. u. 11. Jh. (Diss. Berlin 1933); W. Koelmel, Rom und der Kirchenstaat im 10. u. 11. Jh. (1935); A. Solmi, Il Senato romano nell'alto medioevo 757–1143 (1944); H. Zimmermann, Parteiungen u. Papstwahlen in Rom z. Z. K. Ottos d. Gr., Röm. hist. Mitt. 8 u. 9 (1964/65 u. 1965/66); ders., Papstabsetzungen des MA (1968).

Kapitel 10
Der Aufstand Liudolfs und seine Überwindung. Bündnis mit der Reichskirche

Die Nachrichten aus Deutschland bezogen sich auf Ottos Sohn Liudolf, der zusammen mit dem von der römischen Gesandtschaft zurückgekehrten Erzbischof Friedrich von Mainz das königliche Heer Ende 951 vorzeitig verlassen hatte und nun deutlich zu verstehen gab, daß er an der Italienpolitik seines Vaters und insbesondere an dessen neuer Heirat Anstoß nahm. Als er das Weihnachtsfest 951 im thüringischen Saalfeld feierte, erfuhr man von einem Gelage Liudolfs mit Gleichgesinnten, auf dem verdächtige Reden (Cont. Reg. zu 952) gefallen sein sollen. Otto hatte also allen Grund, in Deutschland so schnell wie möglich nach dem Rechten zu sehen.

Er hatte Italien kaum den Rücken gekehrt, als Berengar von sich aus Verbindung mit Konrad dem Roten aufnahm und mit ihm in Verhandlungen trat. Beide einigten sich auch überraschend schnell, indem Konrad die *Unterwerfung Berengars* annahm und ihm dafür die Zusicherung gab, daß ihm das Königreich Italien als deutsches Lehen erhalten bleiben sollte. Mit dieser Vereinbarung hatte Konrad jedoch seinen Auftrag überschritten, und als er anschließend mit Berengar nach Deutschland reiste, um für sie die Zustimmung des Königs einzuholen, fand Otto sich erst nach längerem, von Groll und Unwillen erfülltem Zögern bereit, sich auf ihre Vorstellungen einzulassen. Die endgültige Regelung, die man schließlich auf einem Reichstag im August 952 traf, griff dann auch auf sie zurück, allerdings mit einer wichtigen Einschränkung: Berengar und sein Sohn Adalbert, die Otto den Lehnseid leisteten, behielten das Königreich Italien unter der Oberhoheit des deutschen Königs, mußten aber die Marken Verona und Aquileja mit Istrien abtreten, die Otto mit dem Herzogtum Bayern verband[1]. Damit fiel Heinrich von Bayern die Aufgabe zu, die Verbindung nach Italien zu überwachen. So sinnvoll indessen diese Maßnahme war, so verstärkte sie andererseits die Unzufriedenheit Liudolfs, der im Wettlauf mit seinem Oheim Heinrich leer ausgegangen war. Seit er 946 zum Thronfolger designiert war, sah er sich durch Heinrich und Adelheid am Hofe in wachsendem Maße um seinen Einfluß gebracht; als Adelheid Ende 952 Otto einen Sohn Heinrich schenkte (der nur kurze Zeit lebte), glaubte sich Liudolf in seiner Stellung überhaupt bedroht: Die Sorge, daß König Otto nicht ihm, sondern diesem jüngsten Sohn die Nachfolge anvertrauen werde, scheint den letzten Anstoß gegeben zu haben, daß Liudolf sich mit dem seit den Verhandlungen mit Berengar verbitterten Herzog Konrad gegen Otto und den verhaßten Heinrich von Bayern verband. Die Verschwörung führte im Frühjahr 953 zu *offener Empörung*[2]. Als der König vom Elsaß nach Ingelheim zog, um dort das Osterfest zu feiern, wurden die feindlichen Absichten der Empörer offenbar. Sie veranlaßten Otto, seinen Reiseweg zu ändern und statt nach Ingelheim in das feste Mainz zu ziehen. Aber Erzbischof Friedrich, der mit den Verschwörern bereits in Verbindung getreten war, nahm ihn nur zögernd auf, und als der König sich schließlich als Gast des Erzbischofs in Sicherheit wähnte, erschienen im Einverständnis mit Friedrich plötzlich Liudolf und Konrad. Sie erklärten, ihr Vorgehen sei nicht gegen den König, wohl aber gegen Heinrich von Bayern gerichtet, und nötigten Otto zu einem Vertrag, dessen Inhalt nicht überliefert ist. Doch ist kaum zweifelhaft, daß er die Ausschaltung Heinrichs und die Nachfolge Liudolfs garantieren sollte. Die Versicherungen der Empörer zeigen deutlich, daß der Aufstand Liudolfs nicht mehr in der Linie der früheren Aufstände von 937 und 939 lag. Liudolf ging es nicht darum, sich gegen die Neuregelung der Thronfolge einen Anteil an der Herrschaft zu erkämpfen. Im Gegenteil: Er forderte Ottos Nachfolge für sich allein; der Gedanke an eine Herrschaftsteilung mit seinem kleinen Bruder lag ihm völlig fern. Die Individualsukzession und die mit ihr verbundene Unteilbarkeit des Reiches, gegen die sich Thankmar und Heinrich 937 und 939 aufgelehnt hatten, waren inzwischen Selbstverständlichkeit geworden. *Liudolfs Aufstand* setzte sie voraus. Insofern blieb Liudolf auch bei seiner Empörung prinzipiell auf dem gleichen Boden, auf dem sein Vater stand. Wenn er dementsprechend erklärt hatte, nichts gegen den König selbst im Schilde zu führen, so hatte er ihn freilich zusammen mit seinen Mitverschwörern in einer Weise unter Druck gesetzt, die Otto als unvereinbar mit seiner Auffassung der königlichen Würde empfand. Er glaubte, sie in Mainz schon »fast verloren« zu haben (Widukind III, 14). Als er sich deshalb im sächsischen Dortmund, wo er das Osterfest feierte, inmitten seiner Freunde wieder »gestärkt« fühlte, widerrief er sofort den Mainzer Vertrag, den er nur gezwungen eingegangen sei, und befahl Liudolf und Konrad, die Urheber des Aufstands zur Bestrafung auszuliefern; andernfalls sollten sie selbst alsReichsfeinde gelten. Dagegen bestand Erzbischof Friedrich[3] auf der Einhaltung des Vertrags und stärkte dadurch den Widerstand der Empörer. So zog er vor allen anderen den Groll des Königs auf sich: Auf dem Reichstag zu Fritzlar wurde ihm das Erzkapellanat entzogen, während gegen Liudolf und Konrad anscheinend noch kein Beschluß zustande kam. Über die nun folgenden Kämpfe sind wir nur dürftig unterrichtet. Sie konzentrierten sich vor allem um Mainz und, nach dem Abfall der Bayern, um Regensburg. Während sich der König um ihre Eroberung lange Zeit vergeblich bemühte, hatte er in Lothringen besseren Erfolg, vor allem seit hier sein Bruder *Brun*, im September 953 zum *Erzbischof von Köln* erhoben, die königliche Sache vertrat.

Brun, der als langjähriger Kanzler reiche Erfahrung im Reichsdienst und weitgespannte persönliche Beziehungen besaß und sogar schon vor seiner Erhebung zum Erzbischof als Erzkapellan fungierte[4], der engste Vertraute seines königlichen Bruders, ist in diesem Streit in die Rolle eines bedeutenden Staatsmannes hineingewachsen. Er war im Unterschied zu

Heinrich von Bayern, der immer Partei blieb, von vornherein auf die Überwindung des Streites und die Stärkung der königlichen Sache bedacht. So suchte er, freilich vergeblich, Liudolf durch eine persönliche Begegnung zu versöhnen, und als er im Kampf um Lothringen 954 Konrad dem Roten bei Rimlingen im Bliesgau gegenüberstand, kam er mit seinem Gegner überein, den Kampf zu vermeiden, da er Konrad überzeugen konnte, daß der Kampf unstatthaft war, weil er »contra regem erat«[5], wobei man offenbar auch an die besondere Gefährdung des Grenzlandes dachte. Denn seit Otto noch im Jahr 953 ihm als Erzbischof zugleich das Herzogtum Lothringen anvertraut hatte, hat Brun als »archidux« (Ruotger), der die geistlichen Aufgaben des Erzbischofs und die weltlichen des Herzogs miteinander vereinte, die Interessen Lothringens nach innen wie nach außen mit Erfolg vertreten. Daß sein Erfolg auch ein Erfolg des Königs war, verstand sich bei ihm von selbst. So blieb Lothringen im Kontrast zu Bayern, Schwaben und Franken, wo die Aufständischen sich behaupteten, treu auf der Seite des Königs, der nur noch in seinem sächsischen Stammland auf ähnlich verläßliche Anhängerschaft rechnen konnte.

Dies mochte tröstlich sein, doch war die Situation alles andere als hoffnungsvoll, als 954 auch noch die *Ungarn*, allem Anschein nach durch die inneren Kämpfe herbeigelockt, wieder in Bayern und Schwaben erschienen. Aber eben dieser Einfall der alten Feinde führte die Wende herbei. Da die Aufständischen mit ihnen in Verbindung traten und ihnen in ihrem eigenen Interesse Führer mitgaben, schlug die allgemeine Stimmung plötzlich zugunsten des Königs um, und als die Ungarn über Lothringen, Frankreich und Burgund wieder abgezogen waren, ging die Sache der Aufständischen so stark zurück, daß sie sich zu Verhandlungen mit dem König gezwungen sahen. Auf einem Reichstag in Langenzenn bei Fürth söhnte sich Otto im Juni 954 mit Erzbischof Friedrich von Mainz aus und nahm die Unterwerfung Konrads des Roten entgegen. Nur Liudolf lehnte auch jetzt noch die Versöhnung ab und besetzte erneut Regensburg, mußte aber bald einsehen, daß bei der gewandelten Situation weiterer Widerstand sinnlos war. So suchte er noch im Spätjahr 954 seinen Vater in Thüringen auf und bat ihn, »von tiefster Reue ergriffen«, fußfällig um Verzeihung. Daraufhin kam es im Dezember 954 auf einem Reichstag in Arnstadt (Thüringen) zum endgültigen *Friedensschluß*, mit dem zugleich eine Neuordnung der Herzogtümer Schwaben und

Lothringen verbunden war; denn Liudolf und Konrad erhielten zwar ihre Eigentümer zurück, blieben aber ihrer Herzogtümer verlustig, die ihnen spätestens in Langenzenn abgesprochen worden waren. Schwaben wurde einem jüngeren Burchard übertragen, wohl einem Sohn des 926 gefallenen Herzogs Burchard (I.), so daß mit ihm die alte Herzogsfamilie wieder die Führung des Stammes übernahm. Doch wurde der neue Herzog nach den Gepflogenheiten der ottonischen Familienpolitik, die Otto auch weiterhin verfolgte, mit Hadwig, der Tochter Heinrichs von Bayern, vermählt. Das Herzogtum Lothringen blieb in den Händen Bruns, der sich gerade in der kritischen Zeit des Liudolf-Aufstands in seiner Doppelfunktion als Erzbischof und Herzog glänzend bewährt hatte.

Bruns Schüler und Biograph Ruotger hat in der neuen Stellung seines Helden und seiner Verbindung zu seinem Bruder Otto den eigentlichen Grund für den Sieg des Königs und die Festigung seiner Herrschaft gesehen. In beider Verbindung drückte sich die Zuordnung von königlicher Gewalt und königlichem Priestertum aus[6] – eine Zuordnung, die in der Tat, über das persönliche Verhältnis der beiden Brüder hinaus, einen Wesenszug der ottonischen Politik darstellt, der seit Liudolfs Aufstand in immer stärkerem Maße erkennbar wird. Diese Zuordnung, die auf dem sakralen Charakter des Königtums beruhte und mit der karolingischen Tradition in bestem Einklang stand, bildete die Voraussetzung für das Bemühen Ottos, die *Verbindung mit der Reichskirche* zu intensivieren und seine Herrschaft stärker auf sie aufzubauen[7].

Da die Stammesherzogtümer, wie der Liudolf-Aufstand gezeigt hatte, auch durch die Bindung an die königliche Familie nicht unbedingt für die Krone gesichert waren, wollte sich Otto auf die Kirche stützen, um sich in ihr ein Gegengewicht gegen die Herzogtümer zu schaffen. Dazu war es freilich nötig, die kirchlichen Großen, die sich im letzten Aufstand zum Teil ja ebenfalls als unzuverlässig erwiesen hatten, straffer als zuvor auf den König und seinen Hof zu orientieren und sie stärker mit politischen Aufgaben zu betrauen. Das Beispiel dafür bot *Brun von Köln*. Er ist der *Prototyp des ottonischen Reichsbischofs*[8], der Reich und Kirche gemeinsam diente, indem er, im Besitz der alten Bildung, seine geistlichen Aufgaben ernst nahm, dazu aber auch die politischen Aufgaben übernahm, die ihm der König zuwies. Es gab Zeitgenossen wie Friedrich von Mainz und noch dessen Nachfolger Wilhelm[9], des Königs eigener, vorehelicher Sohn, die, von asketischen Idealen bestimmt, an einer solchen Verquickung Anstoß nahmen. Ihnen gegenüber trat Brun für die höhere *Einheit von Reich und Kirche* ein, die beide dem gleichen heilsgeschichtlichen Endzweck der »salus populi christiani« dienten. Angesichts dieser Einheit war es gerechtfertigt und konsequent, daß sich der Bischof ebenso für das Reich wie der König für die Kirche einzusetzen hatte.

Brun hat selbst dafür gesorgt, daß seine Überzeugung um sich griff und sein Beispiel Schule machte. Es ist deutlich zu erkennen, daß er, veranlaßt durch die Erfahrungen des Liudolf-Aufstands, in Köln Schüler aus dem ganzen Reichsgebiet um sich sammelte, die er nach dem ausdrücklichen Zeugnis Ruotgers (c. 38) in der Doppelverpflichtung für Reich und Kirche erzog, um sie danach zunächst in seinem Wirkungsbereich Lothringen auf die Bischofsstühle zu bringen – mit dem Ergebnis, daß in Lothringen bald ein ebenso integrer wie reichstreuer Episkopat die Interessen des Königs vertrat.

Dieses Ergebnis vor Augen, hat Otto d. Gr. schließlich nach Bruns Tod (965) dessen Bemühungen vom Hof aus fortgesetzt und sie auf die gesamte Reichskirche ausgedehnt. Indem die *Hofkapelle*[10], der geistliche Hof des Königs, das Erbe Bruns übernahm, verwandelte sie sich jetzt in die zentrale *Pflanzstätte des Reichsepiskopats*. Damit trat eine Erweiterung und Hebung der Kapelle ein, die plötzlich eine ganz neue Anziehungskraft gewann. Wenn der König schon seit 953/54 seinen Einfluß auf die Besetzung der Bischofsstühle verstärkt zur Geltung gebracht hatte, so hatte er seine Kandidaten zunächst noch aus dem engen Kreis seiner Verwandten oder aber aus der Geistlichkeit der betreffenden Kirche gewählt. Jetzt wurden seine Kapelläne seine bevorzugten Bischofskandidaten, d. h. Männer, die im Hofdienst geformt und in die Aufgaben und Pflichten der Herrschaft hineingewachsen waren. Sie blieben auch nach ihrer Erhebung auf die Bischofsstühle untereinander und mit dem Königshof verbunden, so daß sich ein einheitlicher Episkopat auszuformen begann, der sein Amt ganz im Geist Bruns von Köln versah: die bedeutendste Gruppe sachkundiger und getreuer Helfer, die dem König im gesamten Reichsgebiet zur Verfügung stand. Wenn ihre Umbildung im Sinne des Hofes auch erst im Laufe der folgenden Generation gelang, so gehen ihre Anfänge doch bis auf den Liudolf-Aufstand zurück, und Brun von Köln hat dazu den ersten und entscheidenden Anstoß gegeben. Schon diese Anfänge haben bewirkt, daß

Otto fortan vor weiteren Empörungen sicher war. Seine neue Politik, eine Verbindung von Familien- und Reichskirchenpolitik, hat seiner Herrschaft erst die Konsistenz gegeben, die ihm nach außen freien Spielraum gab.

[1] RI II, 1, 217a.

[2] Der Aufstand Liudolfs läßt noch manche Fragen offen. Von der älteren Lit. sei genannt: J. JUNG, Ruotger u. der Aufstand Liudolfs v. Schwaben, in: Programm d. Gymnasiums Fridericianum zu Schwerin i. M. (1901); neuestens: G. WOLF, Über die Hintergründe der Erhebung Liudolfs von Schwaben, ZRG GA 80 (1963), der die Erhebung wenig überzeugend genealogisch – durch Liudolfs Heirat »mit einer Nachkommin italischer Karolinger« – zu begründen sucht. Interessant und verdienstlich in Einzelheiten, problematisch im ganzen: H. NAUMANN, Rätsel des letzten Aufstandes gegen Otto I. 953–954, AKG 46 (1964).

[3] Vgl. A. MITTAG, Eb. Friedrich v. Mainz u. die Politik Ottos d. Gr. (Diss. Halle 1895); W. NORDEN, Eb. Friedrich v. Mainz u. Otto d. Gr. (1912).

[4] J. FLECKENSTEIN, Hofkapelle (s. Kap. 3, Anm. 7), Bd. 2, S. 24 ff.

[5] Cont. Regin. ad 954; wichtiger Hinweis von H. NAUMANN, Rätsel (s. o. Anm. 2), S. 142, doch sagt die Nachricht weniger für Konrad den Roten als für Brun v. Köln aus, der den Partner von der Unstatthaftigkeit des Kampfes zu überzeugen vermochte.

[6] H. HOFFMANN, Politik u. Kultur im ottonischen Reichskirchensystem. Zur Interpretation der ›Vita Brunonis‹ des Ruotger, Rhein. Vjbll. 22 (1957), der aber der Bedeutung Bruns nicht voll gerecht wird. Vgl. dagegen H. SCHRÖRS, Eb. Bruno v. Köln, eine geschichtl. Charakteristik, AnnHV Niederrh. 100 (1957), u. F. M. FISCHER, Politiker um Otto d. Gr. (s. Kap. 8, Anm. 3), S. 98 ff.; ferner: F. LOTTER, Die Vita Brunonis des Ruotger. Ihre historiograph. u. ideengeschichtl. Stellung (1958), der S. 65 ff. gegenüber SCHRÖRS mit Recht die enge Verbindung Bruns mit d. Reformbewegung von Gorze betont. Dazu grundlegend: K. HALLINGER, Gorze – Kluny 1 (1950), S. 99 ff. u. ö.; s. Kap. 18 mit Anm. 2.

[7] Voraussetzungen u. Quellengrundlage: L. SANTIFALLER, Zur Gesch. d. ottonisch-salischen Reichskirchensystems, SB Ak. Wien 229, 1 (^{2}1964); Reich u. Reichskirchengut: J. FICKER, Über das Eigentum des Reiches am Reichskirchengut, SB Ak. Wien 72 (1872, Ndr. 1967). Allg. zur Reichskirche: H. HEIMPEL, Das Erste Reich – Schicksal u. Anfang, in dess. Dt. MA (1941), S. 193 ff., u. W. v. D. STEINEN, Der Kosmos des MA (1959), S. 178. Dagg. spricht F. KEMPF in: Hdb. d. KiG, hg. v. H. JEDIN, Bd. 3 (1966), S. 228 ff., wenig glücklich von d. »ottonisch-salischen Staatskirche«. – Bester Überblick über den Forschungsstand: O. KÖHLER, Die ottonische Reichskirche, in: Adel u. Kirche (Festschr. f. G. Tellenbach 1968). – Zu den geistigen Voraussetzungen der Bischofswahlen: A. NITSCHKE, Die Einstimmigkeit der Wahlen im Reiche Ottos d. Gr., MIÖG 70 (1962).

[8] Dazu: O. KÖHLER, Das Bild des geistl. Fürsten in den Viten des 10., 11. u. 12. Jh. (1935).

[9] Zu Eb. Friedrich, s. o. Anm. 3; zu Eb. Wilhelm: M. LINTZEL, Zur Gesch. Ottos d. Gr., MÖIG 48 (1934); H. BÜTTNER, Die Mainzer Ebb. Friedrich u. Wilhelm u. das Papsttum des 10. Jh., in: Festschrift J. Bärmann. Geschichtl. Landeskunde 3 (1966).

[10] Dazu im einzelnen: J. FLECKENSTEIN, Hofkapelle 2, bes. S. 50 ff.; wesentliche Zusammenhänge bereits bei H.-W. KLEWITZ, Königtum, Hofkapelle u. Domkapitel im 10. u. 11. Jh., AUF 16 (1939, selbständ. Ndr. 1960); erste Materialzusammenstellung: S. GÖRLITZ, Beitr. z. Gesch. d. königl. Hofkapelle im Zeitalter d. Ottonen u. Salier bis zum Beginn d. Investiturstreites (1936).

Kapitel 11
Das imperiale Königtum Ottos d. Gr. und die Erneuerung des Kaisertums

Der Liudolf-Aufstand war kaum beigelegt, als die *Ungarn*, die durch ihren Einfall 954 gegen ihre Absicht die Wendung zugunsten des Königs herbeigeführt hatten, 955 erneut die Grenze überschritten und in zahlreichen Haufen in Bayern erschienen. Während Otto, von Heinrich von Bayern alarmiert, von Sachsen aus eilends ihre Abwehr organisierte, rückten sie »totam Baioariam depopulantes« (Chron. Suev.) nach Schwaben vor. Ihr Hauptheer belagerte *Augsburg*, dessen *Verteidigung* der tapfere Bischof Udalrich[1] leitete. Die Standhaftigkeit der Verteidiger ermöglichte dem König, ein starkes Heer aus Sachsen, Schwaben, Bayern, Franken und Böhmen (nur die Lothringer blieben fern, um den erwarteten weiteren Vormarsch der Ungarn aufzuhalten) zusammenzuziehen und die Hauptmacht der Ungarn auf dem Lechfeld südlich der Stadt zum Kampf zu stellen[2]. Am Tage des hl. Laurentius, dem 10. 8. 955, begann die Schlacht, die nach einem schnell zurückgeschlagenen Überraschungsangriff der Ungarn der König selbst unter dem Siegeszeichen der heiligen Lanze eröffnete: »optimi imperatoris officium gerens« (Widukind III, 46). Die Schlacht, in der Konrad der Rote (»non iam dux, set miles«) sich an der Spitze der Franken besonders hervortat, um seine frühere Untreue durch das Opfer seines Lebens auszulöschen, endete in einem überwältigenden Sieg. Die Quellen sind sich darin einig, daß der *Sieg auf dem Lechfeld* alle Siege der letzten Jahrhunderte in den Schatten stellte. Tatsächlich hatte er eine Entscheidung von weltgeschichtlicher Tragweite gebracht: Die Ungarn waren so schwer geschlagen, daß sie nicht nur ihre Plünderungen einstellten, sondern in der Folge seßhaft wurden und in die abendländische Kultur hineinwuchsen; Otto aber hatte einen gewaltigen Heidensieg errungen und mit ihm sein Reich und ganz Europa von ihrer größten Bedrohung befreit.

Der Sieg, nach der Überzeugung der Zeitgenossen Ottos größter Triumph[3], hob ihn über seine Vorgänger wie über seine Mitkönige empor. Nach Widukind von Korvei (III, 49) soll er sogar Ottos Kaisertum begründet haben: Bei der Siegesfeier habe das Heer den sieggekrönten Herrscher zum »pater patriae« und zum »imperator« ausgerufen. Nun kann freilich von einem Heerkaisertum[4] nach antikem Vorbild, an das die Formulierung Widukinds erinnert, bei Otto keine Rede sein – schon deshalb nicht, weil Otto selbst sich nach 955 nur »rex« genannt hat. Dennoch kann die Nachricht Widukinds, der seine Sachsengeschichte Mitgliedern des Königshauses gewidmet hat, nicht ganz aus der Luft gegriffen sein. So ist kaum zu bezweifeln, daß eine *Siegesfeier*[5] stattgefunden hat: Sie war alter Brauch, der allerdings auf deutschem Boden im germanischen, nicht im römischen Herkommen wurzelte. Es ist deshalb wahrscheinlich, daß sich hinter den lateinischen Formen Widukinds germanische Vorstellungen verbergen. So könnte der »pater patriae« als »Ehrenname adeliger Haustradition«[6] verstanden werden, und die »Kaiserausrufung« verweist wahrscheinlich auf eine Akklamation des Siegers, die diesem einen höheren Rang zuerkannte: eine Bekräftigung seines imperialen Königtums.

Der Begriff des *imperialen Königtums*[7] war der Umgebung Ottos d. Gr. nach dem Ausweis seiner Urkunden schon seit längerem vertraut. Er leitete aus der Verbindung mehrerer »regna« einen imperialen Anspruch ab. 952 hatte Otto diesen Anspruch zweifellos gestellt, und wenn er damals in Rom noch nicht das Kaisertum erlangen konnte, so behauptete er doch die Oberlehnsherrschaft über das »regnum Italiae«, d. h. eine hegemoniale Stellung, an der sich eben der imperiale Charakter seines Königtums erwies.

Der große Ungarnsieg des Jahres 955, dem im Abstand von zwei Monaten ein *Sieg über die Slaven an der Recknitz* in Mecklenburg folgte, hat darauf eine bedeutende Steigerung seines persönlichen Ansehens und seines Königtums gebracht. Diese Steigerung, die wahrscheinlich schon bei der Siegesfeier in einer imperialen Akklamation Ausdruck fand, wies nun eindeutig in Richtung auf das Kaisertum. Papst Johannes XII. hat dies später selbst bestätigt, als er in einem Privileg erklärte, daß König Otto »devictis barbaris gentibus, scilicet Avaribus (d. h. Ungarn) ceterisque quam pluribus«, nach Rom gekommen sei, um zur Verteidigung der heiligen Kirche die »triumphalis victoriae corona« zu empfangen[8]. Der Zusammenhang ist deutlich: Das imperiale Königtum Ottos d. Gr., das durch seine Heidensiege der Kirche bereits wirkungsvollen Schutz geleistet hatte und ihrer weiteren »defensio« dienen sollte, mündete schließlich ein in das Kaisertum.

Stellte der Sieg auf dem Lechfeld von 955 also eine wichtige Stufe auf dem Weg Ottos d. Gr. zum Kaisertum dar, so hat dieser Weg doch in seiner letzten und entscheidenden Strecke über Italien und Rom geführt[9].

Hier schienen sich nun freilich die Verhältnisse für Otto zunächst ganz ungünstig zu entwickeln. Nachdem schon sein erster Versuch, die Kaiserkrone zu erwerben, 952 vom Papst zurückgewiesen worden war, trat Italien für ihn für mehrere Jahre ganz in den Hintergrund. Wenn er sich auch das Seniorat über das »regnum Italiae« vorbehalten hatte und *König Berengar* die Herrschaft als sein Vasall ausübte, so war Otto doch durch die Wirren des Liudolf-Aufstands und die anschließenden Ungarn- und Slavenkämpfe so völlig in Anspruch genommen, daß seine Oberherrschaft praktisch wirkungslos wurde. Berengar setzte sich denn auch bald über seine Abhängigkeit hinweg und baute sich, unbekümmert um seinen fernen Lehnsherrn, seine alte Machtposition wieder auf. Diese Eigenmächtigkeit seines Vasallen veranlaßte Otto, sich nach der Konsolidierung der Verhältnisse in Deutschland wieder Italien zuzuwenden. Er sandte deshalb im Jahr 956 seinen Sohn Liudolf über die Alpen, um Berengar wieder in seine Grenzen zurückzuweisen. Es ist nicht unwahrscheinlich, daß seine Pläne damals sogar noch weiter gingen. Es scheint nämlich, daß Liudolf Berengar ganz verdrängen sollte, um nach karolingischem Vorbild Unterkönig von Italien zu werden. Verhandlungen, die Otto in diesen Jahren durch den Abt Johannes von Gorze mit dem Kalifen Abderrhaman III. von Cordoba führen ließ, um den Kalifen u. a. für ein gemeinsames Vorgehen gegen Berengar zu gewinnen, verweisen in diesen Zusammenhang. Obwohl sie sich aus religiösen Gründen zerschlugen, konnte Liudolf die deutsche Herrschaft in Oberitalien erneut erfolgreich zur Geltung bringen. Doch ist er, kurz vor dem Ziel, 957 überraschend gestorben[10] – und damit stürzten seine Erfolge in sich zusammen. Otto d. Gr. hatte auffälligerweise keine Anstalten getroffen, etwas dagegen zu unternehmen. Er drängte weder nach Oberitalien noch nach Rom. So gewann Berengar nach Liudolfs Tod seine alte Macht zurück und begann sie jetzt noch entschiedener als zuvor auszudehnen. Dabei griff er auch auf den Kirchenstaat über und aktivierte damit den Widerstand Roms.

In *Rom* war in der Zwischenzeit (954) der Patricius Alberich gestorben und sein Sohn Oktavian als Stadtherr an seine Stelle getreten. Oktavian war aber nicht nur seinem Vater nachgefolgt, sondern 955 nach dem Tod Agapits II. auch von den Römern, dem Wunsch Alberichs entsprechend, zum Papst erhoben worden, so daß er, gerade siebzehnjährig, die beiden höchsten römischen Ämter in seiner Hand vereinte. Er nannte sich als *Papst Johannes XII.* Doch war seine Namensänderung von keiner tieferen Wandlung begleitet. Von den höheren Pflichten seines geistlichen Amtes unberührt, blieb er, getreu seiner Familientradition, ein reiner Verfechter der Macht. Darum galt sein Hauptinteresse dem Kirchenstaat und seiner Vergrößerung. So war er empfindlich getroffen, als Berengar ihm gerade hier entgegentrat und 959 von Spoleto aus offensichtlich zum Angriff auf Rom selbst rüstete. In dieser Bedrängnis, der gegenüber seine eigene Macht versagte, rief er die Hilfe Ottos d. Gr. an. Eine *päpstliche Gesandtschaft*, der sich auch langobardische Große angeschlossen hatten, lud Otto im Spätjahr 960 zum Romzug und damit zur Kaiserkrönung ein.

Otto aber sah sich plötzlich vor eine Situation gestellt, die derjenigen glich, vor der einst Karl d. Gr. gestanden hatte, als ihm in Rom die Kaiserkrone winkte: Auch er wurde als Herr des mächtigsten Reiches und Heidensieger von einem hilfsbedürftigen Papst gerufen, und er folgte diesem Ruf um so lieber, als er ihm jetzt verhieß, was er ein Jahrzehnt zuvor vergeblich erstrebt hatte: die höchste Würde der Christenheit, erstrebt eben in der Nachfolge Karls d. Gr.[11].

Otto begann sogleich mit den *Vorbereitungen zum Romzug* (DO I 230: »nos modo ituri in Italiam«), die mit größter Umsicht und Sorgfalt von Ende 960 bis August 961 betrieben wurden. Dazu gehörte, daß er im Mai 961 seinen Sohn Otto auf dem Reichstag in Worms zum König wählen und anschließend in Aachen krönen ließ, um dadurch noch vor dem Romzug, den er selbst nicht für ungefährlich hielt[12], die Herrschaft seiner Dynastie zu sichern. Auch über das Zeremoniell der Kaiserkrönung machte man sich bereits Gedanken, wie ein Königsordo im sogenannten ›Pontificale Romano-Germanicum‹ erweist, der in dieser Zeit im Auftrag des Hofes im Mainzer Kloster St. Alban zusammengestellt wurde[13]. Und wahrscheinlich hielt man auch schon die Kaiserkrone bereit, die, vielleicht bereits im Anschluß an den Sieg auf dem Lechfeld in Auftrag gegeben, nun rechtzeitig fertiggestellt war[14]. Nachdem auch geklärt war, daß während der Abwesenheit des »caesar futurus« (Ruotger) Ottos Bruder Brun und sein Sohn Wilhelm, seit 954 Nachfolger Erzbischofs Friedrichs von Mainz, dem jungen König in Deutschland zur Seite stehen sollten, brach Otto im August 961 in Begleitung seiner Gemahlin Adelheid mit einem stattlichen Heer von Augsburg aus auf. Der Zug ging über den Brenner zunächst nach Pavia, das Berengar auch diesmal rechtzeitig geräumt hatte, und von dort in schnellem Marsch weiter nach Rom. Abt Hatto von Fulda eilte mit einer Gesandtschaft voraus, um mit dem Papst die letzten Formalitäten zu regeln und ihm im Namen des künftigen Kaisers den seit der Karolingerzeit üblichen Sicherheitseid zu leisten. Am 31. 1. 962 traf dann Otto selbst vor Rom ein, wo er zunächst mit seinem Heer am Monte Mario lagerte. Zwei Tage später, am 2. 2. 962, dem Fest Mariae Lichtmeß, hielt er, von Papst, Klerus und Volk von Rom feierlich empfangen, seinen Einzug in die Ewige Stadt. Er wurde sofort nach St. Peter geleitet und hier von Papst Johannes XII. unter der Akklamation der Römer zum Kaiser gesalbt und gekrönt. Mit ihm empfing seine Gemahlin Adelheid Salbung und Krönung. Im Anschluß daran wurde dem Neugekrönten vom Papst und den Römern ein Treueid geleistet, und schließlich tauschten Kaiser und Papst zur Bekräftigung ihrer Freundschaft Geschenke aus.

Damit war das *Kaisertum*, das zu Beginn des Jahrhunderts mit dem Tod Berengars von Friaul (924) kaum beachtet und kläglich erloschen war, glanzvoll erneuert; denn es war nun wieder, wie in den Tagen Karls d. Gr., mit der stärksten Macht der Zeit verbunden, dem jungen deutschen Reich, das fortan – anstelle des untergegangenen großfränkischen Reiches – das Kaisertum tragen sollte und dessen König sich im Besitz der Kaiserkrone als Haupt der abendländischen Christenheit in der Nachfolge Karls d. Gr. erwies.

Otto d. Gr. hat in Rom wenige Tage nach seiner Kaiserkrönung ausdrücklich bekundet, daß er sein Kaisertum als Erneuerung und Fortsetzung der karolingischen Tradition verstand. In einem berühmten, von Kardinaldiakon Johannes in Goldschrift geschriebenen *Privileg*, dem sogenannten ›Ottonianum‹ vom 13. 2. 962[15], bestätigte er im Anschluß an die Pippinische Schenkung und die ihr folgenden karolingischen »pacta« den Besitz des Kirchenstaats (wobei im Hintergrund das ›Constitutum Constantini‹ eine Rolle spielte) und sicherte sich, wiederum nach karolingischem Vorbild, das Kaiserrecht, von dem von Klerus und Volk gewählten Papst ein Treueversprechen zu empfangen.

Nach dieser grundsätzlichen Klärung des kaiserlich-päpstlichen Verhältnisses ging Otto daran, auch im *Königreich Italien* klare Verhältnisse zu schaffen. Dies setzte voraus, daß er vor allem den eigenmächtigen Berengar, gegen den er ja zu Hilfe gerufen worden war, unterwarf. Ihn suchte er deshalb in seinem Bergnest San Leo (bei San Marino im Apennin) auszuheben, mußte aber die Belagerung vorzeitig abbrechen, da Papst Johannes XII., von der Furcht gepackt, daß Otto sich wirklich durchsetzen und herrschen werde, eine Kehrtwendung vollzog: Unbekümmert um seinen Treueid konspirierte er mit Berengar, Byzanz und sogar mit den Ungarn. Demonstrativ nahm er Berengars Sohn Adalbert in Rom selbst auf. Er hat dadurch nur bewirkt, daß der Kaiser seine bisherigen Maßnahmen für unzureichend halten mußte und nun – zuerst in Rom – eine noch eindeutigere Regelung erstrebte. Während Johannes XII. und sein neuer Verbündeter Adalbert sich vor dem heranrückenden Kaiser durch die Flucht in Sicherheit brachten, trug Otto Sorge, seinen Einfluß in Rom fester zu begründen. Er ließ deshalb in Korrektur des Papstwahl-Passus im ›Ottonianum‹ die Römer schwören, daß sie in Zukunft keinen Papst ohne vorherige Zustimmung des Kaisers oder seines Sohnes wählen und ordinieren würden (Liudprand, Hist. Ott. c. 8). Gleichzeitig veranlaßte er eine römische Synode, die seit Anfang November 963 unter seinem Vorsitz tagte, dem Papst den Prozeß zu machen[16]. Wie zu erwarten, setzte die Synode den vorgeladenen, aber nicht erschienenen Johannes XII. aufgrund eines langen Sündenkatalogs ab und erhob an seiner Stelle den Protoskriniar Leo, einen Laien, zum Papst, der als Leo VIII. den päpstlichen Thron bestieg. Bald darauf, noch in den letzten Tagen des Jahres 963, gelang es, auch Berengar und seine Gemahlin Willa in San Leo gefangenzunehmen; beide wurden nach Bamberg in die Verbannung geschickt. Das Ziel des Zuges schien erreicht.

Aber sowohl Johannes XII. wie auch eine starke Partei der Römer fanden sich mit den Erfolgen des Kaisers nicht ab. Sie setzten sich vereint gegen das neue Regiment zur Wehr und zwangen Otto, der sein Heer bereits zum Teil entlassen hatte, zur Rückkehr nach Rom und zur Verteidigung seiner Herrschaft. Obwohl er den *römischen Aufstand* schnell und blutig unterdrückte und sich und seinem Papst Leo einen neuen Treueid schwören ließ, konnte Johannes XII. schon wenig später Leo VIII. erneut verdrängen, und als er im Mai 964 starb, setzten sich die Römer schon wieder über ihre früher beschworenen Verpflichtungen hinweg, indem sie ohne Rücksicht auf den kaisertreuen Leo VIII. einen neuen Papst wählten: Benedikt V.

Die Vorgänge und Wechsel sind verwirrend. Otto aber wurde ihrer Herr durch seine Standhaftigkeit, die Widukind mit Recht als eine Haupteigenschaft des Kaisers rühmt. Er brachte die Stadt im Juni 964 wieder in seine Gewalt und setzte Leo VIII. in seine alten Rechte ein, die er fortan bis zu seinem freilich frühen Tod behaupten konnte. Denn sein Gegenpapst Benedikt verzichtete nicht nur auf seine Würde, er wurde auch, um zu verhindern, daß er dem Beispiel Johannes' XII. folgen könne, nach Hamburg in die Verbannung geschickt.

Damit war das Ziel des Zuges wirklich erreicht: In Rom und in Italien zeichnete sich der Beginn einer Stabilisierung ab. Nach dreieinhalbjährigen Mühen und Kämpfen konnte Otto in dem Bewußtsein, daß seine *Herrschaft in Italien gesichert* sei, nach Deutschland zurückkehren.

[1] Zu Udalrich v. Augsburg: R. Bauerreis, KiG Bayerns 2 (1950); Fr. Zoepfl, Udalrich, B. v. A., in: Lebensbilder aus d. bayer. Schwaben (1952); J. Bernhart, B. Udalrich v. A., in: Augusta 955 bis 1955 (1955).

[2] Schlacht auf d. Lechfeld: W. Erben, Kriegsgesch. d. MA (HZ Beiheft 16, 1929), S. 70 ff.; dazu neuerdings: B. Eberl, Die Ungarnschlacht auf dem Lechfeld (Gunzenlê) im J. 955 (Abhh. z. Gesch. d. Stadt Augsburg 7, 1955); Th. v. Bogyay, Lechfeld. Ende u. Anfang (1955); H. Büttner, Die Ungarn, das Reich u. Europa bis zur Lechfeldschlacht v. J. 955, Zs. f. bayer. Landesgesch. 19 (1956); H. Aubin, Rückblick auf das Jubiläum der Lechfeldschlacht 955–1955, in: Festschr. H. Benedikt (1957); K. Leyser, The Battle at the Lech 955. A Study in Tenth-century-Warfare, History 50 (1965).

[3] Widukind III, 49: »neque enim tanta victoria quisquam regum intra CC annos ante eum laetatus est«; weitere Zeugnisse: RI II, 1 240 i.

[4] Dazu grundlegend: E. E. Stengel, Den Kaiser macht das Heer (1910), in erweiterter Fassung: Der Heerkaiser, in dess. Abhh. u. Untersuchungen z. Gesch. d. Kaisergedankens im MA (1965); ders., Exercitus facit imperatorem. Nachklänge des mal. Kaisergedankens, in: Festschr. P. E. Schramm, Bd. 1 (1964).

[5] Sie ist unabhängig von Widukind (III, 49) auch von Ruotger (c. 35) bezeugt. Zur Siegesfeier vgl. H. Beumann, Widukind, S. 235 ff., u. P. E. Schramm, Die Kaiser aus d. Sächs. Hause, wie Kap. 8, Anm. 5, S. 37.

[6] So K. Hauck, Haus- u. sippengebundene Literatur mal. Adelsgeschlechter, MIÖG 62 (1954), auch in: Geschichtsdenken u. Geschichtsbild im MA (Wege der Forschung 21, 1961), S. 181 f.

[7] Begriff u. Problem zur Diskussion gestellt von H. Beumann, Das imperiale Königtum im 10. Jh., WaG 10 (1950), u. ders., Das Imperium u. die Regna bei Wipo, in: Aus Gesch. u. Landeskunde (Festschr. f. F. Steinbach 1960), bes. S. 26 ff. Vgl. auch H. Keller, Das Kaisertum Ottos d. Gr. im Verständnis seiner Zeit, DA 20 (1964), S. 328 ff., u. K. U. Jäschke, Königskanzlei u. imperiales Königtum im 10. Jh., HJb 84 (1964); dazu jedoch E. E. Stengel, DA 22 (1966), S. 277 ff. Vom imperialen Königtum handelt auch H. Löwe, Kaisertum u. Abendland in ottonischer u. frühsalischer Zeit, HZ 196 (1963), S. 535 ff., doch akzentuiert dieser bes. die »defensio ecclesiae Romanae«, die er schärfer vom imperialen Königtum abgrenzt.

[8] JL 3690; dazu H. Beumann, Das Kaisertum Ottos d. Gr., HZ 195 (1962), auch in: H. Beumann u. H. Büttner, Das Kaisertum Ottos d. Gr., hg. v. Kon-

stanzer Arbeitskreis f. mal. Gesch. (o. J.), S. 30 ff.

[9] Dieser Weg u. mit ihm die Kaiserpolitik war lange Zeit stark umstritten. Für die Beurteilung der Kaiserpolitik von außerordentlicher Nachwirkung die Streitschriften von H. v. SYBEL u. J. FICKER (1859 ff.), neu hg. v. FR. SCHNEIDER, Universalstaat u. Nationalstaat (1941). Überblick über die weitere Forschung: FR. SCHNEIDER, Neuere Anschauungen d. dt. Historiker z. Beurteilung d. dt. Kaiserpolitik des MA (^{3}1943). Im Rückgriff auf SYBEL: M. LINTZEL, Die Kaiserpolitik Ottos d. Gr. (1943); dagegen F. RÖRIG, Die Kaiserpolitik Ottos d. Gr. Gedanken zu dem gleichnamigen Buch v. M. LINTZEL, in: Festschr. E. Stengel (1952). Der Streit war im Grunde damals bereits überholt. Neue Maßstäbe bei H. HEIMPEL, Deutschlands Mittelalter – Deutschlands Schicksal (Freiburger Universitätsreden 12, 1935), auch in dess. Dt. MA (1941); TH. MAYER, Papsttum u. Kaisertum im hohen MA, HZ 187 (1959), bes. S. 14 ff. Letzter Überblick: W. SMIDT, Dt. Königtum u. dt. Staat des HochMA während u. unter dem Einfluß der italien. Heerfahrten. Ein 200jähr. Gelehrtenstreit im Lichte der hist. Methode (1964). Zur Gesamtbewertung: H. GRUNDMANN, Über die Welt des MA, in: Propyläen-Weltgesch. 11, »Summa historica« (1965), bes. S. 415 ff., u. G. TELLENBACH, Die Germanen u. das Abendland bis z. Beginn d. 13. Jh., in: Saeculum Weltgesch. 4 (1967), S. 255 ff.

[10] Vgl. KÖPKE-DÜMMLER, K. Otto d. Gr., S. 288. Der tote Liudolf ging in die Dichtung ein: H. SCHNEIDER, Heldendichtung, Geistlichendichtung, Ritterdichtung (^{2}1943), S. 251 f. u. 559.

[11] Zur Begründung des dt. Kaisertums ist anläßlich des 1000jährigen Jubiläums eine umfangreiche Lit. entstanden, an ihrer Spitze die Festschr. z. Jahrtausendfeier der Kaiserkrönung Ottos d. Gr., MIÖG Erg.Bd. 20, 1 (1962), darin zur Kaiserkrönung Aufsätze von L. SANTIFALLER, P. E. SCHRAMM u. E. DUPRÈ-THESEIDER; ferner: H. AUBIN, Otto d. Gr. u. die Erneuerung des Kaisertums i. J. 962 (Hist.-polit. Hefte d. Ranke-Gesellsch. 9, 1962); H. GRUNDMANN, Betrachtungen zur Kaiserkrönung Ottos I., SB Bayer. Ak. (1962); H. BEUMANN u. H. BÜTTNER, Das Kaisertum Ottos d. Gr. (s. o. Anm. 8); R. DRÖGEREIT, Tausend Jahre ottonische Reichsgründung. Zur Wiederkehr d. Kaiserkrönung Ottos d. Gr. am 2. Februar 962, Jb. d. Ges. f. niedersächs. KiG 60 (1962); H. LÖWE, Kaisertum u. Abendland in ottonischer u. frühsalischer Zeit, HZ 196 (1963); H. KELLER, Das Kaisertum Ottos d. Gr. im Verständnis seiner Zeit, DA 20 (1964). Wichtig in diesem Zusammenhang auch R. FOLZ, La naissance du Saint-Empire, s. Kap. 1, Anm. 1, bes. S. 90 ff.

[12] H. GRUNDMANN, Betrachtungen, s. o. Anm. 11, S. 17 f.

[13] Ordines coronationis imperialis, hg. v. R. ELZE (Fontes iuris Germ. antiqui 9, 1960); C. VOGEL, Le Pontifical romano-germanique du Xe siècle, Revue d. sciences religieuses de l'Univ. de Strasbourg 32 (1958); dazu C. ERDMANN, Forschungen z. polit. Ideenwelt d. FrühMA, hg. v. FR. BAETHGEN (1951), S. 52 ff.; H. BÜTTNER, Der Weg Ottos d. Gr. zum Kaisertum, in: BEUMANN-BÜTTNER (s. o. Anm. 8), S. 70 f., u. R. FOLZ, La naissance du Saint-Empire, Kap. 1, Anm. 1, S. 99.

[14] So H. DECKER-HAUFF u. P. E. SCHRAMM, Die Reichskrone, angefertigt für K. Otto I., in: P. E. SCHRAMM, Herrschaftszeichen u. Staatssymbolik 2 (1955), S. 560 ff.; dazu P. E. SCHRAMM, Die Kaiser aus d. Sächs. Hause (s. Kap. 8, Anm. 5), S. 38 f.; für spätere Datierung: J. DEÉR, K. Otto d. Gr. u. die Reichskrone, in: Beitr. z. Kunstgesch. u. Archäologie des FrühMA. Akten z. VII. Internat. Kongreß f. Frühmittelalterforschung, 21.–28. Sept. 1958, hg. v. H. FILLITZ (1962), S. 261 ff.

[15] Nachweis der Echtheit: TH. SICKEL, Das Privilegium Ottos I. für die römische Kirche (1883). Entwicklung: E. E. STENGEL, Die Entwicklung des Kaiserprivilegs für die römische Kirche 817

bis 962, HZ 134 (1926). Gegen die erneuten Zweifel von W. ULLMANN, The Origins of the Ottonianum, Cambridge Historical Journal 11 (1953): O. BERTOLINI, in: Studi medievali in onore di A. de Stefano (1956), S. 43 ff.; H. ZIMMERMANN, Ottonische Studien 2, Das Privilegium Ottonianum von 962 u. seine Problemgesch., in: Festschr. z. Jahrtausendfeier (s. o. Anm. 11), S. 147 ff., u. die Forschung zusammenfassend u. weiterführend: H. FUHRMANN, Konstant. Schenkung u. abendländ. Kaisertum, DA 22 (1966), bes. S. 123 ff.

16 H. ZIMMERMANN, Prozeß u. Absetzung Papst Johannes' XII. i. J. 963, Österr. Arch. f. KiR 12 (1961); ders., Papstabsetzungen des MA, MIÖG 69 (1961), Ndr. 1968, S. 77 ff.

Kapitel 12
Ostpolitik, Markenorganisation und Bistumsgründungen

Auch in Italien hatte Otto d. Gr. den Osten nicht aus dem Blick verloren. Wie sein Vater hat er während seiner ganzen Regierung in der Sicherung und dem *Ausbau der Ostgrenze* eine seiner Hauptaufgaben gesehen, sie aber dadurch erweitert und vertieft, daß er von Anfang an, über Heinrich hinausgehend, auch die Christianisierung des Ostens betrieb.

Auf der Leistung Heinrichs I. aufbauend, hatte er gleich zu Beginn seiner Herrschaft eine Neuordnung der Verhältnisse an der Ostgrenze in die Wege geleitet[1], indem er zwei seiner bedeutendsten Helfer die markgräfliche Gewalt übertrug: Hermann Billung bekam die Mark an der Niederelbe, Gero die noch ausgedehntere Mark an der mittleren Elbe und Saale anvertraut. Beide Marken bildeten die Grundlage, von der aus in den folgenden Jahrzehnten in immer neuen Feldzügen und Kämpfen Abodriten, Sorben und Wilzen in tributäre Abhängigkeit gebracht wurden und die deutsche Herrschaft bis zur Oder vorgeschoben werden konnte.

Die *wachsenden Marken* wurden in Burgbezirke[2] eingeteilt, die sogenannten *Burgwarde*, die seit der Mitte des 10. Jh. zuerst in der Gegend von Magdeburg vorkommen und von hier aus entlang der Grenze bis in den Osten hinein Verbreitung fanden. Es sind Neuschöpfungen Ottos d. Gr. und seiner Helfer; ebenso für die deutsche wie für die slavische Bevölkerung bestimmt, bildeten sie Verwaltungsbezirke des schutzbedürftigen Landes.

Otto wollte indessen seine Herrschaft nicht nur ausbreiten und sichern: Mit ihrer Ausbreitung sollte die *Christianisierung* der von ihr erfaßten Völker verbunden sein. Da die Herrschaft auch auf das Seelenheil der Beherrschten bedacht sein und sich damit rechtfertigen wollte, ergab sich aus diesem Ziel die Pflicht zur Mission[3]. Dementsprechend war Ottos Vorgehen durch die Gleichrichtung von Mission und Herrschaft bestimmt. »Wir glauben«, so hat er selbst feierlich erklärt, »daß die Mehrung der Verehrung Gottes das Heil und den Bestand unseres König- und Kaiserreiches gewährleistet« (DO I, 366).

Den Worten waren Taten vorausgegangen, die ihre Gültigkeit erwiesen: Bereits 937, um die gleiche Zeit, als er Hermann Billung und Gero den Schutz der Ostgrenze anvertraute, hatte Otto in *Magdeburg*, wo er seit 929 mit seiner jungen Gemahlin Edgitha gelebt hatte, ein Kloster zu Ehren des hl. Mauritius gegründet und es mit Mönchen aus dem Reformkloster St. Maximin in Trier besetzt. Wie seine reiche Ausstattung, die neben dem Grundbesitz auf altdeutschem Boden auch Burgen und Nutzungsrechte in den rechtselbischen Slavengauen umfaßte, erkennen läßt, war ihm von vornherein die Aufgabe der Slavenmission zugedacht. Der Reichtum seiner Ausstattung weist darauf hin, daß es als Missionszentrum fungieren sollte. Ob Otto bei seiner Gründung auch schon den weiterreichenden Plan hegte, auf der durch das Kloster geschaffenen Grundlage zur gegebenen Zeit ein Erzbistum zu errichten, ist nicht mit Sicherheit zu sagen, doch nicht unwahrscheinlich.

Ein Jahrzehnt später folgte dann im Jahr 948 als nächster Schritt die *Gründung mehrerer Bistümer*, nämlich an der mittleren Elbe Brandenburg und Havelberg, vielleicht auch schon das erst später bezeugte Oldenburg in Wagrien (Holstein), die zum Erzbistum Mainz geschlagen wurden, und in Dänemark Schleswig, Ripen und Aarhus, deren Bischöfe zum erstenmal auf der Synode zu Ingelheim bezeugt sind; sie wurden dem Erzbischof von Hamburg-Bremen unterstellt, dem damit die Aufgabe zugewiesen war, den christlichen und deutschen Einfluß im Norden zu verstärken. Hier ist bereits ein umfassender Organisationsplan zu erkennen, der sich allerdings auf die beiden alten Erzbistümer Hamburg-Bremen (für den Norden) und Mainz (für den Osten) stützt. Doch wurde gleichzeitig das Moritzkloster in Magdeburg energisch und zielstrebig weiter gefördert und seiner Sonderstellung innerhalb der neuen Bistumsorganisation Rechnung getragen.

Nachdem es Otto gelungen war, Boleslaw I. von Böhmen, der seinen Bruder Wenzel verdrängt und einen deutschfeindlichen Kurs eingeschlagen hatte, im Jahr 950 zu unterwerfen, weitete sich das *Missionsgebiet* auch nach dem *Südosten* aus. Vor allem wurde jetzt auch das Gebiet östlich der Saale für die künftige Mission ins Auge gefaßt und ein Geistlicher aus der Umgebung des Königs, der Kapellan Boso, zuvor Mönch in Regensburg, als Wegbereiter des Christentums zu den Sorben gesandt. Er hatte nach dem Zeugnis Thietmars bedeutende Erfolge[4], so daß man am Hof wohl bald an eine festere Organisation zu denken begann. Otto selbst hat sich den Gedanken ganz zu eigen gemacht. Er lag ihm so sehr am Herzen, daß er 955 noch auf dem Schlachtfeld, unmittelbar vor Beginn der Lechfeldschlacht, dem Tagesheiligen Laurentius für den Sieg die Errichtung des *Bistums Merseburg* gelobte.

Das Merseburger Bistumsprojekt erscheint jetzt eindeutig auf das geplante *Erzbistum Magdeburg* bezogen: Otto hatte inzwischen nämlich (954) den Abt Hadamar von Fulda nach Rom gesandt und von Papst Agapit die Zustimmung erlangt, sowohl Magdeburg zum Erzbistum zu erheben wie auch allgemein neue Bistümer bei den Slaven zu errichten. Dennoch zog sich die Verwirklichung dieser Pläne noch länger hin, da Erzbischof Wilhelm von Mainz, Ottos eigener Sohn, danach auch Bischof Bernhard von Halberstadt sich dem Vorhaben des Königs widersetzten, weil sie in ihm eine Schmälerung der Rechte ihrer Kirchen sahen. Obwohl Otto ihrem Widerstand Rechnung trug, hat er sich dadurch doch nicht in seinen Plänen beirren lassen: Seine Standhaftigkeit und Zielstrebigkeit bewährten sich auch hier.

Während er sich in den nächsten Jahren zur Geduld gezwungen sah, eröffnete sich seinen Missionsplänen überraschend ein noch weiteres Wirkungsfeld, als die russische Großfürstin Olga von Kiew sich 959 mit der Bitte an ihn wandte, er möge ihr einen Bischof und Missionar senden. Der Ruf der Großfürstin eröffnete die Aussicht, *Rußland* in den Einflußbereich der abendländischen Kultur einzubeziehen. Otto zögerte nicht, die Chance zu nützen und sandte 960 den Mönch von St. Maximin und Kapellan Adalbert als *Missionsbischof* aus[5]. Doch änderte sich die Situation schnell: Als Adalbert in Kiew eintraf, mußte er feststellen, daß byzantinische Missionare, von Olgas Sohn Swjatoslaw herbeigerufen, ihm zuvorgekommen waren. So kehrte er unverrichteter Dinge zurück; seine Mission war gescheitert: Rußland blieb endgültig der byzantinischen Welt und ihrer Kultur verbunden.

Um so wichtiger war es und bestimmend für alle Folgezeit, daß es gelang, die benachbarten *Westslaven* von Deutschland aus zu erfassen und sie damit für den Westen zu gewinnen. Die Voraussetzungen dafür hat Markgraf Gero zusammen mit dem jüngeren Wichmann geschaffen. Schon vor der Jahrhundertmitte hatte sich nämlich östlich der Oder, an Warthe und Weichsel, eine neue Herrschaft staatlich verfestigt, die sich unter dem ersten historisch greifbaren Herzog mit Namen Mieszko (I.) kräftig zu entfalten begann und in der zweiten Jahrhunderthälfte als »*Polen*« erscheint[6]. Als Mieszko um 960 auch die Slaven zwischen Elbe und Oder in seinen Herrschaftsbereich miteinzubeziehen suchte, stieß er auf den Widerstand der deutschen Grenzhüter wie auch der slavischen Redarier, den er nicht zu überwinden vermochte. Vom jüngeren Wichmann wiederholt geschlagen, suchte er schließlich selbst den Schutz des Markgrafen Gero auf: 963 schlossen beide einen Vertrag, der Mieszko verpflichtete, die Oberhoheit des Reiches anzuerkennen und für sein Herrschaftsgebiet »bis zur Warthe« (also nicht für ganz Polen) Tribut zu zahlen.

Schon bald darauf (966) empfing Mieszko, der eine Tochter des Böhmenherzogs Boleslaw geheiratet hatte, die Taufe, welche die Christianisierung des ganzen Landes einleitete. Zwei Jahre später erscheint bereits der erste *Bischof in Posen:* Jordan, ein Deutscher. Es ist wahrscheinlich, daß er aus Magdeburg kam und daß geplant war, das neue polnische Bistum dem Erzbistum Magdeburg zu unterstellen[7].

Inzwischen war nämlich die Magdeburger Angelegenheit von Otto kräftig gefördert worden. Er hatte im Anschluß an seine Kaiserkrönung von Johannes XII. eine Urkunde erlangt, in der dieser Ottos überragende Verdienste als Heidensieger und -bekehrer pries und dem neuen Kaiser nicht nur die Umwandlung des Moritzklosters in ein Erzbistum und die Begründung des von ihm gelobten Bistums Merseburg als Suffraganbistum von Magdeburg konzedierte, sondern ihm auch das Recht zusprach, weitere Bistümer, wo es ihm nötig schien, zu errichten[8]. Der Papst hatte sich damit offenbar hinter Ottos Wünsche gestellt, die darauf zielten, den gesamten slavischen Nordosten von Magdeburg aus zu bekehren, um ihn danach in der Magdeburger Kirchenprovinz organisatorisch zusammenzufassen.

Obwohl Wilhelm von Mainz und Bernhard von Halberstadt sich noch immer den Plänen des Kaisers widersetzten, ging ihre Verwirklichung nun doch Schritt für Schritt voran, und da Wilhelm von Mainz seit 965 in den Schenkungsurkunden für Magdeburg sogar als Intervenient auftritt, scheint er zuletzt seinen Widerstand aufgegeben und sich den Wünschen seines Vaters angeschlossen zu haben.

Im Jahre 967 war Otto schließlich so weit, daß er auf seinem dritten Italienzug die letzten Vorbereitungen für die *Errichtung des Erzbistums Magdeburg* treffen konnte. Er berief zu diesem Zweck im April 967 eine Synode nach Ravenna, an der auch Papst Johannes XIII. teilnahm. Vor der Synode gab der Kaiser dann einen Bericht über die Fortschritte der Slavenmission und legte ihr seine konkreten Pläne über ihre kirchliche Gliederung vor, die die Zustimmung der Synode fanden. Daraufhin erhob der Papst das Moritzkloster in Magdeburg zur Metropolitankirche, ordnete ihm die bisher zu Mainz gehörigen Bistümer Brandenburg und Havelberg unter und genehmigte darüber hinaus die Errichtung neuer *Suffraganbistümer*, nämlich außer dem bereits geplanten *Merseburg* noch *Meißen* und *Zeitz*[9].

Die Realisierung dieser Beschlüsse wurde dadurch erleichtert, daß Wilhelm von Mainz und vor allem der bis zuletzt widerstrebende Bernhard von Halberstadt 968 kurz nacheinander starben. Ihr Tod bot dem Kaiser die Möglichkeit, zu ihren Nachfolgern Männer zu bestellen, deren Unterstützung er für seine großen Pläne im Osten sicher war. Er wählte für Mainz Abt Hatto von Fulda, für Halberstadt den dortigen Propst Hildeward; für Magdeburg hatte er anscheinend schon seit mehreren Jahren den mit den Aufgaben der Ostmission vertrauten ehemaligen Russenbischof, Kapellan und Abt von Weißenburg Adalbert vorgesehen. Alle drei wurden vom Kaiser nach Italien beordert und im Oktober 968 auf einer zweiten Synode in Ravenna, welche die Beschlüsse der ersten rechtsgültig vollzog, mit ihren Ämtern betraut. Adalbert wurde anschließend zum Papst nach Rom gesandt, der ihm als Metropolitan das Pallium verlieh. Dabei trat jetzt bei der Umschreibung der Magdeburger Kirchenprovinz eine Differenz zwischen Kaiser und Papst zutage, die offenbar damit zusammenhing, daß inzwischen jenseits der Oder ein christliches Polen entstanden war. Während Otto nämlich Adalbert zum »archiepiscopus et metropolitanus totius ultra Albiam et Salam Sclavorum gentis modo ad deum converse vel convertende« (DO I, 366) bestimmte, zog Johannes XIII. im Unterschied zu seinem Vorgänger Johannes XII. der Kirchenprovinz engere

Grenzen, indem er sie nur auf diejenigen Slavenstämme bezog, die bereits bekehrt und der Herrschaft Ottos unterworfen waren. Die päpstliche Version hat schließlich die Oberhand behalten. Wenn damit Ottos Magdeburger Pläne nicht in ihrer ganzen Weite verwirklicht worden sind, so hat er doch sein Hauptziel erreicht: Magdeburg war endlich, nach jahrzehntelangem Mühen, zur Metropolitankirche für den Osten erhoben, der Einfluß des Reiches und der Kirche bis zur Oder (vorübergehend sogar bis nach Posen) ausgedehnt.

Bei dieser Regelung war *Böhmen* ganz unberücksichtigt geblieben, obwohl hier die Voraussetzungen viel günstiger als in Polen lagen, da Herzog Boleslaw I. seit seiner Unterwerfung im Jahr 950 gute Beziehungen zum deutschen Hof unterhielt; für den Entscheidungskampf gegen die Ungarn auf dem Lechfeld hatte er ein starkes Kontingent gestellt. Als er 967 starb, setzte sein gleichnamiger Sohn, Boleslaw II., die deutschfreundliche Politik seines Vaters fort. Mit ihm hat sich dann auch Otto d. Gr. nach der Errichtung des Erzbistums Magdeburg in Verbindung gesetzt und im Einverständnis mit dem Papst die Gründung des *Bistums Prag* in die Wege geleitet[10]. Das böhmische Bistum, das freilich erst kurz nach Ottos Tod errichtet wurde, blieb der deutschen Reichskirche angegliedert, wurde allerdings nicht Magdeburg, sondern Mainz (vielleicht als Entschädigung für dessen Verluste bei der Gründung der Magdeburger Kirchenprovinz) unterstellt.

So hatte Otto d. Gr. im Osten eine gewaltige Leistung vollbracht. Wie er in seinen Urkunden programmatisch verkündet hatte, war mit seiner Herrschaft das Christentum weit in den Osten vorgedrungen und auch bereits in einen festen organisatorischen Rahmen gebracht.

Die Ausweitung der Herrschaft war so groß, daß Otto nach dem Tod des Markgrafen Gero (965), dem das Hauptverdienst daran gebührt, dessen riesig angewachsene Großmark in sechs Marken teilte: die sächsische Nordmark um Brandenburg, die sächsische Ostmark (oder Mark Lausitz), dann eine freilich nur kurze Zeit existierende Mark an der Saalemündung sowie Markenbezirke um Merseburg, Zeitz und Meißen[11]. Da ihre Eindeutschung schnelle Fortschritte machte, haben Ottos Nachfolger dieses *Markensystem* bald wieder vereinfacht und die sechs Marken der Spätzeit Ottos auf drei reduziert: die alte Nordmark, die sächsische Mark (identisch mit der Mark Lausitz) und die Mark Meißen.

[1] Vgl. o. Kap. 9; dazu A. BRACKMANN, Die Ostpolitik Ottos d. Gr., HZ 134 (1926), auch in: ders., Ges. Aufsätze (1941); H. AUBIN, Die Ostgrenze des alten dt. Reiches, HV 28 (1939); TH. MAYER, Das Kaisertum u. d. Osten im MA, in: Dt. Ostforschung, hg. v. H. AUBIN u. a. (1942); zusammenfassender Forschungsbericht: H. F. SCHMID, Otto I. u. d. Osten, in: Festschr. z. Jahrtausendfeier (s. Kap. 11, Anm. 11), S. 70 ff.

[2] W. SCHLESINGER, Burgen u. Burgbezirke, in: Von Land u. Kultur (Festschr. f. R. Kötzschke 1937), mit Nachträgen abgedruckt in dess. Mitteldt. Beitr. z. dt. Verf.gesch. d. MA (1961); vgl. auch ders., Die Entstehung der Landesherrschaft 1 (1941), S. 240 ff.

[3] Herrschaft u. Mission: H. HIRSCH, Der mal. Kaisergedanke in den liturgischen Gebeten, MIÖG 44 (1930); C. ERDMANN, Der Heidenkrieg in der Liturgie u. die Kaiserkrönung Ottos I., MIÖG 46 (1932); M. BÜNDING-NAUJOKS, Das Imperium Christianum u. die dt. Ostkriege vom 10. bis z. 12. Jh. (1940); die gen. Arbeiten abgedruckt in: Heidenmission u. Kreuzzugsgedanke in d. dt. Ostpolitik d. MA, hg. v. H. BEUMANN (1962); vgl. auch H.-D. KAHL, Zum Geist der dt. Slawenmission des HochMA, Zs. f. Ostforschung 2 (1953); ders., Bausteine zu einer Grundlegung einer missionsgeschichtl. Phänomenologie des HochMA, in: Miscellanea Historiae Ecclesiasticae, Congrès de Stockholm (1960); ders., Compellere intrare, s. Kap. 22, Anm. 13.

[4] Thietmar II, 36; dazu W. SCHLESINGER, KiG Sachsens im MA 1 (1962), S. 24 f. Zu den Bistumsgründungen ferner: W. BIEREYE, Beitr. z. Gesch. Nordalbingiens im 10. Jh. (1909); W. SEEGRÜN, Das Papsttum u. Skandinavien bis z. Vollendung der nordischen Kirchenorganisation (1967).

[5] Adalbert über sich selbst: Cont. Regin. An einen Zusammenhang zw. Russenmission u. Kaiserkrönung denkt W. OHNSORGE, Das Zweikaiserproblem im frühen MA (1947), S. 56. Anfänge d. russ. Reiches: A. VERNADSKY, Ancient Russia (1948); F. DVORNIK, The Making of Central and Eastern Europe (1949); J. SEVČENKO, The Christianization of Kievan Rus, The Polish Review 5 (1960).

[6] Zur Entstehung Polens: B. STASIEWSKI, Untersuchungen über drei Quellen zur ältesten Gesch. u. KiG Polens (1933); A. BRACKMANN, Die Anfänge d. polnischen Staates, SB Ak. Berlin (1934); auch in: Ges. Aufsätze (1941); Z. WOJCIECHOWSKI, Miesko I and the Rise of the Polish State (1936); F. BAETHGEN, Zur Gesch. der ältesten dt.-poln. Beziehungen, Altpreuß. Forschungen 15 (1936); H. AUBIN, Die hist.-geograph. Grundlagen der dt.-poln. Beziehungen, in dess.: Von Raum u. Grenzen d. dt. Volkes (1938); H. LUDAT, Die Anfänge des poln. Staates (1942); F. DVORNIK, The Making, s. o. Anm. 5; A. GIEYSZTOR, Les origines de l'état polonais, in: La Pologne au Xe Congrès International des Sciences Hist. à Rome (1955); O. HALECKI, Gesch. Polens (1963).

[7] Bistum Posen: G. SAPPOK, Die Anfänge des Bistums Posen u. die Reihe seiner Bischöfe 968–1498 (1937). Gegenüber P. KEHR, Das Ebt. Magdeburg u. die erste Organisation d. christl. Kirche in Polen, Abh. Ak. Berlin (1920), der eine Verbindung Posens mit Magdeburg bestritten hatte, wurde die Diskussion auf neue Grundlagen gestellt von H. BEUMANN u. W. SCHLESINGER, Urkundenstudien zur dt. Ostpolitik unter Otto III., Arch. f. Diplomatik 1 (1955), bes. S. 163 ff. u. 220 ff.

[8] JL 3690; dazu H. BEUMANN, Das Kaisertum Ottos d. Gr., s. Kap. 11, Anm. 11, S. 30 f.

[9] Vgl. W. SCHLESINGER, KiG Sachsens 1, S. 37 ff.

[10] A. NAEGLE, KiG Böhmens 1, 2 (1918); K. BOSL, Probleme d. Missionierung d. böhm.-mähr. Herrschaftsraumes, u. Z. FIALA, Die Organisation d. Kirche im Przemyslidenstaat d. 10.–13. Jh., beide in: Siedlung u. Verfassung Böhmens in d. Frühzeit, s. Kap. 5, Anm. 7; H. BÜTTNER, Eb. Willigis v. Mainz u. das Papsttum bei der Bistumserrichtung in

Böhmen u. Mähren im 10. Jh., Rhein. Vjbll. 30 (1965).

[11] Zur Markenpolitik d. Ottonen: S. Lüpke, Die Mgf. d. sächs. Ostmarken in der Zeit von Gero bis zum Beginn d. Investiturstreites (1937).

Kapitel 13
Die Festigung der Kaisermacht in Italien und die Verbindung mit Byzanz

Otto weilte nach seinem Romzug, der ihm die Kaiserkrone eingebracht hatte, gerade anderthalb Jahre in Deutschland, als er, durch römische Wirren veranlaßt, schon *wieder nach Italien* und nach Rom gerufen wurde. Während der zweite Italienzug ihn bereits über drei Jahre südlich der Alpen festgehalten hatte, sollte der dritte sogar volle sechs Jahre in Anspruch nehmen. Otto hat sich also seit seiner Kaiserkrönung viel länger in Italien als in Deutschland aufgehalten. Ein deutliches Zeichen dafür, welches Gewicht Italien mit der Kaiserkrone gewann.

Im Vordergrund standen zunächst das *Papsttum und Rom*. Obwohl die Römer sich nach dem Tod Leos VIII. im März 965 an ihre Verpflichtung gehalten und dessen Nachfolger *Johannes XIII.* mit Zustimmung des Kaisers gewählt hatten, war der neue Papst, ein Crescentier, bereits Ende 965 das Opfer eines *römischen Aufstands* geworden: Er war gefangengenommen worden, hatte aber entfliehen können und auf der Flucht den Kaiser um Hilfe angerufen. Otto, der daraufhin im August 966 von Worms[1] aus aufbrach, war bereits im Dezember in Rom, wo er die Empörer streng bestrafte. Sein Erscheinen genügte, um dem Papst, dem die Römer schon vor der Ankunft des Kaisers ihre Tore geöffnet hatten, wieder seine alte Stellung in Rom zurückzugeben. Mit ihm zusammen hielt er im April 967 eine *Synode in Ravenna*, das in Ottos Spätzeit als Kaiserpfalz die alte Königsstadt Pavia zu überflügeln begann. Kaiser und Papst beschlossen dort die Errichtung des Erzbistums Magdeburg, und der Kaiser restituierte dem Kirchenstaat das Exarchat Ravenna, das er freilich zum großen Teil in kaiserlicher Verwaltung behielt. Papst Johannes XIII. hatte gleichwohl Grund, Otto als den dritten unter allen Kaisern seit Konstantin zu preisen, der »maxime Romanam ecclesiam exaltavit« (JL 3715); der zweite war Karl d. Gr. gewesen. Johannes hat im übrigen auch ausdrücklich anerkannt, daß das Papsttum es Otto d. Gr.

verdankte, wenn es aus der stadtrömischen Verstrickung wieder zu europäischer Geltung aufgestiegen ist[2]. Diese Erkenntnis mag dazu beigetragen haben, daß sich das zuvor so wechselvolle kaiserlich-päpstliche Verhältnis nun zu konsolidieren begann.

Besonders auffällig ist, daß Otto während dieses Zuges mit *Oberitalien* gar keine Sorgen mehr hatte. Seine auf Versöhnung und Erhaltung ausgerichtete Politik hatte sich offenbar bewährt. Er hatte die großen Markgrafen und Grafen durchweg in ihren Stellungen belassen, ebenso die Bischöfe – wie überhaupt das »regnum Italiae« unangetastet geblieben war, nur seinen Herrn gewechselt hatte und durch die Person des neuen Herrschers mit dem deutschen Reich verbunden war. Daß Otto sich mit seiner Anerkennung begnügte und sonst alles im wesentlichen beim alten ließ, hat es den geistlichen und weltlichen Großen Italiens zweifellos erleichtert, sich mit seiner Herrschaft abzufinden – dies um so mehr, als der neue Herrscher über außerordentliche Macht verfügte. So hatte er das »regnum Italiae« fest in der Hand.

Die unangefochtene Herrschaft über Oberitalien und die Eintracht mit dem Papst bildeten die Voraussetzung dafür, daß der Kaiser jetzt seine Herrschaft auch über *Süditalien* auszudehnen begann. Er bewegte sich noch immer in karolingischen Spuren, als er zu Beginn des Jahres 967 in Capua die Huldigung der Herren der langobardischen Fürstentümer Süditaliens, Pandulf und Landulf von Capua und Benevent, entgegennahm und auch Gisulf von Salerno auf seine Seite zog. Und wie ehemals schon Karl d. Gr., so ist jetzt auch Otto bei seinem Vorstoß in den Süden mit *Byzanz* aneinandergeraten, da der Basileus die Oberhoheit über die Fürstentümer von Capua, Benevent und Salerno für sich in Anspruch nahm. Dabei spielte im Hintergrund wieder das alte »*Zweikaiserproblem*« mit[3]. Seit Bestehen des westlichen Kaisertums hatte es sich zugespitzt zu dem Anspruch auf römische Tradition und römischen Charakter des Kaisertums – einen Anspruch, den Otto freilich ebenso wie Karl d. Gr. unbedenklich dem Basileus überließ. Auf diese kluge Beschränkung geht es wohl zurück, daß Byzanz 962 die Kaiserkrönung Ottos ohne Protest hingenommen hatte; denn es scheint, daß darüber Verhandlungen mit dem oströmischen Kaiser vorausgegangen waren[4]. Die *Beziehungen Ottos zu Byzanz* reichten sogar bis zum Jahr 945 zurück und waren immer freundlich gewesen. Doch mit seinem Vordringen nach Süditalien verschoben sich dafür 967 die Voraussetzungen. Nur scheinbar zeigte Kaiser Nikephoros Phokas (963–969) zunächst noch Entgegenkommen, als er im März 967 durch eine Gesandtschaft mit Otto in Verhandlungen trat, die in erster Linie auf ein Bündnis gegen die Sarazenen zielten; in Wirklichkeit hatte er sein Vordringen bereits mit Mißtrauen verfolgt, und seine Gesandten hatten denn auch mit dem Bündnisangebot die Forderung auf Preisgabe von Capua und Benevent zu verbinden. Als Otto auf den Bündnisplan einging und ihn, wie üblich, durch eine Heiratsverbindung zu verstärken suchte, auf Capua und Benevent aber nicht verzichtete, kam es daher auch sofort zum *Konflikt:* Nikephoros Phokas eröffnete die militärische Auseinandersetzung und sprach jetzt Otto sogar das Recht auf den Kaisertitel ab; gleichzeitig dehnte er seine Gebietsforderungen auf Rom und Ravenna aus. Otto reagierte, indem er in die byzantinischen Themata Apulien und Kalabrien vordrang. Es folgten mehrere *Kriegszüge*, die aber nur zu einem halben Erfolg führten. So gelang es den Truppen Ottos nicht, den wichtigen Hafenplatz Bari zu erobern, während andererseits die Byzantiner nicht verhindern konnten, daß ihre italienischen Restprovinzen von immer neuen Einfällen heimgesucht wurden. Bei dieser Lage der Dinge mußte schließlich die Diplomatie wichtiger werden als das militärische Ringen, das zuletzt nur noch den Sinn hatte, möglichst günstige Bedingungen für die Verhandlungen zu schaffen. Dabei wird deutlich, daß Otto vor allem darauf hinarbeitete, eine byzantinische Prinzessin für seinen gleichnamigen Sohn zu gewinnen, den er zu diesem Zweck am Weihnachtstag 967 vom Papst in Rom eigens zum Mitkaiser[5] hatte krönen lassen. Man dachte an die Prinzessin Anna, eine unter dem Purpur geborene Tochter des verstorbenen Kaisers Romanos II. Für die Heirat war Otto bereit, Apulien wieder den Byzantinern zu überlassen, freilich nicht auch Capua und Benevent, auf deren Preisgabe Nikephoros bestand. So gingen Verhandlungen und Kämpfe weiter hin und her, bis der Tod Kaiser Nikephoros Phokas' 969 plötzlich eine neue Wendung brachte: Sein Nachfolger Johannes Tzimiskes war schon aus inneren Gründen am Frieden interessiert und stellte deshalb sogleich die Kämpfe ein. Nun gingen die Verhandlungen unter viel günstigeren Auspizien weiter, und 972 kam eine *Einigung zwischen dem Ost- und dem Westkaiser* zustande, die diesem gegen den Verzicht auf Apulien, aber unter Behauptung von Capua und Benevent für seinen Sohn die seit Jahren erstrebte Hand einer byzantinischen Prinzessin verhieß. Otto d. Gr. hat keinen Widerspruch angemeldet, als Johannes Tzimiskes nicht die ursprünglich begehrte Porphyrogenita Anna, sondern seine eigene Nichte Theophano[6] sandte, die keine Porphyrogenita war. Aber sie brachte ihm, woran ihm vor allem lag: die Anerkennung seines Kaisertums durch die alte Kaisermacht in Byzanz. So stellte es einenHöhepunkt der Herrschaft Ottos d. Gr. dar, als am 14. 4. 972 in der Peterskirche in Rom die *Hochzeit seines Sohnes mit Theophano* und die Krönung der jungen Kaiserin durch den Papst stattfand.

Noch im gleichen Jahr, im August 972, zog er nach Deutschland zurück; in seiner Begleitung befanden sich seine Gemahlin Adelheid, sein Sohn Otto und Theophano, die Griechin, mit der am deutschen Hof jetzt Glanz und Hoheit von Byzanz einzogen.

Trotz sechsjähriger Abwesenheit des Kaisers war die Ordnung in Deutschland ungestört geblieben; seiner Politik hatte sich niemand widersetzt, seine Autorität war mit seinen Erfolgen noch weiter gewachsen. Sie strahlte jetzt weit über die Grenzen seines Reiches aus. Als er am Osterfest 973 in *Quedlinburg* einen *Hoftag* abhielt, spiegelten sich sein Ansehen und seine beherrschende Stellung in der glänzenden Gesellschaft, die sich um den alten Kaiser versammelte[7]: neben den ersten geistlichen und weltlichen Großen seines eigenen Reiches Gesandte aus Rom und Byzanz, Benevent, Rußland, Ungarn, Bulgarien, Dänemark, Böhmen und Polen. Wenige Wochen später traf auch noch eine Gesandtschaft aus Afrika ein. Otto d. Gr. war als Kaiser in der Tat ein »rex gentium« (Widukind III, 76): das Haupt der abendländischen Welt.

Kurz nach dem Quedlinburger Hoftag ist er am 7. 5. 973 in seiner Pfalz in Memleben im 60. Lebensjahr, nach 37jähriger Herrschaft, gestorben. Er wurde im Dom zu Magdeburg, seiner Lieblingsgründung, in einer Gruft, die er sich schon zu Lebzeiten hatte bereiten lassen, beigesetzt – in der gleichen Landschaft, in der auch sein Vater ruhte. Beide, der erste König und der erste Kaiser der Deutschen gehören auch in der Geschichte zusammen: Sie haben durch ihre Leistung das deutsche Reich auf seiner karolingischen Grundlage zusammengefügt und in der Doppelbindung an König- und Kaisertum seine für das ganze Mittelalter gültige Grundgestalt bestimmt.

[1] Worms diente – vor Augsburg – häufig als Versammlungsplatz für die Italienzüge; zur Pfalz u. ihrer Bedeutung: P. Classen, Pfalzenforschung am Mittelrhein, in: Veröffentlichungen d. Max-Planck-Instituts f. Gesch. 11/1 (1963).

[2] E. Duprè-Theseider, Otto I. u. Italien (s. Kap. 9, Anm. 3), S. 66 f. – Allg. zu den Voraussetzungen der dt. Herrschaft im »regnum Italiae«: C. Brühl, Fodrum, Gistum, Servitium regis (s. o. Kap. 3, Anm. 8), S. 453 ff.

[3] Die große Bedeutung dieses Problems ist erst durch die engere Verbindung von Mediävistik und Byzantinistik in den Blick getreten. Wesentlich dafür: W. Ohnsorge, Das Zweikaiserproblem im früheren MA (1947); ders., Otto I. u. Byzanz, in: Festschr. z. Jahrtausendfeier (s. Kap. 11, Anm. 11), S. 107 ff.; P. Lamma, Il problema dei due imperi e dell'Italia meridionale nel giudizio delle fonti letterarie dei secoli IX e X, in: Atti del 3° Congresso internazionale di studi sull'alto medioevo (1959), S. 155 ff.; vgl. auch E. H. Kantorowicz, The Problem of Medieval World Unity, in dess.: Selected Studies (1965), und R. Folz, La naissance du Saint-Empire (wie Kap. 1, Anm. 1), S. 114 f.

[4] Dazu: W. Ohnsorge, Otto I. u. Byzanz, S. 112; F. Dölger, Die Ottonenkaiser u. Byzanz, in: Karol. u. ottonische Kunst. Werden, Wesen, Wirkung (1957), S. 49 ff. Über die byzantinische Politik allg.: G. Ostrogorsky, Gesch. d. byzantin. Staates (²1952).

[5] W. Ohnsorge, Das Mitkaisertum in der abendländ. Gesch. d. Früh-MA, ZRG GA 67 (1950).

[6] Zu den Berichten über die Brautwerbung und zu der noch immer umstrittenen Herkunft der Kaiserin Theophano: M. Uhlirz, Studien über Theophanu 1–3, DA 6 (1943); davon abweichend: F. Dölger, Wer war Theophanu?, HJb 62 (1949); A. Hofmeister, Studien zu Theophanu, in: Festschr. E. E. Stengel (1952); zuletzt: M. Uhlirz, Studien über Theophanu 4–5, DA 13 (1957). Gut bezeugt ist danach nur, daß Theophano kaiserlicher Abkunft und eine »neptis« des K. Johannes Tzimiskes war.

[7] RI II, 1 562d; Köpke-Dümmler, Otto d. Gr., S. 501 ff.; dazu: R. Folz, La naissance du Saint-Empire (s. Kap. 1, Anm. 1), S. 121 f.

Kapitel 14
Die Krise des Reiches unter Otto II.: Selbstbehauptung im Norden, Wendung zum Süden und Abwehr der Sarazenen

Otto II. war kaum 18 Jahre alt, als sein Vater starb, und seine Regierung hat nur zehn Jahre lang gewährt: Gewiß wenig Zeit für einen Herrscher, der große Aufgaben vor sich sah, aber doch Zeit genug, um wenigstens die Ansätze erkennen zu lassen, die für seine Politik charakteristisch sind.

Otto II. war eine redliche Natur, mit einer hohen Vorstellung von seinem Herrscheramt, dessen Aufgaben er mit Ernst und Hingabe zu erfüllen suchte, aber er besaß nicht die Kraft und Sicherheit, die seinem Vater eigen gewesen waren. Es ist deutlich zu erkennen, daß er leicht fremden Einflüssen unterlag. So schloß er sich in seinen ersten Regierungsjahren vor allem an seine Mutter Adelheid und seinen Vetter Heinrich den Zänker von Bayern an, der allerdings, wie sich schon bald zeigte, kein selbstloser Berater des jungen Herrschers war.

Er war nicht unbeteiligt, als es Anfang 974 zu ersten *Schwierigkeiten im Innern* kam. Sie wurden dadurch ausgelöst, daß eine süddeutsche Adelsgruppe nach dem Tod des Bischofs Udalrich von Augsburg[1], eines der treuesten Anhänger Ottos d. Gr., das Bistum ohne Zustimmung des Kaisers einem Enkel des Liutpoldingers Arnulf und Vetter Heinrichs des Zänkers verschaffte. Otto durchschaute jedoch das Spiel, und da 973 mit dem Tod Herzog Burchards III. auch das Herzogtum Schwaben vakant geworden war, drehte er bei der Regelung der Nachfolge den Spieß um, indem er Schwaben nicht der Herzogswitwe Hadwig, der Schwester Heinrichs des Zänkers, zur Regentschaft überließ, sondern seinen eigenen Neffen Otto, einen Sohn des ehemaligen Herzogs Liudolf, damit belehnte. Die Wendung war klar und entschieden. Während Hadwig sich daraufhin auf den Hohentwiel zurückzog, nahm Heinrich der Zänker, nachdem er sich auch noch in seinem Bemühen um die bayrische Nordmark von Otto II. zurückgewiesen sah, Verbindung mit den Herzögen von Böhmen und Polen auf, um den Kaiser zu stürzen. Doch Otto kam ihm zuvor und lud ihn mit seinem Anhang vor sein Gericht. Heinrich wurde in Ingelheim in Haft gesetzt, konnte aber Anfang 976 entfliehen und einen neuen Aufstand inszenieren, freilich auch diesmal ohne Erfolg[2]. Als er deshalb im Juli 976 nach Böhmen floh, wurde ihm sein Herzogtum Bayern entzogen und ebenfalls Otto von Schwaben verliehen.

Kaiser Otto II. hat diese Gelegenheit zugleich zu einer *Neugliederung im deutschen Südosten* genutzt, die geboten schien, da die alten karolingischen Marken in den Ungarnstürmen untergegangen waren. Darum wurde jetzt die *bayrische Ostmark* reorganisiert und dem mainfränkischen Babenberger Liutpold verliehen, mit dem das *Geschlecht der Babenberger* in seine große Zukunftsaufgabe im Südosten eintrat. Gleichzeitig wurde ein neues *Herzogtum Kärnten* geschaffen und dem Liutpoldinger Heinrich übertragen, dem auch die italienischen Marken Verona und Aquileja unterstellt wurden[3]. Mit dieser Neuordnung setzte auch die Kolonisation von neuem ein, unterstützt durch die Bistümer Passau, Regensburg und Salzburg und die großen bayrischen Klöster. Bischof Pilgrim von Passau trug die Mission sogar bis nach Ungarn vor, in dem durch Fälschungen forcierten, doch erfolglosen Bestreben, seinem Bistum dadurch den Rang eines Erzbistums zu verschaffen[4].

In Deutschland selbst kehrte jedoch auch durch diese Neugliederung noch keine Ruhe ein. Heinrich der Zänker setzte von Böhmen aus alle Hebel in Bewegung, sein Herzogtum zurückzuerlangen, und nach zwei ergebnislosen Feldzügen Ottos II. nach Böhmen brach er 977 im Bund mit dem frisch erhobenen Herzog Heinrich von Kärnten und Bischof Heinrich von Augsburg erneut in einer *Empörung* los, die der Kaiser, dessen Herrschaft im Südosten diesmal ernstlich gefährdet war, erst nach schweren Kämpfen 978 niederwerfen konnte. Damit war die Kraft der Empörer gebrochen: Sie wurden durch ein kaiserliches Gericht in Haft geschickt; Heinrich von Kärnten verlor sein Herzogtum, das an den Salier Otto kam, einen Sohn Konrads des Roten und der Kaisertochter Liutgard, so daß jetzt zwei Enkel Ottos d. Gr., beide Otto mit Namen, über die drei süddeutschen Herzogtümer geboten. Der Wechsel, der der Herrschaft des Kaisers sehr zugute kam, hatte zur Folge, daß auch in der engeren Umgebung Ottos II. eine Veränderung vor sich ging: Die Kaiserinmutter *Adelheid* verlor ihren bisherigen Einfluß; sie wurde durch *Theophano* abgelöst, neben der Erzbischof Willigis von Mainz und sein Nachfolger im Kanzleramt Bischof Hildebald von Worms als Berater und Helfer zunehmende Bedeutung gewannen. Boleslaw von Böhmen erkannte die Oberhoheit des Kaisers von neuem an.

Schon zu Beginn der inneren Kämpfe hatte sich Otto II. zugleich eines *Übergriffs des Dänenkönigs* Harald Blauzahn zu erwehren, der erst 965 zum Christentum übergetreten war und mit Otto d. Gr. gute Beziehungen unterhalten hatte, nach dessen Tod aber keine Bedenken trug, im Bund mit dem norwegischen Jarl Hakon nach Nordalbingien überzugreifen. Da Hakon bald wieder umkehrte, hatte Otto bei seiner Abwehr im Herbst 974 leichtes Spiel: Ein Vorstoß über das Danewerk in der Nähe von Haithabu und die Errichtung einer deutschen Burg bei Schleswig genügten, das Land bis zur Schlei einstweilen als deutsches Herrschaftsgebiet zu sichern und Harald nochmals für dieses Gebiet zur Tributzahlung zu verpflichten; Burg und Tribut gingen freilich bald wieder verloren.

Auch in *Lothringen* hatten sich seit 974 wiederholt Unruhen gezeigt. Sie gingen im Grunde auf die alten Parteiungen innerhalb des lothringischen Adels zurück, die Otto d. Gr. und vor allem Brun von Köln durch eine Stärkung der reichstreuen Adelsgruppe gebändigt hatten, die aber sofort wieder in Erscheinung traten, als die sie zügelnde übergeordnete Gewalt ausfiel. Vor allem in Niederlothringen, das seit dem Tod Bruns (965) ohne Herzog war[5], nahmen die Wirren so gefährlich zu, daß Otto II. schon 974 einmal eingreifen mußte, ohne allerdings die eigentlichen Unruhestifter, Mitglieder der Familie der Reginare, fassen zu können. Er suchte schließlich die Unruhen dadurch beizulegen, daß er 977 den zuvor vertriebenen Reginaren ihren Familienbesitz zurückgab und den mit seinem Bruder König Lothar von Frankreich verfeindeten Karolinger Karl zum Herzog von Niederlothringen erhob. Es war ein ungewöhnlicher Lösungsversuch, durch den ein Mitglied des westfränkisch-französischen Königshauses ein deutsches Grenzherzogtum erhielt, im übrigen derjenige Karolinger, in dessen Sohn und Nachfolger Otto das einst so mächtige Geschlecht 1012 unbeachtet auf deutschem Boden erlosch[6]. Der Versuch hatte nicht den gewünschten Erfolg. Die Belehnung Karls mit Niederlothringen hatte vielmehr zur Folge, daß sich der Kaiser die Feindschaft des französischen Königs zuzog, des Bruders Karls. Sie entlud sich im Juni 978, als König Lothar überraschend in Lothringen einfiel und die Pfalz Aachen eroberte, wobei der ahnungslose Otto II. beinahe in seine Hände gefallen wäre; der Kaiser entkam im letzten Augenblick. Wie der Chronist Richer berichtet, haben französische Krieger damals den nach Westen blickenden Adler, den einst Karl d. Gr. auf dem First der Pfalz hatte anbringen lassen, nach Osten umgedreht, um dadurch anzuzeigen, daß die Pfalz jetzt zu Frankreich gehöre. Otto II. antwortete auf den Angriff König Lothars, indem er noch im Jahr 978 einen *Vergeltungszug nach Frankreich* unternahm, der das deutsche Heer bis vor Paris führte. Doch gelang es nicht, die Stadt einzunehmen, da Hugo von Franzien, der mächtigste Magnat und alte Rivale des karolingischen Königs und seiner Vorgänger, sich in der Stunde der Gefahr mit seinem Herrscher verband. So gab Otto noch im November 978 den Befehl zum Rückzug. Er hatte durch seinen Feldzug so wenig erreicht wie zuvor König Lothar: Die Machtverhältnisse blieben unverändert, und so war es nur konsequent, daß beide Herrscher sich bei einer Zusammenkunft in Margut bei Ivois im Mai 980 auf den Status quo einigten; er schloß den Verzicht König Lothars auf Lothringen ein.[7]

Sieben volle Jahre war Otto II. gezwungen gewesen, in Bayern, an der Nord- und an der Westgrenze seines Reiches um seine Selbstbehauptung zu kämpfen. Überall hat er schließlich die von seinem Vater errungene Machtstellung behauptet – auch im Osten, wo er 979 durch einen Feldzug die Abhängigkeit der Slaven zwischen Elbe und Oder befestigte und auch Mieszko von Polen wieder enger mit dem Reich verband.

Erst nach diesen sieben Jahren der Behauptung beginnt Ottos II. eigene Politik: Sie hat ihn sofort nach *Italien* geführt, das ihn viel stärker als seinen Vater in seinen Bann zog. Der Beginn seines im Oktober 980 angetretenen Italienzugs schien zunächst noch ganz traditionell: Wieder war es ein Hilferuf des Papstes, der den äußeren Anstoß gab, und in Oberitalien knüpfte er gleich dadurch ganz betont an die Politik seines Vaters an, daß er sich durch die Vermittlung des Abtes Majolus von Cluny wieder mit seiner Mutter Adelheid aussöhnte, um sich ihres Ansehens und ihrer Hilfe in dem ihr wohlvertrauten »regnum Italiae« zu bedienen. Ganz im Sinne seines Vaters hat er darauf den im Einvernehmen mit dem königlichen Hof erhobenen Papst Benedikt VII. (974–983), der von einer stadtrömischen Partei unter Führung der Crescentier vertrieben war, wieder nach Rom zurückgeführt und seinen Gegenpapst zur Flucht nach Byzanz gezwungen.

Zwischendurch hatte sich darin ein neuer Zug angezeigt, daß sich der Kaiser mitten in den politischen Geschäften auch um *Fragen der Bildung* kümmerte. Während sein Vater Bildung und Kunst zwar auch schon an seinen Hof gezogen, ihre Pflege aber der Obhut seines geistlichen Bruders Brun von Köln überlassen hatte, war Otto II. selbst (und erst recht seine Gemahlin Theophano) hochgebildet und an den geistigen Problemen seiner Zeit persönlich interessiert. So leitete er im Januar 981 noch auf dem Weg nach Rom in Ravenna eine Disputation zwischen dem »sächsischen Cicero«, dem Kapellan Ohtric, der zuvor als Lehrer an der Magdeburger Domschule gewirkt hatte, und dem berühmten *Gerbert von Aurillac* über die ›Einteilung der Philosophie‹, d. h. den Aufbau aller Wissenschaft, aus der Gerbert siegreich hervorging[8]. Otto hatte kurz zuvor Gerbert wie auch den gelehrten französischen Abt *Adso von Montier-en-Der*, den Verfasser einer Schrift über den Antichrist und Verkünder der endzeitlichen Mission des Römischen Reiches, in seine Umgebung aufgenommen[9]. Seine wie auch Gerberts Vorstellungen waren Otto II. also wohlvertraut, und Theophano mag das Ihre dazu beigetragen haben, daß ihn die *Idee des Römischen Reiches* schon früh beschäftigt hat. Sie mündete ein in die große Politik.

In ihr ist er in der Tat über Otto d. Gr. hinausgegangen, und dabei hat auch die Idee des römischen Reiches eine Rolle gespielt. Entscheidend war dafür zunächst das Ziel, *Süditalien*, auf das die Sarazenen seit 976 von Sizilien aus übergegriffen hatten, zu erobern und damit ganz Italien unter seiner Herrschaft zu einigen. Dieses Ziel schloß mit der Vertreibung der Araber zugleich die Beseitigung der byzantinischen Stellung in Süditalien ein. Otto II. hat sie denn auch folgerichtig erstrebt, um so entschiedener, als ein Thronwechsel in Byzanz 976 eine Verschlechterung der deutsch-byzantinischen Beziehungen nach sich gezogen hatte. Ottos *Wendung gegen Byzanz* fand ihren demonstrativen Ausdruck in dem neuen Kaisertitel »Romanorum imperator augustus«, den er seit 982 für sich in Anspruch nahm, um damit unmißverständlich zu bekunden, daß er und nicht der Basileus in Byzanz der legitime Nachfolger der Cäsaren war.

Der Feldzug, der die *Sarazenen* vertreiben und zugleich die byzantinischen Restgebiete Süditaliens erobern sollte, war für 981 geplant, mußte aber verschoben werden, da der stärkste Helfer des Kaisers, Fürst Pandulf »Eisenkopf« von Capua, im März 981 starb. Sein Tod machte neue Rüstungen erforderlich, so daß der Kampf schließlich Anfang 982 begann. Es gelang auch, das byzantinische Apulien zu erobern, und als das Heer des Kaisers darauf in Kalabrien eindrang und am 13. 7. am Cap Colonne südlich von Cotrone auf die Araber stieß, schien sich der Sieg bereits an die kaiserlichen Fahnen zu heften: Das sarazenische Hauptheer war schon geschlagen und sein Führer, der Emir Abul Kassim, gefallen, als noch ein starkes Kontingent von Sarazenen über die überraschten Deutschen hereinbrach und sie vernichtend schlug[10]. Die Verluste waren katastrophal; der Kaiser selbst hatte sich nur durch die Flucht auf ein griechisches Schiff retten können, von dem er in Rossano unerkannt entkam.

So verlustreich seine Niederlage war, so hatte sie doch auch das positive Ergebnis, daß die Sarazenen sich nach dem Tod ihres Führers aus Süditalien wieder nach Sizilien zurückzogen. Die Stellung des Kaisers war noch immer unerschüttert, und er gab auch sofort deutlich zu erkennen, daß er fest entschlossen war, auch die byzantinische Position in Süditalien noch zu beseitigen.

Die deutschen Fürsten haben ihm, soweit wir sehen, ihre Unterstützung nicht versagt, doch haben sie andererseits nach der Niederlage von Cotrone auch ihre Wünsche angemeldet. Sie kamen zur Geltung auf dem stark besuchten *Reichstag von Verona*, der, vom Kaiser auf ihre Bitte hin einberufen, im Mai 983 zusammentrat[11]. Neben der Sorge des Kaisers »pro recolligendo milite« (›Vita Adalberti‹ c. 8) hatte der Reichstag nach dem Tod Herzog Ottos von Schwaben und Bayern (982) die Neubesetzung der süddeutschen Herzogtümer und die Königswahl des Kaisersohnes Otto III. zu beraten. Schwaben wurde dem Konradiner Konrad, einem Neffen Herzog Hermanns von Schwaben, übertragen, Bayern dem Liutpoldinger Heinrich, dem früheren Empörer, der 978 als Herzog von Kärnten abgesetzt worden war. Konrad und Heinrich gehörten den alten einheimischen Herzogsfamilien an, die, zeitweilig verdrängt, nun mit ihnen, wieder an die Macht kamen. Alles spricht dafür, daß weniger der Kaiser als die Fürsten hinter dieser Entscheidung standen. Doch wurde dabei insofern auch den Interessen Ottos II. Rechnung getragen, als Heinrich der Zänker in Haft blieb. So war die neue Regelung offenbar ein Kompromiß. Auf ähnliche Weise war man anscheinend auch bei der *Königswahl Ottos III.* darauf bedacht, den Wünschen und Bedürfnissen beider Seiten gerecht zu werden: Die Wahl des dreijährigen Otto sicherte einerseits die Herrschaft der ottonischen Dynastie; andererseits kam man überein, daß der neugewählte König nach seiner Krönung in Aachen in Deutschland bleiben und dem Erzbischof von Köln zur Erziehung übergeben werden sollte. Damit wurde dem Erzbischof und den deutschen Fürsten ein gewisser Einfluß auf den jungen König zugesichert, der ja rechtlich regierungsfähig war. Von einer Opposition der Fürsten gegen den Kaiser kann deshalb aber noch keine Rede sein: Es ist vielmehr bedeutungsvoll und gewiß ein Ausdruck der Politik Ottos II., daß bei der Wahl in Verona wie bei der Krönung in Aachen die Verbindung von Deutschland und Italien besonders betont wurde: Wie die Wahl des deutschen Königs zum erstenmal auf italienischem Boden stattfand, so wurde die Krönung durch die Erzbischöfe Willigis von Mainz und Johannes von Ravenna ausgeführt – beides im Grunde eine Konsequenz des römischen Reichsgedankens.

Während man auf dem Reichstag in Verona wichtige Entscheidungen über die inneren Verhältnisse des Reiches traf, wurde Deutschland an seiner Ostgrenze von einem schweren Schlag getroffen: Sicher nicht durch die Nachricht der deutschen Niederlage bei Cotrone verursacht, aber durch die Abwesenheit des Kaisers im Süden begünstigt, erhoben sich *Dänen und Slaven* in einem gewaltigen *Aufstand* gegen ihre deutschen Herren. Unter ihrem Ansturm brach die durch die Entsendung von Truppen nach Italien geschwächte deutsche Grenzverteidigung weithin zusammen. Havelberg und Brandenburg wurden von den Lutizen[12] zerstört und blieben in ihrer Gewalt; Hamburg plünderten die Obodriten; Magdeburg entging nur mit äußerster Anstrengung dem gleichen Schicksal. Während Herzog Bernhard von Sachsen durch sein schnelles Eingreifen im Norden Transalbingien noch retten konnte, gelang es einem sächsischen Heer erst im August 983, die an der mittleren Elbe herandrängenden Slaven in einer Schlacht an der Tanger zu besiegen und damit wenigstens die alte Elbe-Saale-Grenze wieder zu sichern. Abgesehen von den Marken Lausitz und Meißen, die ebenfalls behauptet werden konnten, war das gesamte Aufbauwerk Ottos d. Gr. östlich von Elbe und Saale zerstört.

Otto II., der sich von Verona aus wieder nach dem Süden gewandt und dort noch die Nachricht vom Zusammenbruch der deutschen Stellung im Osten erhalten hatte, fand keine Gelegenheit mehr, noch selbst etwas dagegen zu unternehmen. Es war der dritte schwere Schlag, der das Reich in den beiden schicksalsschweren Jahren 982 und 983 traf, daß der Kaiser an den Folgen einer Malaria und vielleicht mehr noch an den Folgen einer Gewaltkur am 7. 12. 983 starb. Er hat als einziger deutscher Kaiser sein Grab in St. Peter in Rom gefunden. Es ist auffällig, daß niemand daran dachte, seinen Leichnam in seine Heimat zu überführen. Rom, das ihn zu Lebzeiten angezogen hatte, behielt auch den toten Kaiser in seinem Bann. In seiner sächsischen Heimat, in der man ihm nachtrug, daß er 981 das Bistum Merseburg aufgehoben hat[13], blieb sein Gedächtnis vor allem mit den Verlusten belastet, die unter seiner Herrschaft eingetreten sind.

Urkunden Ottos II.: MG DD II (1893). Regesten: RI II, 2, bearb. v. H. L. Mikoletzky (1950); dazu: W. Holtzmann, DA 9 (1951), S. 207 ff., u. Th. Schieffer, HJb 70 (1950), S. 427 ff. Hauptquellen: s. Kap. 8; Jahrbücher: K. Uhlirz (1902).

1 Lit.: s. Kap. 11, Anm. 1. B. Udalrich v. Augsburg wurde bereits 993 heiliggesprochen. Darauf bezieht sich die erste uns erhaltene päpstl. Kanonisationsbulle, abgedruckt bei C. MIRBT-K. ALAND, Quellen zur Gesch. d. Papsttums u. d. röm. Katholizismus 1 (^{3}1967), Nr. 527. Über die Entstehung der Reservation der Heiligsprechung durch den Papst: H. E. FEINE, Kirchl. Rechtsgesch. 1 (1950), S. 279 f.

2 Empörung u. Verbindung mit den Herzögen von Böhmen u. Polen: K. UHLIRZ, Untersuchungen z. Gesch. K. Ottos II., MIÖG Erg.Bd. 6 (1901); M. HELLMANN, Die Ostpolitik K. Ottos II., in: Syntagma Friburgense (Festschr. f. H. Aubin 1956); K. REINDEL im Hdb. der bayer. Gesch. 1 (1967), S. 222 ff. Zu Hadwig: F. BEYERLE u. O. FEGER, in: Hohentwiel, hg. v. H. BERNER (1957), S. 114 ff. u. 125 ff. Inhaftierung Heinrichs in Ingelheim: P. CLASSEN, Die Gesch. d. Königspfalz Ingelheim, in: Ingelheim am Rhein, hg. v. J. AUTENRIETH (1964), S. 115.

3 K. UHLIRZ, Jbb., S. 228 ff., u. K. BOSL, Gesch. Bayerns 1 (1952).

4 H. FICHTENAU, Zu den Fälschungen Pilgrims v. Passau, in: Festschr. A. Hoffmann (1964), S. 8 ff.

5 Zur Politik Bruns: H. SPROEMBERG, s. Kap. 4, Anm. 1; nach dem Tode Bruns: W. REESE, Die Niederlande u. d. dt. Reich 1 (1941); W. MOHR, Die lothr. Frage und Otto II. u. Lothar, Rev. belge de phil. et d'hist. 35 (1957). Zum Hgt. Lothringen: E. EWIG, Zum lothr. Dukat d. Kölner Erzbischöfe, in: Aus Gesch. u. Landeskunde (Festschr. f. F. Steinbach 1960).

6 K. F. WERNER, Die Nachkommen Karls d. Gr. bis um das J. 1000, in: Karl d. Gr., Bd. 4: Das Nachleben (1967), S. 414 f.; vgl. auch F. LOT, Les derniers Carolingiens (1891).

7 W. KIENAST, Dtld. u. Frankr. in der Kaiserzeit (s. Kap. 4, Anm. 2), S. 43 f.; W. MOHR, Die lothr. Frage, wie Anm. 5. Zur Beurteilung der Vorgänge in Frankreich: K. F. WERNER, Das hochmal. Imperium im politischen Bewußtsein Frankreichs, 10.–12. Jh., HZ 200 (1965).

8 Über die Disputation u. ihre Vorgesch.: Richer III, 55–66; dazu die Bemerkungen in der Ausgabe von LATOUCHE.

9 Über Adso allg.: M. MANITIUS, Gesch. d. lat. Lit. 2 (1923), S. 432 ff. Reichsgedanke u. Eschatologie bei Adso: C. ERDMANN, Das ottonische Reich als Imperium Romanum, DA 6 (1943), S. 426 ff.; G. A. BEZZOLA, Das ottonische Kaisertum in der franz. Geschichtsschreibung des 10. u. beginnenden 11. Jh. (1956), S. 55 ff.; vgl. auch R. KONRAD, De ortu et tempore Antichristi (Münchener Hist. Studien, Abt. mal. Gesch. 1, 1964).

10 K. UHLIRZ, Jbb., S. 254 ff.; A. AMARI, Storia dei Musulmani in Sicilia, 2. Aufl. hg. v. C. NALLINO (3 Bde. 1933 bis 1939). Vielleicht steht in Zusammenhang mit den Vorbereitungen dieses Zuges das von Otto II. überlieferte Aufgebot von über 2000 Panzerreitern: MG Const. 1, 436. Doch ist die Datierung zweifelhaft; für das Frühjahr 983 plädiert M. UHLIRZ, Der Fürstentag zu Mainz im Februar–März 983, MIÖG 58 (1950), S. 283 f.

11 Die Rolle der Fürsten betont M. LINTZEL, Miszellen (s. Kap. 2, Anm. 2), S. 108 ff.

12 Die ostslavischen Kleinstämme hatten sich kurz zuvor zum Lutizenbund zusammengeschlossen: W. BRÜSKE, Untersuchungen z. Gesch. d. Lutizenbundes (1955); W. H. FRITZE, Beobachtungen zu Entstehung u. Wesen d. Lutizenbundes, Jb. f. d. Gesch. Mittel- u. Ostdtlds. 7 (1958).

13 R. HOLTZMANN, Die Aufhebung u. Wiederherstellung d. Bistums Merseburg, Sachsen u. Anh. 2 (1926), S. 35 ff.; W. SCHLESINGER, KiG Sachsen 1, S. 58 ff.

Kapitel 15
Die Herrschaft Ottos III. Das Reich unter der vormundschaftlichen Regierung der Kaiserinnen Theophano und Adelheid

Als der dreijährige Otto am Weihnachtsfest 983 in der Pfalzkapelle Karls d. Gr. gekrönt wurde, war sein Vater bereits gestorben, doch traf die Nachricht vom Tod des Kaisers erst kurz danach am Hof ein. Damit fiel infolge der Krönung, von der an Otto demgemäß auch seine Regierungsjahre zählte, die Herrschaft dem jungen König selbst zu, in dessen Namen eine *vormundschaftliche Regierung* die Geschäfte des Reiches zu führen hatte. Als Nächstberechtigte kamen dafür die Mutter des Königs, Theophano, und von männlicher Seite – als der nächste Schwertmage – Heinrich der Zänker in Frage, der aber noch in Haft war. Beiden gegenüber waren die Fürsten nicht ohne Mißtrauen. Es scheint, daß sie deshalb in Aachen noch zu keiner Einigung über die vormundschaftliche Regierung kamen und den jungen König zunächst noch nach der alten Weisung Ottos II. dem Erzbischof Warin von Köln übergaben. So meldeten die Berechtigten von sich aus ihre Ansprüche an. Bevor jedoch Theophano und mit ihr die alte Kaiserin Adelheid aus Italien erschienen, konnte *Heinrich der Zänker*, von seinem Hüter, Bischof Folkmar von Utrecht, aus der Haft entlassen, den Erzbischof von Köln zur Auslieferung des jungen Königs bewegen und eine ganze Reihe von Großen, darunter mehrere Bischöfe, auf seine Seite ziehen. Doch bald stellte sich heraus, daß er die Regentschaft nur benutzte, um die Krone selbst an sich zu bringen: Zu Ostern 983 ließ er sich von seinen Anhängern in Quedlinburg offen *zum König wählen*[1]. Und um seine Usurpation zu stützten, brachte er wieder eine Koalition zusammen, die derjenigen des Jahres 974 glich: Sie umfaßte die Slavenfürsten Mieszko von Polen, Boleslaw II. von Böhmen und den Obodriten Mistui, die Seele des großen Slavenaufstands von 983. Im Westen kam noch König Lothar von Frankreich hinzu, dem Heinrich der Zänker für seine Unterstützung offenbar die Abtretung Lothringens zugebilligt hatte. Er war damit jedoch weiter gegangen, als ihm der Großteil der Fürsten zu folgen bereit war. So schlossen sich seine Gegner, angeführt von Erzbischof Willigis von Mainz und Herzog Bernhard von Sachsen, um die beiden Kaiserinnen Theophano und Adelheid zusammen. Sie konnten den Zänker nach kurzen Kämpfen dazu bewegen, Otto III. auf einem Reichstag in Rara (wohl Rohr in

Thüringen) im Mai 984 seiner Mutter auszuliefern. Da Heinrich darauf indessen nicht, wie er erwartete, sein früheres Herzogtum Bayern zurückerhielt, schlug er von neuem los, und gleichzeitig suchte auch König Lothar von Frankreich in Lothringen weiter um sich zu greifen, kam aber über Verdun, das er erobert hatte, nicht hinaus, zumal auch in Lothringen die Partei der Kaiserin spürbar an Kraft gewann. Um die inneren Wirren endlich zu überwinden, einigte man sich schließlich Ende Juni 985 in einem Kompromiß: Heinrich der Zänker, der sich erneut unterwarf, bekam nun doch noch das erstrebte Herzogtum Bayern, dessen bisheriger Inhaber, der Liutpoldinger Heinrich »der Jüngere«, dafür das Herzogtum Kärnten erhielt, während der bisherige Herzog von Kärnten, der Salier Otto, Sohn Konrads des Roten, für seinen Verzicht auf Kärnten mit einem Gebiet westlich des Oberrheins entschädigt wurde[2]. Die Verschiebung war reichlich kompliziert, hatte aber den gewünschten Erfolg: Mit ihr kehrten Ordnung und Frieden im Innern zurück. Und wenn neben den Verteidigern des jungen Königs und der Kaiserin nun auch Heinrich der Zänker und seine Anhänger am Hof wieder zu einflußreicher Stellung gelangten und die vormundschaftliche Regierung gelegentlich einengten, so erwies sich die *Kaiserin Theophano* doch als eine so bedeutende Herrscherin, daß sie sich selbst unter den ungünstigsten Bedingungen zu behaupten und das Erbe ihres Sohnes zumindest vor weiteren Verlusten zu bewahren verstand. Sie drängte auch ihre Schwiegermutter Adelheid zurück, die 985 wieder nach Italien ging, und zog vor allem den Erzkapellan Willigis von Mainz und den Kanzler Hildebald von Worms in ihr Vertrauen. Mit ihrer Hilfe war sie 986 so weit, daß sie am Osterfest die Fürsten aus dem gesamten Reichsgebiet in Quedlinburg um sich versammeln konnte, um das Fest als eine glänzende Demonstration der Herrschaft ihres Sohnes zu begehen: Sie gipfelte in einer Festkrönung[3] des jungen Königs und einem Mahl, bei dem dem König, wie einst Otto d. Gr. in Aachen, vier Herzöge in den Hofämtern dienten, nämlich Heinrich von Bayern als Truchseß, Konrad von Schwaben als Kämmerer, Heinrich von Kärnten als Mundschenk und Bernhard von Sachsen als Marschall (Thietmar IV, 9). Es kennzeichnet die gefestigte Stellung der vormundschaftlichen Regierung, daß in Quedlinburg neben den Großen des Reiches auch Mieszko von Polen und Boleslaw von Böhmen erschienen, um dem König zu huldigen.

Freilich ist es der Kaiserin nicht gelungen, die Verluste, die mit dem Aufstand von 983 im Osten eingetreten waren, wieder rückgängig zu machen. Doch geht dies sicher nicht auf ein Versagen oder Verschulden Theophanos zurück. Man wird vielmehr sagen müssen, daß es letztlich wohl an der Bevölkerungsstärke lag, wenn eine kolonisatorische Durchdringung des Landes zwischen Elbe und Oder erst ein volles Jahrhundert später gelang: Sie war im 10. Jh. offenbar noch zu gering. Es war unter den gegebenen Verhältnissen schon eine Leistung, daß die sächsische Nordmark und die durch Boleslaw von Böhmen zeitweilig stark bedrohte Mark Meißen gehalten werden konnten. Theophano hat beide Marken im Jahr 985 neuen, fähigen Männern anvertraut: die Nordmark dem Grafen Liuthar von Walbeck, einem Oheim des Geschichtsschreibers und Bischofs Thietmar von Merseburg, und Meißen dem Grafen Ekkehard (I.), Sohn Gunthers von Merseburg, einer der eindrucksvollsten Persönlichkeiten dieser Zeit.

Mit besonderer Wachsamkeit hat Theophano die *Entwicklung in Frankreich* verfolgt, wo die Karolingerkönige Lothar und sein Sohn Ludwig V. 986 und 987 kurz nacheinander starben, nachdem beide versucht hatten, Lothringen wieder für Frankreich zurückzugewinnen. Als nach dem kinderlosen Tod Ludwigs V. Herzog Karl von Niederlothringen, der Bruder König Lothars, Anspruch auf den französischen Thron erhob, verstärkte sich damit die Gefahr für die Zugehörigkeit Lothringens zum Reich. Doch stieß Karl in dem mächtigen Herzog Hugo Capet auf einen Rivalen, der ihn vor allem mit Hilfe des Erzbischofs Adalbero von Reims überspielen konnte. Unzweifelhaft fand Adalbero, der gute Beziehungen zum deutschen Königshof unterhielt, bei seinem Vorgehen die Unterstützung der Kaiserin Theophano. Und Hugo Capet, der im Juni 987 zum König erhoben wurde[4], hat denn auch sofort auf Lothringen verzichtet und das Faustpfand Verdun wieder herausgegeben. Mit ihm hat sich nun auch Westfranken vom alten karolingischen Herrscherhaus gelöst: Wie zwei Menschenalter zuvor die Ottonen in Deutschland, so traten jetzt die *Capetinger* in Frankreich das karolingische Erbe an. Die deutsche Reichsregierung hatte Grund gehabt, die Ablösung zu begünstigen – sie konnte nicht voraussehen, daß Hugo Capet sich schon bald nach dem Tod der Kaiserin Theophano der deutschen Vorherrschaft, die Heinrich I. unter Ausnutzung der karolingisch-capetingischen Rivalität begründet hatte, entziehen würde.

Theophano hatte im Jahr 987 jedenfalls mit der *Sicherung Lothringens* erreicht, was in diesen Jahren überhaupt möglich war.

Sie hat auch in *Italien*, wo man sich um das Königtum Ottos III. zunächst nicht kümmerte, die Herrschaft ihres Sohnes wieder zur Geltung gebracht. Sie ist deshalb 989 selbst nach Italien gezogen und hat in Rom, wo die Familie der Crescentier die Stadtherrschaft an sich gebracht hatte, wie auch im Exarchat Ravenna kaiserliche Rechte ausgeübt. Es ist bezeichnend, daß sie dabei als »imperator augustus« geurkundet hat: Ganz erfüllt von der Würde des Kaisertums, trat sie betont als Platzhalter ihres Sohnes auf[5], um in ihrer Person dessen Anwartschaft auf das Kaisertum zu dokumentieren. Anhänger des ottonischen Hauses wie der Markgraf Hugo von Tuscien oder der Erzbischof Johannes von Piacenza standen ihr zur Seite, und obwohl ihre Unternehmungen nur teilweise und ungenau bezeugt sind, besteht kein Zweifel, daß sie das Ziel ihrer Reise, das Kaisertum ihres Sohnes vorzubereiten, erreicht hat. So bildete die Italienreise 989/90 einen Höhepunkt ihres kurzen Regiments. Bereits ein Jahr nach ihrer Rückkehr ist sie, kaum 35 Jahre alt, am 15. 6. 991 in Nimwegen gestorben[6]. Ihr Tod bedeutete für das Reich einen schweren Verlust.

Die *Kaiserin Adelheid*, die nun – mehr als sechzigjährig – die Vormundschaft für Otto III. übernahm, besaß nicht die großen herrscherlichen Gaben, die Überlegenheit und Kraft, die Theophano eigen gewesen waren. Zwar standen ihr deren alte Berater Willigis von Mainz und Hildebald von Worms weiterhin zur Verfügung, ihr Einfluß nahm unter Adelheid sogar noch zu; auch andere Bischöfe wie Notker von Lüttich spielten eine bedeutende Rolle, wie überhaupt die Reichskirche sich in diesen Jahren als treue Stütze der hilfsbedürftigen Herrschaft bewährte[7]; aber alle waren doch nur Helfer, welche die Lücke nicht ausfüllen konnten, die durch die Schwäche der Zentralgewalt entstand. So ging der Einfluß des Reiches bald überall spürbar zurück: In Rom setzte sich Crescentius II. über jeden kaiserlichen Anspruch hinweg und riß als »Herzog und Senator aller Römer« die Gewalt an sich; in Frankreich schaltete König Hugo Capet im Streit um das Erzbistum Reims mit Hilfe einer französischen Nationalsynode alle Interventionsversuche des deutschen Episkopats wie auch des Papstes aus und setzte mit der Absetzung des karolingischen Erzbischofs Arnulf die Erhebung Gerberts von Aurillac durch; in Polen verschaffte sich

Herzog Mieszko gegenüber dem Reich größere Bewegungsfreiheit, indem er seine Residenz von Posen in das der deutschen Oberhoheit entzogene Gnesen (jenseits der Warthe) verlegte und kurz vor seinem Tod (992) zusammen mit seiner Gemahlin Ota sein Land dem hl. Petrus »schenkte«[8]. Sein Sohn Boleslaw Chrobry (der Kühne), der im Widerspruch zum Testament seines Vaters seine drei jüngeren Brüder von der Herrschaft ausschloß, um ganz Polen unter seiner Herrschaft zu einigen, hat dann noch entschiedener seine Selbständigkeit angestrebt.

Zu diesen *Einbußen des deutschen Einflusses* im Süden, Westen und Osten kamen Bedrohungen aus dem Norden hinzu, wo die Dänen das Christentum wieder abgeschüttelt hatten und in einer neuen Welle von Wikingerzügen die Nordseeküste bedrängten[9], ohne daß es gelang, sie wirkungsvoll zurückzuweisen.

Schließlich traten auch im Innern Veränderungen ein, die auf Kosten der Zentralgewalt gingen, da es den Fürsten gelang, die *Erblichkeit der großen Reichslehen* durchzusetzen und dadurch ihre Stellung zu stärken. So blieben die Herzogtümer Bayern, Schwaben, Ober- und Niederlothringen beim Tod des jeweiligen Herzogs in der Hand der herrschenden Herzogsfamilie, und in Sachsen, wo kein Wechsel erfolgte, konnte der Billunger Bernhard I. die Stellung seines Hauses kräftig intensivieren.

Es ist deutlich: Je länger die vormundschaftliche Regierung währte, um so mehr ging die Macht des Reiches im Innern wie nach außen zurück.

Urkunden Ottos III.: MG DD II (1893). Regesten: RI II, 3, bearb. v. M. Uhlirz (1956). Quellen s. Kap. 8, dazu Quedlinburger Annalen, hg. v. G. Pertz, SS 3 (GdV 36); Briefe Gerberts v. Aurillac, hg. v. J. Havet (1889); MGH-Ausg. von F. Weigle (1966); vgl. dessen Vorstudien in DA 10 (1953), 11 (1955), 14 (1958) und 17 (1961). Auseinandersetzung mit K. F. Werner, Zur Überlieferung der Briefe Gerberts v. Aurillac, DA 17 (1961); ferner: M. Uhlirz, Untersuchungen über Inhalt u. Datierung der Briefe Gerberts (1957). Adalbert v. Prag: Johannes Canaparius, Vita S. Adalberti, SS 4; Brun v. Querfurt, Vita et passio s. Adalberti, SS 4 u. Mon. Polon. hist., n. s. 4, 1, hg. v. H. Karwasińska (1962), dazu M. Uhlirz, Die älteste Lebensbeschreibung des hl. Adalbert (1957); H. Karwasińska, Les trois rédactions de la Vita s. Adalb., in: Conferenze pubblicate a cura dell'Accad. Polacca di scienze e lett. 9 (1960); ferner Bruns Vita quinque fratrum, SS 15. – Jahrbücher: M. Uhlirz, Otto III. 983–1002 (Jbb. d. dt. Reiches unter Otto II. u. Otto III., Bd. 2, 1954); Grundlegende Darstellung: P. E. Schramm, Kaiser, Rom u. Renovatio (2 Bde. 1929, Ndr. 1957).

[1] Die Vorgänge z. T. problematisch; vgl. im einzelnen M. Uhlirz, Jbb. zu 984, S. 12 ff.

[2] Zur Beilegung des Streites u. der Neuregelung: DO III 9; Thietmar IV, 4–8; Quedlinburger Annalen zu 984;

vgl. A. JAKSCH, Gesch. Kärntens bis 1335 (1928); H. SCHREIBMÜLLER, Die Ahnen K. Konrads II. u. B. Brunos v. Würzburg, in: Herbipolis jubilans (1952); W. METZ, Miszellen zur Gesch. der Widonen u. Salier, HJb 85 (1965).

[3] H.-W. KLEWITZ, Die Festkrönungen d. dt. Könige, ZRG KA 28 (1939, selbständ. Ndr. 1966); W. NOACK, Art. Festkrönung, in: Reallexikon z. dt. Kunstgesch., beg. v. O. SCHMITT, hg. v. E. GALL u. L. H. HEYDENREICH, Bd. 5 (1959).

[4] Zur Wahl Hugo Capets u. ihrer Bedeutung: F. LOT, Etudes sur le règne d'Hugues Capet et la fin du Xe siècle (1904); P. E. SCHRAMM, Der König von Frankreich (1939, Ndr. 1960); A. DUMAS, L'Eglise de Reims au temps des luttes entre Carolingiens et Robertiens, in: Revue d'hist. de l'Eglise de France 30 (1944); H. ZIMMERMANN, Frankreich u. Reims, s. Kap. 8, Anm. 13.

[5] M. UHLIRZ, Zu dem Mitkaisertum der Ottonen: Theophanu coimperatrix, Byzant. Zs. 50 (1957), S. 383 ff.

[6] Sie wurde auf ihren Wunsch in St. Pantaleon in Köln, der Gründung Bruns, beigesetzt: RI II, 3 1035 b.

[7] Rolle der Reichskirche während des vormundschaftl. Regiments: J. FLECKENSTEIN, Hofkapelle 2, S. 77 f.

[8] Zur Problematik der Dagome-iudex-Schenkung: W. SCHLESINGER, KiG Sachsens 1, S. 71; ferner T. MANTEUFFEL, L'État de Mesco Ier et les relations internationales au Xe siècle, RH 228 (1962); J. BARDACH, L'État polonais du Haut M. A., in: Acta Poloniae Hist. 5 (1962).

[9] T. D. KENDRICK, A History of the Vikings (1930); O. SCHEEL, Die Wikinger (1938); A. v. BRANDT, Neuere skandinav. Anschauungen zur Frühgesch. d. Ostseebereiches, WaG 10 (1950) u. G. JONES, A History of the Vikings (1968).

Kapitel 16
Der Beginn der selbständigen Herrschaft Ottos III., seine Helfer und die Konzeption der »renovatio imperii Romanorum«

Im September 994 erlangte Otto III. auf dem Reichstag zu Sohlingen im Solling mit der Schwertleite die Mündigkeit. Damit war die vormundschaftliche Regierung beendet; der junge König, der im 15. Lebensjahr stand, nahm die Regierung in die eigene Hand. Obwohl er die wichtigsten Helfer seiner Mutter und seiner Großmutter, den Erzkapellan Willigis und den Kanzler Hildebald, beibehielt und ihnen auch weiter sein volles Vertrauen schenkte, kündigten sich jetzt in der Reichspolitik ein neuer Wille und eine neue Zielstrebigkeit an, die auf den jungen König selbst zurückgehen müssen: Erfüllt von einem hohen *herrscherlichen Selbstgefühl*, das sich ebenso aus seinem ottonischen wie aus seinem byzantinischen Erbe nährte, trat er trotz seiner großen Jugend sofort als Herrscher mit dem höchsten Anspruch auf: Sein Königtum bedeutete ihm nur die Vorstufe zum Kaisertum, das er mit Selbstverständlichkeit für sich in Anspruch nahm, von vornherein darauf bedacht, nicht hinter der alten Kaisermacht Byzanz zurückzustehen[1].

Er hatte, veranlaßt von Theophano, durch den Kapellan Bernward, den späteren Bischof von Hildesheim, und durch den Griechen Johannes Philagatos aus Kalabrien eine *sorgfältige Erziehung* genossen, die seine reichen Gaben früh zur Entfaltung gebracht hatte. Tief beeindruckt von allem, was seine Zeit bewegte, vereinigte er die gegensätzlichen Neigungen zu antiker Bildung und asketisch-strenger Frömmigkeit mit seiner hohen, stolzen Vorstellung von gottunmittelbarer Herrschaft und Kaisertum. Die Spannweite war gewaltig; sie hat es dem jungen König ermöglicht, die verschiedenartigsten Personen als Helfer um sich zu sammeln und sie an sich zu binden. Es bleibt erstaunlich, in welchem Maße ihm dies gelungen ist. Die Quellen haben sicher recht, wenn sie im *Zauber seiner Persönlichkeit* die tiefste Ursache seiner mächtigen Wirkung sehen.

Bereits in Sohlingen wurde der erste *Romzug beschlossen*, der den König in den Besitz der Kaiserkrone bringen sollte, und nach *Byzanz* ging unter Führung des Johannes Philagatos eine *Gesandtschaft* ab, die beauftragt war, für den künftigen Kaiser um eine Prinzessin aus dem vornehmsten aller Herrscherhäuser zu werben. Auf Italien wies dann noch eine zweite Maßnahme hin, der symptomatische Bedeutung zukommt: Otto setzte bereits in Sohlingen seinen Kapellan Heribert als *Kanzler für Italien* ein; er hat mit Heribert zum erstenmal einen Deutschen mit dem italienischen Kanzleramt betraut – ein erster Hinweis darauf, daß er danach strebte, Italien enger mit der deutschen Herrschaft zu verbinden.

Dann wandte er sich zunächst der Regelung der innerdeutschen Verhältnisse zu, und da sich im Winter 994/95 die Slaven an der Elbgrenze störend bemerkbar machten, unternahm er im Herbst 995 erst einen *Feldzug gegen die Abodriten*, bei dem ihm polnische und böhmische Truppen zu Hilfe kamen, ehe er im Frühjahr 996, gedrängt von Hilferufen Papst Johannes' XV.[2], zu dem längst geplanten Zug über die Alpen aufbrach. Der Papst, der inzwischen von dem Patricius Crescentius aus Rom verdrängt war, harrte sehnlichst seiner Ankunft, die er jedoch nicht mehr erleben sollte. In Pavia erreichte Otto die Nachricht, daß Johannes XV. plötzlich gestorben war. Sie wurde ihm von einer römischen Gesandtschaft überbracht, die ihn gleichzeitig bat, er möge als der künftige Kaiser einen neuen Papst benennen. Otto bestimmte darauf noch in Pavia seinen Kapellan und Vetter Brun, einen Sohn Herzog Ottos von Kärnten und Urenkel Ottos d. Gr., zum neuen Papst und ließ ihn durch Willigis von Mainz und Hildebald von Worms nach Rom geleiten. Brun nannte sich als *Papst Gregor V.*; er war der erste Deutsche auf dem Papststuhl. Es ist bezeichnend, daß Otto III. sich mit seiner Erhebung bereits 996 über die Praxis seines Großvaters, der nur Römer zu Päpsten erhoben hatte, hinwegsetzte, um mit Brun einen Mann aus seiner engsten Umgebung an die Spitze der römischen Kirche zu stellen. Offensichtlich strebte er damit von vornherein eine engere Verbindung zum Papsttum an. Der neue Papst, dessen erste feierliche Handlung darin bestand, daß er am Himmelfahrtstag 996 (21. 5.) seinen Vetter Otto III. zum Kaiser krönte[3], mußte seinerseits nach seiner ganzen Herkunft wie auch als Fremdling in Rom daran interessiert sein, gute Beziehungen zum Kaiser zu unterhalten. Dementsprechend haben beide das *kaiserlich-päpstliche Verhältnis* tatsächlich in eine neue Bahn geleitet. Symptomatisch dafür ist, daß Kaiser und Papst die Synode, die kurz nach der Krönung in St. Peter stattfand, gemeinsam leiteten; daß der Kaiser bei dieser Gelegenheit eine Papsturkunde mitunterzeichnete und für die deutsche Kirche mehrere Papsturkunden erwirkte; daß andererseits der Papst in Kaiserurkunden intervenierte und Empfängern von Papsturkunden zur Pflicht machte, für »honor« und »potestas« der kaiserlichen Herrschaft zu beten[4]. Wenn Leo von Vercelli wenige Jahre später in einem berühmten Rhythmus die kaiserlich-päpstliche Konkordanz unter Gregor und Otto besang[5], so feierte er damit eben den Bund, der 996 mit der Erhebung Gregors V. begründet worden ist. Otto hat freilich keinen Zweifel daran gelassen, daß er in diesem Bund die Führung für das Kaisertum beanspruchte, wie er überhaupt von Anfang an seine eigenen Vorstellungen über die Würde und die höheren Rechte des Kaisertums zur Geltung brachte. So ist es bedeutsam, daß er in auffälligem Unterschied zu Otto d. Gr. im Anschluß an seine Kaiserkrönung das traditionelle Kaiserprivileg für die römische Kirche, das sogenannte Ottonianum, nicht erneuert hat: Er war offenbar schon damals entschlossen, die kaiserlichen Rechte im Kirchenstaat stärker anzuziehen. Indem er sich, wie vereinzelt schon sein Vater, nun regelmäßig »Romanorum imperator augustus« nannte, klang auch bereits seine stärkere Hinwendung zu Rom und römischem Staatsdenken an.

Es ist deutlich zu erkennen, daß die Grundauffassungen, welche die Herrschaft des jungen genialen Otto III. charakterisieren, zumindest in Ansätzen bereits auf dem ersten Romzug hervortraten. Sie müssen tief in ihm verwurzelt gewesen sein. Die Ansätze haben sich dann schnell entfaltet, die Vorstellungen präzisiert, und dabei haben mehrere *Helfer und Freunde* des jungen Königs, der übrigens wie der von ihm bewunderte Karl d. Gr. auch ein Genie der Freundschaft war, eine wichtige Rolle gespielt. Es ist ähnlich wie für Karl auch für Otto kennzeichnend, daß er stets nach Begabungen Ausschau hielt, um die hervorragendsten Männer, die ihm begegneten, an seinen Hof zu ziehen, und daß er sich mit denjenigen unter ihnen, in denen er Gesinnungsgenossen erkannte, auch freundschaftlich verband. So ist er gerade während des ersten Romzugs mit einer Reihe bedeutender Männer in engeren Kontakt getreten: mit dem Italiener Leo, später Bischof von Vercelli, dem wegen seiner Gelehrsamkeit hochberühmten Gerbert von Reims, und dem aus seinem Bistum vertriebenen frommen Bischof Adalbert von Prag. Nimmt man noch den Kanzler Heribert hinzu, der schon seit Sohlingen zur engsten Umgebung Ottos III. gehörte, so sind es diejenigen seiner Berater, denen der Kaiser den größten Einfluß eingeräumt und die wichtigsten Aufgaben anvertraut hat.

Der *Kanzler Heribert*[6], der Otto wohl von allen am nächsten stand, war sein bedeutendster Helfer in der praktischen Politik: Er sollte nach dem Tod seines Mitkanzlers Hildebald (998) das Kanzleramt, das bisher stets auf die Regna bezogen war, auf das gesamte Imperium ausdehnen und damit einen neuartigen *Zentralismus der Reichsverwaltung* begründen, in dem die stärkere Eingliederung der Regna in das Imperium als Grundtendenz der Herrschaft Ottos III. zum Ausdruck kam.

Der Italiener *Leo (von Vercelli)*[7] hat Otto vor allem als Kenner des römischen Rechtes wertvolle Hilfe geleistet. Seit er 996 unter seinen »familiares« erscheint, hat er häufig als Beisitzer im Hofgericht fungiert, bei der Abfassung von Gesetzen mitgewirkt und eine Reihe von Urkunden konzipiert, die berühmte Formulierungen des *römischen Erneuerungsgedankens* enthalten.

Leo berührt sich darin mit Vorstellungen seines Freundes *Gerbert*[8], des bedeutendsten Gelehrten seiner Zeit, der Anfang 996 zunächst in Rom erschienen war, um vor der Kurie seinen Anspruch auf das umstrittene Erzbistum Reims zu verteidigen. Bei dieser Gelegenheit ist er, der bereits mit Otto d. Gr. und Otto II. in Verbindung getreten war, wiederholt mit Otto III. zusammengetroffen, und beide müssen sofort ihre innere Zusammengehörigkeit empfunden haben; denn sie blieben miteinander in Kontakt, und da Gerberts Situation in Reims immer schwieriger wurde, folgte er im Frühjahr 997 der Einladung Ottos und trat in seine Hofkapelle ein, um ihm als Lehrer und Berater zu dienen. Gerbert hat Otto in seiner Hinwendung zur imperialen Welt Roms aus tiefster Überzeugung bestärkt, indem er ihn mit der »imperialis philosophia« vertraut machte, die nach Gerbert aus der römischen Weisheit erwuchs und mit der römischen Macht zusammengehörte. In ihrem Besitz durfte der Kaiser – gegenüber dem Basileus in Ostrom – sagen: »Nostrum, nostrum est imperium«. Gerberts Gedanken waren für Otto III. nicht fremd und neu; sie haben seine eigenen Vorstellungen nur intensiviert und weitergeführt: Darum hat er sie sich auch ganz zu eigen gemacht.

Nicht minder stark hat Otto jedoch auch das Beispiel *Adalberts von Prag*[9] berührt, mit dem er sich ebenfalls gleich bei ihrem ersten Zusammentreffen während seines Romzugs in enger Freundschaft verband. Obwohl selbst Tscheche vornehmer Herkunft, hat sich der in Magdeburg erzogene Adalbert (Wojtech) in seinem Bistum nicht halten können und deshalb in Rom Zuflucht gesucht, um von hier aus gegen den Willen seines Metropoliten Willigis, aber mit Zustimmung des Kaisers als Missionar zu den heidnischen Preußen zu gehen. Ein glühender Asket mit dem Willen, die Welt zu verchristlichen, hat er Otto III., den er auf dem Rückwege nach Deutschland begleitete, für das Ideal frommer Hingabe an Gott begeistert und in langen Gesprächen mit ihm den Geist des Urchristentums beschworen. Andere fromme Eremiten und Asketen wie Nilus von Rossano und Romuald, der Begründer des Ordens von Camalduli, mit denen der Kaiser ebenfalls in Italien Umgang pflegte, haben ihn in den Gedankengängen Adalberts bestärkt.

So unterschiedlich, zum Teil gegensätzlich alle diese Männer und ihre Einwirkungen auf den Kaiser waren, so hat dieser sie doch, solange sie an seinem Hof weilten, um sich zusammengeschlossen und ihre Vorstellungen und Ideale aufgenommen, um sie in seinem hohen Sinn zu einem neuen, weiten und freilich auch spannungsreichen Ideal zu verschmelzen, dem seine Herrschaft dienen sollte. Dieses Ideal ist seit dem ersten Romzug Ottos III. allmählich herangereift; beim zweiten Romzug war es so weit ausgebildet, daß es energisch zur Verwirklichung drängte.

Eine wesentliche Komponente wurde in der Zwischenzeit in Deutschland erkennbar, wo der Kaiser die längste Zeit in *Aachen* weilte: in der Pfalz des großen *Karl*, zu dem er sich als seinem großen *Vorbild* bekannte, dessen Werk er in seiner Herrschaft fortsetzen wollte. Er hat deshalb, stets mit dem nachdrücklichen Hinweis auf Karl d. Gr., die Aachener Marienkapelle verschwenderisch mit Reliquien, liturgischen Geräten und Besitzungen ausgestattet, ihr 997 von Papst Gregor V. das sonst nur bevorzugten Bischofskirchen vorbehaltene Vorrecht des Kardinalates erwirkt und wahrscheinlich in diesem Zusammenhang in Aachen das *Königskanonikat*[10] begründet, das wenige Jahre später in Hildesheim sicher bezeugt ist. Das Königskanonikat, die Zugehörigkeit des Herrschers zu bestimmten Stifts- und Domkapiteln, brachte in einer neuartigen und überzeugenden Form seine innere Verbindung mit der Reichskirche zum Ausdruck – eine Verbindung, die für Otto III. um so wichtiger war, als er mit der Intensivierung des religiösen Charakters des König- und Kaisertums zugleich die *Herrschaft über die Reichskirche* verstärkt zur Geltung brachte. Er hat sich vor allem bei der Besetzung der Bischofsstühle energisch und erfolgreich eingeschaltet. So schloß das Bekenntnis zu Karl d. Gr. bei ihm die Weiterführung der Kirchenpolitik Ottos d. Gr. ein. Und es entsprach auch ottonischer Praxis, wenn er 997 trotz größter Bedrängnis des Papstes in Rom zunächst gegen die Elbslaven zu Felde zog, um die erneut bedrohte Elbgrenze zu sichern, ehe er Ende 997 zu seinem *zweiten Romzug* aufbrach. Die Fürsorge für das Reich vertraute er seiner Tante, der Äbtissin Mathilde von Quedlinburg, unter dem allerdings über die ottonische Tradition hinausweisenden, vielleicht auch erst später verliehenen Titel einer »matricia« an[11].

In *Rom* hatte die Milde Gregors V., der 996 den Kaiser um die Begnadigung des zur Verbannung verurteilten Crescentius gebeten hatte, nicht den erstrebten Erfolg gezeigt: Crescentius war dadurch keineswegs für den Papst gewonnen; er benutzte vielmehr die erste Gelegenheit, nachdem der Kaiser abgezogen war, seine Herrschaft in Rom noch Ende 996 wiederherzustellen, und verdrängte Gregor V. aus der Stadt. Und als Anfang 997 Johannes Philagatos, der frühere Lehrer Ottos III., von seiner Gesandtschaft nach Byzanz zurückkehrte und zusammen mit dem byzantinischen Gesandten Leo in Rom erschien, nahm Crescentius mit ihnen Verbindung auf und veranlaßte im

Zusammenwirken mit dem Gesandten Leo die Wahl des ehrgeizigen Johannes Philagatos zum *Gegenpapst*; er nannte sich Johannes XVI. Während Crescentius in seiner Erhebung ein Mittel zur Sicherung seiner eigenen Herrschaft sah, gab Leo sich der Hoffnung hin, daß ihm damit ein Einbruch in den Westen gelungen sei, der dem Basileus eines Tages die Rückeroberung Roms ermöglichen würde[12]. Auf jeden Fall war ihr Vorgehen gegen die Herrschaft des deutschen Kaisers gerichtet: für Otto III. ein zwingender Grund, ihrem Treiben so bald wie möglich ein Ende zu bereiten. Als er deshalb – nach seinem Aufbruch Ende 997 – im Februar 998 mit starken Kräften in Rom erschien, war er schon nach kurzer Zeit Herr der Lage. Johannes Philagatos, der abtrünnige Gegenpapst, suchte vergeblich sich durch die Flucht in Sicherheit zu bringen; er wurde gefangengenommen und grausam betraft. Nicht besser erging es Crescentius, der sich in der Engelsburg verschanzt hatte. Er wurde nach der Eroberung der Burg enthauptet. Damit war das erste Ziel des Zuges erreicht: Die Hauptgegner waren beseitigt; der Kaiser hatte Rom wieder in der Hand, und mit ihm konnte auch Papst Gregor seine alte Stellung einnehmen. Doch dies genügte Otto jetzt nicht mehr. Er wollte seiner Herrschaft für die Dauer sicher sein. Darum wurden alle alten Anhänger der Crescentier aus ihren Ämtern entfernt und durch Mitglieder der crescentierfeindlichen Gruppe des römischen Adels ersetzt, mit der Otto jetzt enge Verbindung aufnahm, allen voran mit den *Grafen von Tusculum*, denen er den Weg zum Aufstieg ermöglichte. Es ist bezeichnend, daß viele dieser neuen Beamten sowohl im Namen des Kaisers wie des Papstes fungierten. Auch Bistümer und Klöster sollten mehr als zuvor als Stützen des Kaisertums dienen. Deshalb vertraute Otto das wichtige Erzbistum Ravenna 998 seinem Freund und Lehrer Gerbert an, und auf einer Synode in Pavia wurde ebenfalls 998 auf Veranlassung des Kaisers die Restitution des entfremdeten Kirchenguts beschlossen, damit die Bistümer und Klöster auch die ihnen zugedachten Aufgaben erfüllen konnten[13].

Im Zusammenhang dieser Maßnahmen, die durchweg der Sicherung und Erweiterung der kaiserlichen Macht in Rom und Italien dienten, werden nun Bestrebungen des Kaisers erkennbar, die alles Herkommen durchbrechen und einen programmatischen Charakter tragen. Es ist symptomatisch, daß sie zunächst in Rom selbst einsetzen: *Rom*, das alte »caput mundi«, sollte nun auch das *Zentrum seiner eigenen kaiserlichen Herrschaft* werden. Wenn dieser Absicht die Konstantinische Schenkung entgegenstand, so hatte Otto bereits nach seiner Kaiserkrönung, als er es ablehnte, das Ottonianum zu erneuern, erkennen lassen, daß er das Constitutum Constantini für sich nicht als verbindlich anerkannte; schon bevor er es 1001 in einer berühmten Urkunde (DD Otto III., 389), an deren Abfassung neben Leo von Vercelli wahrscheinlich auch der Empfänger Gerbert-Silvester II. beteiligt war[14], als Fälschung erklärte, hat er sich 998 ostentativ darüber hinweggesetzt, indem er *Rom zu seiner Residenz* erwählte. Es ist gesichert, daß er auf dem Palatin »in palatio Juliani imperatoris« einen Kaiserpalast errichten ließ, um die Stadt und das Imperium von derselben Stelle aus wie die alten Imperatoren zu beherrschen[15].

An alte *römische Tradition* knüpfte er auch in seinem *Hofzeremoniell* an. So saß er jetzt, wie Thietmar von Merseburg nicht ohne Kritik berichtet, allein an einer erhöhten Tafel zu Tisch, die wie ein Halbkreis gebildet war – eine Erneuerung der altrömischen Sitte des sogenannten Sigma, die am byzantinischen Hof zur Betonung des Abstands des Kaisers von seinen Untertanen noch immer üblich war. Allem Anschein nach war das Bestreben Ottos III., römische Traditionen zu erneuern, aufs engste mit seiner Rivalität mit Byzanz verquickt. Dies geht auch aus der Benennung der römischen Ämter hervor, die um die gleiche Zeit neu eingeführt wurden. Sie führen neben lateinischen auch griechische Titel, und zum Teil sind sogar ältere lateinische oder deutsche Bezeichnungen nur durch stolzere griechische ersetzt (wie »spataferius« und Truchseß durch Protosphatar und Discophorus). Eine größere politische Bedeutung hat von ihnen nur das mit einem neuen Sinn erfüllte Amt des Patricius erlangt, das die kaiserliche Stellvertretung beinhaltet und neben der Äbtissin Mathilde von Quedlinburg (»matricia«) und dem Sachsen Ziazo wahrscheinlich auch Boleslaw Chrobry in Polen verliehen worden ist[16]. Die eigentliche Bedeutung dieser Ämter aber liegt darin, daß in ihnen der nun voll ausgebildete *römische Erneuerungsgedanke* Ottos III. einen spezifischen Ausdruck gefunden hat.

Es ist bezeichnend für den hochstrebenden, genialen und formbegierigen jungen Kaiser, daß er aus den größten Eindrücken seiner ersten Herrscherjahre ein Ideal in sich genährt und im Austausch mit seinen Freunden vertieft und ausgeweitet hat, um es danach zum Richtmaß seiner Herrschaft zu machen. Er hat es in die alte Formel »renovatio imperii Romanorum« gebracht[17], die jedoch, wie ihre Verwendung zeigt, inhaltlich viel weiter gespannt ist, als die Worte allein besagen. Die Formel taucht zum erstenmal auf der 998 geprägten Bulle Ottos III. als Umschrift auf, die (auf der Rückseite der Bulle) ein Bild der gewappneten Roma umrahmt, während die Vorderseite ein Bild Karls d. Gr. zeigt und als Umschrift den Namen Ottos nennt. Der Kaiser sah sich demnach im Bild Karls d. Gr., in dessen Nachfolge er die »renovatio imperii Romanorum« erstrebte. Seine Renovatio schloß also die karolingische Tradition in sich ein. Damit aber nicht genug: Wie wir aus anderen Zeugnissen erkennen können, war in der Vorstellungswelt Ottos III. mit der karolingischen auch die ottonische Tradition (der »mos priorum suorum«) verbunden, so daß die »renovatio imperii Romanorum« als eine Zusammenfassung und Steigerung römischer, karolingischer und ottonischer Motive erscheint – alles dies obendrein unter christliche Vorzeichen gestellt. Wie Titel, Handlungen und bildliche Darstellungen des Kaisers zeigen, spielen vor allem auch Ideale des Urchristentums in den Vorstellungskreis der Renovatio hinein, die deshalb mit dem Reich auch die Kirche erfaßte. Es sind in der Tat die stärksten Kräfte der Zeit, ihre größten Vorbilder, die Otto III. in seinem Ideal der »renovatio imperii Romanorum« zusammenfaßte – einem Ideal, das der Kaiser als zwingende Forderung verstand, in seiner Herrschaft Reich und Kirche zu erneuern.

[1] Grundlegend für das Gesamtbild Ottos III.: P. E. Schramm, Kaiser, Rom u. Renovatio (2 Teile 1929, Ndr. 1957).

[2] F. Schneider, Papst Johann XV. u. Ottos III. Romfahrt, MIÖG 39 (1923).

[3] Quellen: RI II, 3 1171 b; dazu M. Uhlirz, Zur Kaiserkrönung Ottos III., in: Festschr. E. E. Stengel (1952), S. 263 ff. u. dies., Jbb., S. 204 f.

[4] Dazu im einzelnen: P. E. Schramm, Kaiser, Rom u. Renovatio 1, S. 91 f.

[5] ›Versus de Gregorio et Ottone Augusto‹, MG Poet. lat. 5, S. 477 ff.; dazu Schramm, Bd. 1, S. 119 ff.

[6] Über Heribert: M. Uhlirz, Jbb., S. 175 u. ö.; P. E. Schramm, Kaiser, Rom u. Renovatio 1, S. 114 f.; J. Fleckenstein, Hofkapelle 2, S. 106 f.

[7] Leo: H. Bloch, Beitr. z. Gesch. d. B. Leo v. Vercelli u. seiner Zeit, NA 22 (1897). Bedeutung f. d. röm. Erneuerungsgedanken: Schramm, Bd. 1, S. 120 ff.

[8] Gerbert: H. Glaesner, Les rapports du moine Gerbert avec les Ottonides et Notger de Liège, Revue du Nord 31 (1949); F. Eichengrün, Gerbert (Silvester II.) als Persönlichkeit (1928); J. Leflon, Gerbert. Humanisme et chrétienté au Xe siècle (1946).

[9] Adalbert: H. G. Voigt, Adalbert v. Prag (1898); Verhältnis zu Otto III.: P. E. Schramm, Kaiser, Rom u. Renovatio 1, S. 92 f. u. ö. Wirksamkeit: F. Dvornik, The Role of Bohemia and St. Adalbert in the Spread of Christianity in Poland, The Polish Review 5 (1960). –

Zum Kreis um Otto III. gehört ferner Brun v. Querfurt; über ihn vgl. R. Wenskus, Studien zur hist.-polit. Gedankenwelt Bruns v. Querfurt (Mitteldt. Forschungen 5, 1956).

[10] So in Weiterführung der Forschungen von A. Schulte, Dt. Könige, Kaiser, Päpste als Kanoniker an dt. u. röm. Kirchen, HJb 54 (1934), der Heinrich II. als Begründer des Königskanonikats ansah: J. Fleckenstein, Rex Canonicus. Über Entstehung u. Bedeutung des mal. Königskanonikates, in: Festschr. P. E. Schramm, Bd. 1 (1964), u. ders., Hofkapelle 2, S. 151 ff. Vgl. auch (für Münster) J. Prinz, Prebenda regis, in: Monasterium, Festschr. z. 700jähr. Weihegedächtnis des Paulus-Domes zu Münster (1966).

[11] Zur Titelfrage: E. E. Stengel, Die Grabschrift der ersten Äbtissin von Quedlinburg, DA 3 (1939).

[12] Pläne Leos: P. E. Schramm, Neun Briefe des byzantin. Gesandten Leo, Byzant. Zs. 25 (1925).

[13] M. Uhlirz, Die ital. Kirchenpolitik der Ottonen, MIÖG 48 (1934).

[14] Wahrscheinlich gemacht von H. Fuhrmann, Konstantinische Schenkung u. abendländ. Kaisertum, DA 22 (1966), S. 134 f., s. Kap. 17 mit Anm. 3.

[15] Die Lokalisierung der von der älteren Forschung auf den Aventin bezogenen Pfalz gesichert durch C. Brühl, Die Kaiserpfalz bei St. Peter u. die Pfalz Ottos III. auf dem Palatin, QFItA 34 (1954).

[16] Die Würde des Patricius für Boleslaw angezweifelt von H. Appelt, Die angebliche Verleihung der Patriciuswürde an Boleslaw Chrobry, in: Geschichtl. Landeskunde u. Universalgesch. (Festg. f. H. Aubin 1950); dagegen mit starken Argumenten C. Erdmann, Die Würde des Patricius unter Otto III., in dessen Forschungen z. polit. Ideenwelt des FrühMA (1951); vgl. auch Z. Wojciechowski, Le patrice Boleslav le vaillant, Revue belge d'hist. 29 (1951); ferner H. Ludat, Reichspolitik u. Piastenstaat um die Jahrtausendwende, Saeculum 14 (1963), S. 331, u. ders., The Medieval Empire and the Early Piast State, in: Historical Studies. Papers read before the Irish Conference of Historiens VI, Dublin 2–5 June 1965 (1966).

[17] Über Inhalt u. Bedeutung des Renovatio-Begriffs grundlegend: P. E. Schramm, Kaiser, Rom u. Renovatio, bes. 1, S. 116 ff.; ferner: M. Uhlirz, Das Werden des Gedankens der Renovatio Imperii bei Otto III., in: I problemi communi dell'Europa postcarolingia (1955); J. B. Morall, Otto III, an Imperial Ideal, History today 9 (1959).

Kapitel 17
Die imperiale Politik Ottos III. seit 998 und ihr Ausgang

Es entspricht dem programmatischen Charakter der Renovatio-Bemühungen Ottos III., daß er mit ihrer Verwirklichung bewußt in Rom begann: Rom, als Sitz der Cäsaren und »mater omnium ecclesiarum« das alte »caput mundi«[1], bildete den vornehmsten Richtpunkt der Erneuerung, die deshalb auch von hier aus ihren Anfang nehmen sollte. Die Wahl Roms als kaiserliche Residenz, das betont römische Hofzeremoniell und die Erneuerung der römischen oder römisch verstandenen Ämter markierten unübersehbar diesen Ausgangspunkt. Nach

Rom blieb jedoch auch Aachen von Gewicht; es stellte als Lieblingspfalz Karls d. Gr. mit der Marienkapelle und dem Karlsthron gewissermaßen die zweite Hauptstadt der »renovatio imperii« dar. *Rom und Aachen* standen in Ottos Vorstellungswelt in einer inneren Beziehung zueinander, die sich aus ihrer imperialen Bedeutung ergab: Beide waren Kaiserstädte. Religiöse Motive verstärkten die Verbindung zwischen ihnen. So ist es bezeichnend, daß Otto III. auf die Kunde vom Märtyrertod seines Freundes Adalbert (997) in dem Bestreben, sich die Fürsprache seines verewigten Freundes zu sichern, in Rom und in Aachen Adalbertskirchen errichten ließ. Er hat außerdem in Aachen mehrere Klöster bzw. Stifte begründet, um durch sie den Rang der Pfalz und der Marienkapelle zu betonen. Und als die Marienkapelle auf Ottos Bitte von Papst Gregor V. das Vorrecht des Kardinalates erhielt, geschah dies ausdrücklich zur Stärkung des »imperialis honor regiminis«.

Die Akzentuierung von Rom und Aachen als den eigentlichen Kaiserstädten gehörte unverkennbar zum Programm der Renovatio. Von ihnen aus sollte die Erneuerung das ganze Reich ergreifen. Zu diesem Zweck wurde eine stärkere *Vereinheitlichung des Verwaltungsapparats* angestrebt, die vor allem durch die *Umbildung des Kanzleramts* gelang. Als 998 der deutsche Kanzler Hildebald starb, trat Heribert, bisher Kanzler für Italien, auch an seine Stelle und vereinigte so das Amt für das gesamte Reich in seiner Hand. Das Wesentliche des neuen Zentralismus, der darin in Erscheinung trat, ist wiederum sein imperialer Charakter; denn mit der Ausweitung des Kanzleramts auf den gesamten Herrschaftsbereich des Kaisers wurde dieses praktisch von den Regna gelöst und auf die weitere und höhere Ordnung des Imperiums bezogen[2]. In dieser Verlagerung der Herrschaft von der Ebene des Regnum auf die des Imperiums drückt sich eine Grundtendenz der Renovatio Ottos III. aus.

Diese Tendenz zeigt sich mit besonderer Deutlichkeit bei den Bemühungen des Kaisers, die *Beziehungen zum Osten* neu zu regeln, und dabei wird gleichzeitig die enge Verquickung politischer und religiöser Antriebe erkennbar, die für das Phänomen der Renovatio charakteristisch ist. Ottos Politik gegenüber den östlichen Nachbarn des Reiches spielte sich eindeutig auf der Grundlage des Imperiums ab, bezog aber stark die Kirche mit ein: Sie ist imperiale Politik mit missionarischer Tendenz. Wesentlich dafür ist ferner, daß der Kaiser sie in engem Zusammenwirken mit dem Papst betrieb. Die kaiserlich-päpstliche Konkordanz, die der Renovatio-Politik Ottos III. vorausging, blieb offensichtlich auch bestimmend für ihre Durchführung.

Diese Konkordanz hatte sich seit 996 durchaus bewährt und sogar noch eine beträchtliche Intensivierung erfahren, seit Gregor V. 999 gestorben und an seine Stelle nach dem Willen Ottos III. sein alter Lehrer Gerbert getreten war, dem er erst ein Jahr zuvor das Erzbistum Ravenna verliehen hatte. Gerbert kündigte bereits mit der Wahl des Namens *Silvester II.* an, daß er in Otto III. den neuen Konstantin sah, mit dem er eine neue Phase kaiserlich-päpstlicher Eintracht herbeiführen werde. Und Otto hat seinerseits stets seine Verbindung mit Gerbert-Silvester betont, freilich auch daran festgehalten, daß er, der den Papst erhoben hatte (DD Otto III., 389: »papam ... creavimus«), in diesem Verhältnis die Führung behielt. Gerbert-Silvester hat ihm dies nicht streitig gemacht. Kaiser und Papst haben vielmehr, ihrem Programm entsprechend, in einer Weise wie nie zuvor gemeinsam Politik betrieben. Das eindrucksvollste Dokument ihrer Eintracht liegt in der bereits erwähnten (Kap. 16), berühmten Urkunde vor[3], die, wahrscheinlich von Leo von Vercelli und Gerbert-Silvester gemeinsam verfaßt, den alten Streit um acht Grafschaften der Pentapolis schlichtete, indem sie den auf der Konstantinischen Schenkung begründeten Anspruch der früheren Päpste auf die Grafschaften zurückwies, weil diese Schenkung ein lügnerisches Machwerk sei (documenta ... inventa), dann aber die umstrittenen Gebiete im Namen des Kaisers aus freien Stücken (ex nostra liberalitate) aus Liebe zu dem von ihm selbst gewählten und ordinierten Papst Silvester, seinem Lehrer, für den hl. Petrus schenkte, »ut habeat magister, quid principi nostro Petro a parte sui discipuli offerat« – und zwar mit dem Ziel »ad incrementa sui apostolatus nostrique imperii«. Die Neuregelung, die Otto unter dem Titel »servus apostolorum« vornahm, erfolgte also, wie die Urkunde unmißverständlich erklärt, aus dem Geist der kaiserlich-päpstlichen Konkordanz, und sie diente damit zugleich der »renovatio imperii Romanorum«.

Was die Kaiserurkunde anläßlich der speziellen Entscheidung über die acht Grafschaften der Pentapolis allgemein formulierte, haben Kaiser und Papst nun nicht nur in Rom und in Italien, sondern auch gegenüber den östlichen Nachbarn des Reiches, in Polen und Ungarn praktiziert. Auch dabei hat der

Kaiser wiederum die Initiative ergriffen, indem er im Jahr 1000 in Form einer großen Demonstration zunächst *Polen* in die »renovatio imperii« einbezog. Dem Unternehmen Ottos, das im Besuch des Grabes seines Märtyrerfreundes Adalbert in Gnesen gipfelte, gingen sorgfältige Beratungen zwischen Kaiser und Papst voraus, an denen von polnischer Seite anscheinend Adalberts Halbbruder Gaudentius teilnahm. Man kam überein, in *Gnesen* ein eigenes polnisches *Erzbistum* zu gründen, das Gaudentius leiten sollte: Er wurde bereits in Rom zum »archiepiscopus S. Adalberti« geweiht (DD Otto III., 339). Dann brach der Kaiser, von hohen päpstlichen und kaiserlichen Würdenträgern begleitet, im Dezember 999 von Rom mit größter Prachtentfaltung nach Gnesen[4] auf. Die Besonderheit des Unternehmens, das als hochpolitische Aktion wie auch als Wallfahrt erscheint, wurde noch dadurch hervorgehoben, daß Otto III. während seiner ganzen Dauer zu seinem Titel die apostolische Devotionsformel »servus Jesu Christi« hinzufügte und damit bekundete, daß er als Herrscher im Geist der Apostel handeln wollte: ein feierliches Bekenntnis zur Renovatio. Der Zug führte ihn über Regensburg, Zeitz und Meißen zur polnischen Grenze bei Eulau am Bober, wo er von Herzog Boleslaw von Polen feierlich in Empfang genommen wurde. Darauf geleitete der Herzog den Kaiser nach Gnesen. Im Angesicht der Stadt legte Otto die Schuhe ab und zog zuerst als Pilger an das Grab des inzwischen in Rom kanonisierten hl. Adalbert. Nach dem Gebet über seinen Reliquien wandte sich der Kaiser den politischen Geschäften zu. Wie der Verfasser der zwar jüngeren, aber auf alter Überlieferung fußenden ›Chronica Polonorum‹, der sogenannte Gallus Anonymus berichtet, hat Otto während der folgenden Feierlichkeiten den Polenherzog, nachdem er mit ihm einen Freundschaftsbund begründet hatte, zum »frater et cooperator imperii« und zum »amicus populi Romani« gemacht und ihm dabei eine Nachbildung der heiligen Lanze übergeben. Die Formulierungen sind nicht eindeutig, doch ist wahrscheinlich, daß sie die Erhebung Boleslaws zum Patricius, d. h. zum Stellvertreter des Kaisers, umschreiben[5]. Unzweifelhaft ist jedenfalls, daß der Kaiser den Polenherzog in seinem Rang und seiner Stellung bedeutend erhöht hat, was im übrigen auch Thietmar von Merseburg (V, 10) bestätigt, indem er mit unverhohlener Kritik vermerkt, Otto habe Boleslaw vom »tributarius« zum »dominus« gemacht. Das heißt: Er wurde von der Abhängigkeit an das deutsche Regnum gelöst, aber als »cooperator« in das Imperium einbezogen. Dem entspricht die Regelung, die man gleichzeitig für die polnische Kirche traf. Sie erhielt mit der bereits in Rom vorbereiteten Errichtung des *Erzbistums Gnesen* ihre eigene kirchliche Organisation, an deren Spitze der schon geweihte Gaudentius trat. Ihm sollten als Metropoliten die Suffraganbistümer Kolberg (für Pommerellen), Breslau (für Schlesien) und Krakau (für Krakovien-Kleinpolen) unterstellt werden. Posen, dessen Bischof Unger sich mit dem Erzbischof von Magdeburg der Neuregelung widersetzte, blieb möglicherweise noch im Magdeburger Kirchenverband. Doch änderte dies nichts daran, daß die Kirche Polens im Prinzip – ähnlich wie die Herrschaft Boleslaws vom deutschen Regnum – von der deutschen Kirche abgetrennt und verselbständigt, dafür aber der römischen Kirche (und damit im Sinn der Renovatio auch dem Imperium) eng verbunden wurde. Es war offenbar das Ziel von Kaiser und Papst, mit dieser Renovatio-Politik ihren Einfluß in Konkurrenz mit Byzanz so weit wie möglich in den slavischen Osten vorzuschieben.

Beide sind deshalb ein Jahr später auch in *Ungarn* in ganz ähnlicher Weise wie in Polen verfahren[6], nachdem Otto III. und sein Freund Adalbert von Prag den Boden schon früher vorbereitet hatten. Adalbert hatte sich bereits von seinem Prager Bistum aus um die Christianisierung der Ungarn bemüht; er scheint Otto auch die Bekanntschaft mit Waik, dem Sohn Herzog Geisas von Ungarn, vermittelt zu haben, und es ist nach der etwas dunklen Überlieferung immerhin wahrscheinlich, daß Adalbert am 26. 12. 996 Waik auch am kaiserlichen Hof in Köln getauft hat. Waik nahm nach dem Tagesheiligen den Namen Stephan an[7]. Der Kaiser, der als sein Taufpate bezeugt ist, hat ihm wahrscheinlich bei dieser Gelegenheit eine Nachbildung der heiligen Lanze übergeben, die in den Quellen jetzt auch als Mauritius-Lanze bezeichnet wird. Im vorliegenden Fall hatte dies einen guten Sinn; denn es besagt, daß Stephan die Lanze als ein Vorkämpfer für das Christentum tragen sollte. Seit er 997 mit Gisela, der Schwester Herzog Heinrichs von Bayern (des späteren Kaisers), vermählt und seinem Vater Herzog Geisa von Ungarn, nachgefolgt war, machte das Christentum in seinem Land gute Fortschritte. Bald nach dem Tod des hl. Adalbert, dessen Schüler Ascherius (wohl einen Deutschen) er nach Ungarn berief, begann Stephan mit dem Bau einer Adalbertskirche in Gran und trat mit Kaiser und

Papst in Verhandlungen, deren Inhalt im einzelnen zwar nicht bekannt ist, im wesentlichen aber doch wohl aus dem Gang der Ereignisse erschlossen werden kann. Danach dürften sie sich, ähnlich wie in Polen, auf die Errichtung einer eigenen kirchlichen Organisation für Ungarn und die Rangerhöhung des Herzogs Stephan bezogen haben. Kaiser und Papst gingen offenbar auf die Pläne Stephans ein. So wurde Ascherius bereits während der Gnesenfahrt des Kaisers »ad Sobbotin«, beim Berg Zobten, zum Erzbischof geweiht; seine Konsekration ging also, ähnlich wie bei Gaudentius, der *Errichtung des Erzbistums* voraus. Diese wurde dann auf einer im April 1001 in Ravenna tagenden Synode von Kaiser und Papst *in Gran* genehmigt und Ascherius (Anastasius) mit ihrer Leitung betraut. Darauf erhielt Stephan nach Thietmar (IV, 59) vom Kaiser eine Krone, mit der Ascherius ihn als päpstlicher Legat zum König krönte[8]. Es ist also ein ganz ähnliches Bild wie in Gnesen: Wieder wirkten Kaiser und Papst eng zusammen, um Ungarn ebenso wie Polen mit der römischen Kirche und mit dem Imperium zu verbinden.

Wie sehr sich Otto III. selbst bei diesen, wie es scheint, ganz von der römischen Tradition bestimmten Erneuerungsbestrebungen im Einklang mit seinem berühmten Vorbild Karl d.Gr. empfand, geht aus der Tatsache hervor, daß er zwischen den beiden »Staatsaktionen« *nach Aachen* zog, um sich hier in einer symbolischen Handlung von kaum überbietbarer Eindringlichkeit zu Karl d. Gr. zu bekennen und sich seiner Hilfe zu versichern: Er ließ gegen allen Brauch der Zeit, darum in größter Heimlichkeit, das Grab des Kaisers öffnen, brachte ihm wie einem Heiligen »mit gebeugtem Knie« seine Verehrung dar und nahm dann sein Halskreuz und andere Reliquien mit sich[9]. Sie sollten ihm offenbar helfen, das Werk der Renovatio im Geist Karls fortzuführen.

Otto muß sich wohl im klaren darüber gewesen sein, daß nach den ersten Widerständen, die sich besonders bei der sächsischen Geistlichkeit bereits gegen seine imperiale Politik gezeigt hatten, weitere und wahrscheinlich größere folgen würden. Was er erstrebte, war so ungewohnt, so groß und kühn, barg aber auch so große Spannungen in sich, daß es nicht reibungslos durchzusetzen war. Doch zeigt das Beispiel Thietmars von Merseburg, der die Reserve seiner sächsischen Mitbischöfe gegen die Vorgänge in Gnesen teilte, aber mit der innerdeutschen »römischen« Kirchenpolitik des Kaisers durchaus einverstanden war und selbstverständlich seine Bemühungen um die Wiedererrichtung des Bistums Merseburg hoch honorierte, daß der Episkopat trotz Reserve und Mißstimmung (die zudem nur einen Teil erfaßte) doch immer an den Kaiser gebunden blieb und dieser viele Möglichkeiten besaß, die Bindung, wenn nötig, noch zu aktivieren. Schlimmer war es deshalb, daß sich nach dem Vorspiel eines kurzen, schnell unterdrückten Aufstands in Tivoli Anfang 1001 auch die *Römer empörten* und den Kaiser mit seinem Papst zwangen, die Stadt zu verlassen. Otto mußte dies als einen besonders schweren Schlag empfinden, da er auf Rom als Mitte und Ziel der Renovatio für seine Herrschaft nicht verzichten konnte.

Die Empörung der Römer stellte die »renovatio imperii Romanorum« in ihrem Kern in Frage, doch bedeutete sie noch nicht ihren Zusammenbruch. Man muß bedenken, daß viele Kaiser sich gegen römische Aufstände zu wehren hatten und daß schon Otto I. mehr als ein Jahrzehnt gebraucht hatte, um die Römer an seine Herrschaft über die Stadt zu gewöhnen. Otto III. ging es allerdings um viel mehr als seinem Großvater: Er wollte die Römer innerlich gewinnen und war deshalb, wie seine berühmte Rede von Engelsburg[10] auf dem Höhepunkt des Aufstands zeigt – Otto zählte darin die Wohltaten auf, mit denen er die Römer überhäuft, und hielt ihnen die Treulosigkeit vor, die er dafür geerntet hatte –, tief betroffen, als sie sich gegen ihn und (wie er betonte) ihre eigene Erhöhung empörten. In seiner Betroffenheit erlegte er sich im Kloster San Apollinare in Classe und in der Eremitensiedlung Romualds in Pereum mit seinen gleichgesinnten Freunden schwere Bußübungen auf und dachte sogar daran, nach drei Jahren der Herrschaft zu entsagen. In der Zwischenzeit gab er aber den Kampf um die Renovatio nicht auf. So wurde auf der Ostersynode 1001 in Ravenna die ungarische Frage zum Abschluß gebracht. Kurze Zeit darauf traf sich der Kaiser Mitte April heimlich mit dem Dogen Peter Orseolo von Venedig, seinem »dilectus compater«, dessen jüngste Tochter er aus der Taufe hob, wodurch er die Bande geistlicher Verwandtschaft, die ihn bereits mit dem Dogen verbanden, noch verstärkte. Er bezog ihn offenbar ebenso wie den König von Ungarn in seine byzantinischem Muster nachgebildete »Familie der Könige«[11] ein: auch sie ein Instrument im Dienst der »renovatio imperii«.

Im Sommer wandte sich Otto dann *erneut gegen Rom* und zog, da er die Stadt nicht einnehmen konnte, weiter gegen das ebenfalls aufständische Benevent, das sich unterwarf. Doch blieb Rom das eigentliche Ziel. Der Kaiser durfte durchaus hoffen, daß er es erreichen werde. Die deutschen Fürsten hatten ihm zu seiner Eroberung bereits neue Truppenkontingente zugesagt, deren Ankunft er in Oberitalien erwartete. Auch in Byzanz zweifelte man offenbar nicht an seinem endlichen Erfolg, da der Basileus sich inzwischen entschlossen hatte, auf die Werbung des Kaisers einzugehen und ihm eine purpurgeborene Prinzessin zu schicken; sie war bereits unterwegs. Aber die Braut kam ebenso wie die deutschen Truppen zu spät: Der Kaiser, der schon länger kränkelte, wurde plötzlich von schwerer Krankheit niedergeworfen und nach wenigen Tagen (am 24. 1. 1002) auf der Burg Paterno am Soracte, noch keine 22 Jahre alt, vom Tod ereilt[12]. Es war sein letzter Wunsch, da Rom sich ihm entzog, in Aachen beigesetzt zu werden neben seinem Vorbild, Karl d. Gr., dem er immer nachgeeifert hatte.

Der *Tod Ottos III.* versetzte auch seinem Werk, der »renovatio imperii Romanorum«, den Todesstoß: Nach Rom erhob sich jetzt unter der Führung Arduins von Ivrea ganz *Oberitalien im Aufstand*, so daß die Leiche des Kaisers im Schutz der Waffen über die Alpen gebracht werden mußte. Auch im Osten verkehrten sich die ersten Erfolge der Renovatio mit deren Scheitern in ihr Gegenteil: Polen und Ungarn, vom deutschen Regnum ohnehin gelöst, entzogen sich ebenfalls dem Imperium.

Dennoch sind die Renovatio-Bemühungen Ottos III. nicht spurlos untergegangen. In Italien sammelten sich nach dem ersten Schock der Empörung bald wieder die Anhänger des Kaisers; sie haben auch seinem Nachfolger wieder als treue Stützen seiner Herrschaft im »regnum Italiae« gedient. Im Osten ist es zwar bei der *politischen Verselbständigung Polens und Ungarns* geblieben; aber wenn dies für das Reich und seinen Einflußbereich einen Verlust bedeutete, so ist andererseits die Tatsache, daß die Westslaven und die Ungarn dem Sog von Byzanz widerstanden und kirchlich und kulturell dem Westen zugekehrt blieben, mindestens zum Teil auch eine bleibende Frucht der Renovatio Ottos III.

In Rom selbst hat sie allerdings keine Wirkung hinterlassen, und dies zeigt wohl am deutlichsten ihre schwächste Stelle an: Die Bevorzugung Roms durch den Kaiser hatte nicht verhindert, daß Rom sich entzog, und bewirkt, daß in Deutschland die Unzufriedenheit wuchs. Doch blieb diese in Grenzen, da Otto gerade in Deutschland auch Gegengewichte geschaffen hatte: vor allem in seiner konsequenten Weiterführung der ottonischen Kirchenpolitik. An sie hat sein Nachfolger Heinrich II. bruchlos angeknüpft.

So endet die Renovatio beim frühen Tod des Kaisers damit, daß die Traditionen, die er in ihr zusammengefaßt hatte, wieder auseinandertraten. Die Rompolitik war gescheitert, und damit verlor die römische und apostolische Tradition ihr Gewicht. Dagegen wirkte fort, was Otto in den Bahnen der karolingischen und der ottonischen Tradition erstrebt hatte: Otto III. fand seine letzte Ruhestätte mit tiefem Recht in der Aachener Marienkapelle neben Karl d. Gr.

Obwohl er sein allzu kühn erschautes Ideal der Renovatio nicht verwirklichen konnte und bei der Kürze seiner Regierungszeit auch keine Gelegenheit mehr fand, es vielleicht noch mit den Möglichkeiten seiner Zeit in Einklang zu bringen, hat er doch die Grundlagen gewahrt, auf denen Heinrich II., ein echter Bewunderer Ottos III.[13], mit bescheideneren Zielen weiterbauen konnte. Von seinem großen Wollen aber, das sich hoch über die Wirklichkeit erhob, um sie zu seinem Ideal emporzuziehen, blieb noch ein Glanz zurück, den die ottonische Kultur und ihre hohe Kunst bewahrt. Otto III. hat wie wenige Herrscher zu ihrer Bereicherung beigetragen. Wie die Geschichtsschreibung spiegelt die Kunst das Bild des jungen, genialen Kaisers, den die Zeitgenossen bewundernd »mirabilia mundi« nannten[14].

[1] DO III 389.

[2] Kanzleramt u. Imperium: J. Fleckenstein, Hofkapelle 2, S. 105 f.

[3] Zu DO III 389 bes. P. E. Schramm, Kaiser, Rom u. Renovatio 1, S. 161 ff., u. H. Fuhrmann, DA 22 (1966), S. 146 ff.

[4] Zum Gnesenzug Ottos III.: P. E. Schramm, Kaiser, Rom u. Renovatio 1, S. 135 ff.; F. A. Czajowski, The Congress of Gniezno in the Year 1000, Speculum 24 (1949); C. Woycіechowski, La »Renovatio Imperii« sous Otton III et la Pologne, RH 201 (1949); L. Koczy, The Holy Roman Empire and Poland, in: Antemurale (Rom) 2 (1955). Zu der in der poln. Forschung stark diskutierten »Krönung« Boleslaws: O. Halecki, The Millennium of Europe (1963), S. 115 ff., u. bes. H. Ludat, Reichspolitik u. Piastenstaat um die Jahrtausendwende, Saeculum 14 (1963); ferner ders., Medieval Empire and the Early Piast State (s. Kap. 16, Anm. 16).

[5] Lit. s. Kap. 16, Anm. 16.

[6] P. E. Schramm, Kaiser, Rom u. Renovatio 1, S. 152 ff.; R. Morghen, Ottone III, »Romanorum Imperator, servus apostolorum«, in: I problemi communi dell'Europa postcarolingia (1955).

[7] Taufe u. Krönung Stephans sind nicht eindeutig überliefert, daher umstritten; vgl. B. Hóman, Gesch. Ungarns im MA 1 (1940), S. 160 ff.; ders.,

Kg. Stephan I. d. Hl. (dt. 1941); J. DEÉR, Die Entstehung des ungar. Königtums (1942); anders M. UHLIRZ, Jbb. Exkurs XIII, S. 503 ff.

8 A. BRACKMANN, Zur Entstehung des ungar. Staates, Abh. Ak. Berlin (1940). J. DEÉR, Die Entstehung des ungar. Königtums (1942); M. UHLIRZ, Die Krone des hl. Stephan (1951). Vgl. auch G. SZÉKELY, Ungarns Stellung zwischen Kaiser, Papst u. Byzanz zur Zeit der Kluniazenserreform, in: Spiritualità cluniacense (1960).

9 Zur Öffnung der Gruft Karls d. Gr. durch Otto III.: H. BEUMANN, Grab u. Thron Karls d. Gr. zu Aachen, in: Karl d. Gr., Bd. 4: Das Nachleben (1967), bes. S. 10 ff.

10 Überliefert von Thankmar in seiner ›Vita Bernwardi‹ c. 25, MG SS 4, 770; dazu H. BEUMANN, Romkaiser u. fränk. Reichsvolk, in: Festschr. E. E. Stengel (1952), S. 175.

11 F. DÖLGER, Die »Familie der Könige« im MA, HJb 60 (1940).

12 Otto III. starb wie sein Vater als Opfer des »morbus Italicus«, der Malaria; über deren Wirkung: A. CELLI-FRAENTZEL, Quellen zur Gesch. der Malaria in Italien u. ihrer Bedeutung für die dt. Kaiserzüge des MA (1935).

13 Heinrich II. hat seine Bewunderung für Otto III. in zahlreichen Urkunden zum Ausdruck gebracht; vgl. bes. DH II 38, 83, 98, 149, 175 u. ö.

14 E. R. LABANDE, »Mirabilia mundi«. Essai sur la personnalité d'Otton III, Cahiers de Civilisation médiévale 6 (1963), S. 455 ff.

Kapitel 18
Der Königshof und die ottonische Kultur

Es ist symptomatisch, daß die Bestattungsorte der ersten ottonischen Herrscher: Quedlinburg und Magdeburg, Rom und Aachen, die zuvor Zentren ihrer Macht gewesen waren, Brennpunkte der ottonischen Kultur geworden sind. Ihrer Blüte ging die politische Leistung der Ottonen voraus: Der Aufstieg des jungen deutschen Reiches hat sie nach sich gezogen. Hatten die Ottonen aber zunächst nur die Voraussetzungen geschaffen, die einen neuen kulturellen Aufschwung ermöglicht haben, so änderte sich bald der Zusammenhang zwischen dem Königshof und dem neu erblühenden Bildungsleben, und dabei hat die karolingische Tradition eine wesentliche Rolle gespielt. Sie hielt das Bewußtsein wach, daß unter Karl d. Gr. *Kunst und Wissenschaft* zum *Königshof* gravitierten. Obwohl Karls Leistung, die bewußte Zusammenfassung aller geistigen und künstlerischen Möglichkeiten der Zeit am Hof, sich längst verflüchtigt und die Bildung sich mit dem Zerfall des Frankenreichs wieder in die Klöster zurückgezogen hatte, blieb es fortan ein Stück karolingischer Tradition, daß das geistige Leben, auch wenn es nicht mehr direkt vom Hof aus gelenkt wurde, doch in Beziehung zu ihm blieb. Dies äußerte sich vor allen darin, daß

Theologen und Gelehrte ihre Werke häufig dem König oder Angehörigen des Herrscherhauses widmeten. Gelegentlich gingen auch noch Anregungen von Mitgliedern des Hofes aus. Aber das Schwergewicht war wieder auf die Klöster übergegangen, und als um die Mitte des 10. Jh. nach der Konsolidierung des Ottonenreiches plötzlich wieder eine *Neubelebung der Bildung*[1] einsetzte, ging diese dementsprechend auch nicht vom Hof, sondern von den großen Reichsklöstern aus. Es ist bezeichnend, daß dabei zunächst die Klöster im Süden und Westen des Reiches vorangingen, die Reichenau, St. Gallen und St. Maximin in Trier, um dann freilich schon bald von den sächsischen Klöstern, vor allem Korvei und Gandersheim, überflügelt zu werden, d. h. von Klöstern, die dem Königshof besonders nahestanden. In dieser Verlagerung der Gewichte drückt sich bereits die Anziehungskraft aus, die das neugefestigte Königtum auf das Bildungsleben und die Kultur des 10. Jh. auszuüben begann. Obwohl der Hof dabei zunächst nur indirekt und sozusagen im Hintergrund wirkte, ergab sich aus der karolingischen Tradition mit ihrer Zuordnung von Bildung und Königshof, daß sich die Klöster bei ihren Bemühungen um eine verstärkte Bildungspflege von vornherein auf den Hof hin orientierten. So war es im Grunde die von den Klöstern gepflegte karolingische Bildungstradition, die den ottonischen Hof in das Bildungsleben der Zeit hineinzog. Am Hof Ottos d. Gr. hat man diese Tradition bewußt aufgenommen. Es zeigen sich sogar deutliche Anklänge an Maßnahmen Karls d. Gr., wenn Otto auf seinem ersten Italienzug Gelehrte aus Italien berief oder für den Bau des Magdeburger Doms, wie einst Karl für Aachen, Säulen aus Italien herbeiholen ließ.

Aber wichtiger als diese direkten Anklänge sind die Abwandlungen, die sich ergaben, indem man die Tradition den eigenen Bedürfnissen anpaßte. So fällt z. B. auf, daß Otto die italienischen Gelehrten im Unterschied zu Karl d. Gr. nicht an seinen Hof zog, sondern daß er ihnen einen Wirkungskreis an einer der großen Reichskirchen zuwies – wie er überhaupt nicht versucht hat, im Stil Karls selbst auf die Künstler und Gelehrten einzuwirken und sie um sich zu versammeln. Die Konzentration des Bildungslebens, die sich unter ihm anbahnte, war anderer Art. Sie bezog sich zwar auch auf den Hof, aber nicht auf ihn allein.

Charakteristisch ist zunächst, daß am Königshof nicht der König selbst, sondern sein geistlicher Bruder *Brun* sich um die

Förderung der Bildung bemühte. Er ist der *Inaugurator der ottonischen Bildungspflege*. Seine Fürsorge für die »litterae« war nach seinem Biographen Ruotger ein Bestandteil seines »regale sacerdotium«, das in ihm eng mit dem Imperium verbunden war. So erfolgte sie im Namen des Königs und kam zuerst dem Hof zugute, wenn sie sich auch grundsätzlich auf das Imperium bezog. Dabei standen im Vordergrund bezeichnenderweise zunächst praktische Ziele, so vor allem die Hebung der »latialis eloquentia« (Ruotger c. 8): die Vervollkommnung im Gebrauch der lateinischen Sprache, die in erster Linie die Kanzlei- und die praktische Verwaltungstätigkeit verbessern sollte. Doch hat sich Brun darüber hinaus auch um die allgemeine Bildungspflege bemüht[2], und das Bedürfnis nach höfischer Repräsentation wie die Berührung mit Rom und Byzanz haben bald auch höhere künstlerische Ansprüche geweckt. Es ist symptomatisch, daß zwei Königsurkunden: das berühmte Ottonianum vom 13. 2. 962, in dem Otto dem Papst die karolingischen Privilegien für die römische Kirche erneuerte, und die Prunkurkunde von Wolfenbüttel, in welcher Otto II. zehn Jahre später seiner byzantinischen Braut Theophano die Morgengabe verbriefte, am Anfang der ottonischen Buchmalerei stehen[3], die sich dann unter Otto III. voll entfaltet hat.

Hatte Otto d. Gr. indessen die Förderung von Kunst und Wissenschaft seinem Bruder Brun überlassen, so nahm Otto II. und vollends dessen genialer Sohn Otto III. sie selbst in die Hand. Ganz erfüllt von der Frömmigkeit der Asketen, aber auch von dem Verlangen nach »grescisca subtilitas« und »imperialis philosophia« des alten Rom, griff er alles auf, was seine Zeit bewegte. Darum versammelte er wieder, wie einst Karl d. Gr., die bedeutendsten Geister seiner Zeit um sich, unter ihnen so entgegengesetzte Naturen wie Bernward von Hildesheim, Brun von Querfurt und Gerbert von Reims[4]. Sie sollten ihm helfen, Reich und Kirche im Sinne seines weitgespannten Ideals zu »erneuern«. Diesem Ziel sollte alles dienen, auch die Kunst, die Otto III. mehr als alle seine Vorgänger gefördert hat. So hat er vor allem als ihr größter Auftraggeber zur Entfaltung der *ottonischen Buchmalerei* entscheidend beigetragen. Die ersten großen Miniaturen der Reichenau sind mit seinem Bildnis geschmückt. Auch das unter Erzbischof Egbert sich stark entfaltende Skriptorium in Trier hat ihm kostbare Handschriften geliefert, auch sie mit berühmten Darstellungen des Königs, zum Teil noch zusammen mit seiner griechischen Mutter Theophano, der wohl bedeutendsten Frau unter den deutschen Herrscherinnen, die in ihrem Sohn die Liebe zu dieser kostbaren Bilderwelt geweckt haben mag. Es ist kein Zufall, daß die *byzantinischen Vorbilder*, die Otto III. bald in den verschiedensten Formen seiner Herrschaft zu übertreffen suchte, auch in der ottonischen Buchmalerei immer stärker spürbar werden[5]. Sie hat sich unverkennbar an diesen sicher durch den Hof vermittelten Vorbildern zu ihrer Höhe emporgerankt.

Daß auch auf das *Kunsthandwerk* starke Anregungen von Otto III. ausgegangen sind, lassen die reichen Schenkungen erkennen, mit denen er vor allem die Pfalzkapelle Karls d. Gr. in Aachen überhäufte, darunter Kostbarkeiten wie das berühmte Lotharkreuz, die Elfenbeinsitula und wohl auch die Goldene Tafel vor dem Münsteraltar[6].

Es ist jedenfalls unverkennbar, daß der Königshof und in zunehmendem Maße auch der König selbst auf das geistige und künstlerische Leben seiner Zeit eingewirkt hat. Die stimulierende Wirkung des Königshofes ist ein wesentliches Charakteristikum für den Aufstieg der ottonischen Kultur.

Ein weiteres Charakteristikum liegt in ihrer veränderten Trägerschaft. Nachdem der Anstoß zur Erneuerung der Bildung von den Klöstern ausgegangen war und der Hof durch die Wirkung der karolingischen Tradition und dank der Initiative Bruns sich führend eingeschaltet hatte, traten erst neben, dann vor den Klöstern die Bischofskirchen (in enger Verbindung mit dem Hof) als ihre wichtigsten Träger hervor.

Die Wendung zeichnet sich mit besonderer Deutlichkeit in dem *Aufschwung der Schulen* ab, der seit der Mitte des 10. Jh. begann und zunächst zwar die Kloster- wie die Domschulen ergriff, jedoch den Domschulen in besonderem Maße zugute kam[7]. Es ist eine völlig neue Erscheinung, daß jetzt mehrere Domschulen eine größere Berühmtheit erlangten als die bedeutendsten Klosterschulen, obwohl diese in der künstlerischen Produktion weiterhin führend blieben. Zeitlich voran ging *Magdeburg*, dessen Schule bereits von Anno, dem ersten Abt des Moritzklosters, begründet war; Otto d. Gr. selbst hatte ihn berufen, und der Scholaster Ohtric, der »sächsische Cicero«, nach Gerbert von Reims der gefeiertste Lehrer seiner Zeit, durch den die Magdeburger Domschule noch im 10. Jh. an die Spitze der deutschen Schulen trat, gehörte der königlichen Kapelle an: Die Verbindung mit dem Hof liegt auf der Hand, und es ist kaum zu bezweifeln, daß der König und sein Hof den Aufstieg der Magdeburger Schule veranlaßt haben. Auf Magdeburg folgte *Köln*, wo sich Brun selbst seit seiner Erhebung auf den Erzstuhl der Domschule annahm und eine ungewöhnlich große Zahl bedeutender Schüler um sich versammelte. Wie Magdeburg im Osten, so sollte Köln im Westen die wirkungsmächtigste Schule des Reiches werden, und wie der Aufschwung beider vom Hofe ausgelöst worden ist, so haben beide auch in Einklang mit den königlichen Interessen gewirkt. Man sieht dies vor allem daran, daß die Ottonen in zunehmendem Maße Bischöfe erhoben, die aus ihnen hervorgegangen sind. Im Süden Deutschlands erlangte die Domschule von *Würzburg* frühen Ruhm; ihr Aufstieg ist mit dem Scholaster Stephan von Novara verbunden, den Bischof Poppo von Würzburg, ein ehemaliger Kanzler, im Zusammenwirken mit Otto d. Gr. aus Italien berufen und für seine Schule gewonnen hat. Ähnlich berühmt wurde die Domschule in *Worms*, wo Bischof Anno, der erste Abt von St. Moritz in Magdeburg und Begründer der Magdeburger Schule, sich mit Erfolg um die Intensivierung des Unterrichts bemühte. Unter seinem Nachfolger, dem Kanzler-Bischof Hildebald (979–998), erhielt Ottos I. Urenkel Brun, der spätere Papst Gregor V., seine Ausbildung und ebenso Heribert, der enge Vertraute Ottos III. und nachmalige Erzbischof von Köln. Weitere Domschulen folgen nach, bei denen sich in ähnlicher Weise beobachten läßt, daß sie von Männern des Hofes begründet oder emporgebracht worden sind. Sie alle zogen nicht mehr nur den eigenen Pfarrklerus an sich, sondern auch die präsumtive hohe Geistlichkeit, die zuvor an den bedeutenderen Klosterschulen ausgebildet worden war. Sie vermittelten jetzt die beste Ausbildung der Zeit.

In ihrem Aufstieg spiegelt sich im Bereich der Bildung die gleiche Schwerpunktverlagerung von den Klöstern zu den Bischofskirchen, die in dieser Zeit in der Reichskirche allgemein zu beobachten ist. Sie fügt sich offenbar ein in die neue ottonische Reichskirchenpolitik. In ihrem Rahmen bereiteten die Domschulen vor, was in der Hofkapelle fortgesetzt wurde: die Hebung der Geistlichkeit, ihre engere Verbindung mit dem Königtum und die Ausbildung eines qualifizierten und einheitlichen Episkopats[8].

Für diesen durch Domschule und Hofkapelle geprägten *ottonischen Episkopat* ist kennzeichnend, daß er ein neues Verhältnis zur Bildung und zur Kunst besaß. Dieselben Bischöfe, die wir als Förderer der Domschulen kennen, treten uns nach dem

Vorbild des Hofes auch als bedeutende *Bauherren* entgegen: an ihrer Spitze wiederum Brun von Köln, in seinem Gefolge Notger von Lüttich, Egbert von Trier, Willigis von Mainz, Meinwerk von Paderborn, Bernward von Hildesheim, Burchard von Worms und viele andere, die ihren Bischofskirchen durch ihr Wirken zu neuem Glanz verhalfen. Mit ihrem Namen ist die »überwältigende Bautätigkeit« verbunden, die, durch den Hof ausgelöst, in der Mitte des 10. Jh. in Magdeburg einsetzte und um die Jahrtausendwende so sehr um sich griff[9], daß der Mönch Rodulfus Glaber meinte, die Welt habe in all den neuen Bauten »ein neues, leuchtendes Gewand« erhalten. Viele von ihnen umschlossen in ihrem Innern bedeutende Kunstwerke und kostbares liturgisches Gerät, die ebenfalls zumeist von den Bischöfen in Auftrag gegeben waren. Bernward von Hildesheim hat sie sogar selbst geschaffen; doch stellt er als Künstler eine Ausnahme dar. Im allgemeinen spiegelt sich das Verhältnis der Bischöfe wie der Könige zur Kunst in ihrem Mäzenatentum. Die ottonischen Reichsbischöfe waren in der Regel kunstverständige Mäzene; einige von ihnen – wie etwa Egbert von Trier oder Gero von Köln – haben als Anreger und Förderer einen wesentlichen Anteil an den großen künstlerischen Schöpfungen ihrer Zeit[10].

So stellen der Königshof und die Bischofskirchen – und nach ihnen auch weiterhin die Klöster – die Zentren dar, um die sich im 10. Jh. die ottonische Kultur entfaltet hat. Es ist auffallend, daß sie im Unterschied zur Karolingerzeit keine volkssprachliche Literatur umfaßt. Gleichwohl ist die ottonische Bildung keine reine Klerikerbildung; denn mit dem Königshof nahm auch die Adelswelt einen breiten Raum in ihr ein. Die Theologie tritt sogar gegenüber der Karolingerzeit spürbar zurück. Zumindest in den spekulativen Disziplinen begnügte man sich damit, zu verarbeiten, was die karolingischen Gelehrten zusammengetragen hatten. Die eigentliche Leistung der ottonischen Theologen liegt im Bereich der Liturgie. Es ist bezeichnend, daß das sogenannte ›Mainzer Pontifikale‹, eine Auftragsarbeit des Hofes, den Höhepunkt markiert. Einen zweiten Höhepunkt bildet die Geschichtsschreibung[11], repräsentiert durch so klangvolle Namen wie Widukind von Korvei, Hrotsvit von Gandersheim, Liudprand von Cremona und Thietmar von Merseburg: lauter Geistliche und eine Stiftsdame adliger Herkunft, die in enger Verbindung zum Königshof standen. Neben dieser aufblühenden Geschichtsschreibung und der Liturgie des herrscherlichen Gottesdienstes hat die ottonische Kultur ihre reinste Ausprägung in der höfisch-sakralen Buchmalerei und der aristokratischen Baukunst dieser Zeit gefunden, also durchweg in Bereichen, in denen sich das Interesse des Hofes mit dem der Bischofskirchen traf. In ihnen hat die Ottonenzeit im Rückgriff auf die karolingischen Grundlagen, aber ohne den »Klassizismus« der Karolinger, enger als diese, dafür in sicherer Beherrschung ihrer eigenen Mittel Leistungen hervorgebracht, die für das weitere Mittelalter verbindlich blieben.

1 Zum Aufschwung der ottonischen Kultur: M. Seidlmayer, Weltbild u. Kultur Deutschlands im MA, in: Hdb. d. Dt. Gesch., begr. v. O. Brandt, fortgef. v. A. O. Meyer, neu hg. v. L. Just, Bd. 1 (1957), S. 24 ff.; A. Borst, Religiöse u. geistige Bewegungen im HochMA, in: Propyläen-Weltgesch. 5 (1963), S. 498 ff. Zum »ottonischen Neueinsatz« in der Literatur: K. Hauck, Mittellateinische Literatur, in: Dt. Philologie im Aufriß, hg. v. W. Stammler, Bd. 2 (^{2}1960), S. 2587 ff. Wegen des reichen Materials noch immer unentbehrlich: A. Hauck, KiG Dtlds. 3 (^{3,4}1920, unverändert ^{6}1952), S. 274 ff. Für die einzelnen Werke: G. Ehrismann, Gesch. d. dt. Lit. bis zum Ausgang des MA 1 (1918) u. allg.: E. R. Curtius, Europ. Lit. u. lat. MA (1948, ^{6}1967). Zur ottonischen Kunst s. u. Anm. 5, 6 u. 9.

2 Beste Gesamtwürdigung Bruns: H. Schrörs, Eb. Bruno v. Köln, AnnHV Niederrh. 100 (1957); daneben: F. W. Oediger in: Gesch. d. Ebt. Köln, hg. v. W. Neuss, Bd. 1 (1964), S. 165 ff.; vgl. Kap. 10, Anm. 6. Bruns Verhältnis zur Lit.: J. Fleckenstein, Bruns Dedikationsgedicht als Zeugnis der karol. Renovatio unter Otto d. Gr., DA 11 (1954/55); dazu H. M. Klinkenberg, Noch einmal zu Brunos Dedikationsgedicht, DA 12 (1956). Vgl. auch H. Stehkämper und P. Bloch im Jb. d. Köln. GV 40 (1966).

3 Zur Prunkausfertigung des Ottonianum neben Sickel, Zimmermann u. Fuhrmann (s. Kap. 11, Anm. 15) bes. C. Nordenfalk, Buchmalerei, in: A. Grabar u. C. Nordenfalk, Das frühe MA vom 4. bis zum 11. Jh. (1957), S. 194. Zur Prunkurkunde in Wolfenbüttel: H. Goetting u. H. Kühne, Die sog. Heiratsurkunde der Kaiserin Theophanu (DOII 21), ihre Untersuchung u. Konservierung, Archival. Zs. 64 (1968).

4 Lit. s. Kap. 16, Anm. 7–9; dazu F. J. Tschan, Saint Bernward of Hildesheim (3 Bde. 1942/52).

5 W. Messerer, Zur byzantinischen Frage in der ottonischen Kunst, Byzant. Zs. 52 (1959).

6 Zus.fassend behandelt von P. E. Schramm u. F. Mütherich, Denkmale der dt. Könige u. Kaiser (Veröffentl. d. Zentralinstituts f. Kunstgesch. in München 2, 1962). Zum Lotharkreuz: J. Deér, Das Kaiserbild im Kreuz, Schweiz. Beitr. z. allg. Gesch. 13 (1955). Zur »Goldenen Tafel«: H. Schnitzler, Fulda oder Reichenau?, Wallraf-Richartz-Jb. 19 (1957), u. allg. E. Stephany, Der Dom zu Aachen (1963).

7 Zum Aufschwung der Schulen: F. A. Specht, Gesch. d. Unterrichtswesens in Dtld. (1885); J. Fleckenstein, Königshof u. Bischofsschule unter Otto d. Gr., AKG 38 (1956).

8 Hofkapelle u. Reichskirche: H.-W. Klewitz, Königtum, Hofkapelle u. Domkapitel, s. Kap. 10, Anm. 10, u. weiterführend: J. Fleckenstein, Hofkapelle 2, S. 50 ff. u. 118 ff.; vgl. auch H. Günter, Die Bischöfe u. die dt. Einheit im HochMA, HJb 55 (1935).

9 Grundlegend: H. Jantzen, Ottoni-

sche Kunst (1947), auch: Rowohlts dt. Enzyklopädie 89; dazu L. GRODECKI, L'architecture Ottonienne (1958).

10 Das mal. Mäzenatentum ist in seiner Breite noch nicht erforscht. Einzelbeispiele bei P. HIRSCHFELD, Mäzene. Die Rolle des Auftraggebers in der Kunst (1968).

11 Zur Geschichtsschreibung der Ottonen neben WATTENBACH-HOLTZMANN: H. GRUNDMANN, Geschichtsschreibung im MA, in: Dt. Philologie im Aufriß, hg. v. W. STAMMLER, Bd. 3 (²1962, selbständ. Ndr. 1965). Es ist bezeichnend, daß Hrotsvit von Gandersheim, die einzige Dichterin der Zeit, zugleich Geschichtsschreiberin war; über die Zusammenhänge: H. KUHN, Hrotsviths von Gandersheim dichterisches Programm, in dessen: Dichtung u. Welt im MA (1959); vgl. auch K. HAUCK, Mittellatein. Lit., wie Anm. 1.

B. Das Reich vor dem Investiturstreit

Von Marie Luise Bulst-Thiele

Kapitel 19
Wahl und Krönung Heinrichs II.
Erste Kämpfe mit Boleslaw Chrobry

Nach dem frühen Tod Ottos III., der keinen Erben hinterließ, war die Anwartschaft Ottos von Kärnten und Heinrichs von Bayern, Verwandten seines Hauses[1], nicht unbestritten. Nächst verwandt waren die Söhne von Otto III. Schwester Mathilde und dem Pfalzgrafen Ezzo, der lange ein Gegner Heinrichs geblieben ist. Heinrich kam dem Leichenzug des verstorbenen Kaisers bis Polling (Ammer) entgegen und bemächtigte sich der kaiserlichen Insignien. Erzbischof Heribert von Köln versuchte vergeblich, ihm die heilige Lanze[2] vorzuenthalten. Er wie die übrigen Bischöfe des Geleitzugs, bis auf Siegfried von Augsburg, behielten sich vor, dem zuzustimmen, »quo melior et maior populi tocius pars se inclinaret« (Thietmar IV, 50; vgl. V, 3); denn es waren noch andere, nicht mit den Ottonen verwandte Bewerber aufgetreten.

Bei der Beisetzung Ottos zu Aachen am 3. 4. 1002 sagte der größte Teil der anwesenden Fürsten Hermann von Schwaben aus dem Haus der rheinfränkischen Konradiner ihre Hilfe zur Erlangung der Herrschaft zu, während zu Frose/Elbe Erzbischof Gisiler mit seinen Suffraganen und die vier großen weltlichen Fürsten Sachsens – Herzog Bernhard, die Markgrafen der Nord- und Ostmark und Ekkehard von Meißen, der vom Volk erhobene Herzog von Thüringen[3], ein Freund Ottos III. – zu einer Wahlversammlung zusammengekommen waren, auf der allerdings der fähigste, Ekkehard, nicht alle Stimmen auf sich vereinigte. Er wurde auf einem Zug nach dem Westen, wo er Verbündete zu finden hoffte, überfallen und getötet. So gelang es Heinrich, durch Versprechungen in Sachsen Parteigänger zu finden. In Süddeutschland waren es außer dem verwandten Herzog Otto von Kärnten, dem Babenberger Markgrafen des bayrischen Nordgaus Heinrich von Schweinfurt, der sich Hoffnungen auf die bayrische Herzogswürde machte, und dem nach anfänglichem Zögern gewonnenen Herzog Dietrich von Oberlothringen meist geistliche Fürsten unter

Führung des Erzbischofs Willigis von Mainz, die Heinrich nach Mainz geleiteten. Hier vollzog Willigis nach vorangegangener *Wahl* der weltlichen und geistlichen Fürsten aus Bayern, Franken und Oberlothringen am 6. 6. die feierliche Handlung der Salbung und *Krönung*[4]. Er empfing auf seinem »Umritt«[5] die Huldigung der Thüringer, denen er den Schweinezoll aus der Merowingerzeit erließ, und am 24. 7. in Merseburg die der Sachsen, denen er versprach, das sächsische Recht zu wahren (Thietmar V, 15–17). In Paderborn wurde am 10. 8. auch Heinrichs Gemahlin, die Luxemburgerin Kunigunde, von Willigis gekrönt. Die geistlichen Fürsten Niederlothringens huldigten ihm zu Duisburg, die weltlichen unter dem Karolinger Herzog Otto am 8. 9. zu Aachen und erhoben ihn auf den Thron Karls d. Gr. Am 1. 10. unterwarf sich Hermann von Schwaben zu Bruchsal der Gnade des Königs, der ihm seine Lehen zurückgab. Acht Monate nach dem Tod Ottos III. war Heinrich im ganzen deutschen Reich, das anfangs ähnlich wie 90 Jahre zuvor in Teilreiche auseinanderzufallen drohte, als König anerkannt. – Heinrich war als Sohn Heinrichs II. von Bayern, des Zänkers, und der Gisela, einer Tochter Konrads I. von Burgund, am 6. 5. 973 geboren. Vielleicht von Otto II. als Sohn seines Feindes zum Geistlichen bestimmt, wurde er zuerst in der Hildesheimer Domschule erzogen[6]; Bischof Wolfgang von Regensburg vollendete die Erziehung des jungen, 995 zum Nachfolger des Vaters gewählten Herzogs. Otto III. war er in Treue ergeben; zweimal ist er mit ihm nach Italien gezogen. Gegen seine anfangs bestrittene Idoneität (Thietmar IV, 54) sprach vielleicht seine Kränklichkeit und die Kinderlosigkeit[7] seiner Ehe mit Kunigunde, einer Tochter des Grafen Siegfried I. von Luxemburg.

In die unbeschützte Mark Ekkehards brach der Polenherzog Boleslaw Chrobry ein, den die Freundschaft Ottos.III. großgemacht hatte (Thietmar V, 10), und drang bis Meißen vor[8]. Dennoch erschien er in Merseburg unter den huldigenden sächsischen Fürsten und wurde mit dem Milzener Land und der Lausitz, d. h. mit den östlichen Hälften der Mark Meißen und der sächsischen Ostmark, belehnt. Meißen, für das er dem König viel Geld geboten hatte, erhielt sein Verwandter Gunzelin[9]: wohl ein Versuch Heinrichs, das freundschaftliche Verhältnis zu Polen zu wahren, da er – noch nicht einmal Herr über alle deutschen Stämme – nicht in der Lage war, den Herzog hinter die alte Grenze Polens an Bober und Queiß zurückzuweisen.

Beim Verlassen der Pfalz wurde Boleslaw mit seinem Gefolge ohne Wissen des Königs überfallen. Daraufhin verbrannte er Strehla (nördlich von Meißen) und zog mit reicher Beute an Gefangenen in sein Reich zurück.

In *Böhmen* war der unfähige Boleslaw III., der Rote, gestürzt und der Pole Wlodewei erhoben worden, der König Heinrich im November 1002 in Regensburg huldigte. Sein Tod im folgenden Jahr veranlaßte Boleslaw Chrobry, Boleslaw dem Roten wieder zur Macht zu verhelfen, nur um seine Unfähigkeit und Grausamkeit zum Anlaß zu nehmen, wieder in die böhmischen Verhältnisse einzugreifen: Er nahm Prag ein und setzte ihn auf Lebenszeit gefangen. Im Bewußtsein seiner Macht, die von der Ostsee zu den Karpaten, von der Weichsel bis zum Böhmerwald reichte – auch Mähren hatte er in seine Gewalt gebracht –, verweigerte er König Heinrich die Huldigung für Böhmen. Er fand in Heinrich von Schweinfurt, der sich um Bayern betrogen glaubte, dessen Vetter, dem Babenberger Ernst, und des Königs Bruder Brun Verbündete. In dieser Bedrängnis entschloß sich Heinrich zu einem Bündnis mit den heidnischen Redariern und anderen Stämmen des Lutizenbundes[10], den alten Feinden der Polen, die Otto III. nicht hatte unterwerfen können.

Des *Aufstandes im Nordgau* und in *Franken* wurde der König bald Herr. Markgraf Heinrich erhielt nach kurzer Haft sein Allod bei Schweinfurt und die Markgrafschaft zurück, verlor aber die dazwischenliegenden Grafschaften, die seine Macht gefährlich abgerundet hatten. Einen Verwüstungszug Boleslaws im Sommer 1003 bis über die Elbe hatte König Heinrich nicht abwehren können. Sein Gegenstoß im Frühjahr 1004 scheiterte. Das Sumpfgebiet an Oberspree und Elster war nur bei Frost passierbar, aber ein Feldzug nur im Herbst möglich, wenn die Truppen ihren Mundvorrat selbst ernten konnten. Es gelang dem König im Herbst 1004, nach einem Scheinangriff bei Strehla von Norden her über das Erzgebirge in Böhmen einzudringen und Boleslaws Bruder Jaromir einzusetzen; auf dem Rückweg wurde das Milzener Land mit Bautzen wiedergewonnen und erhielt in Hermann, Ekkehards Sohn, einen eigenen Markgrafen. Ein Feldzug des folgenden Jahres 1005, der bei Krossen über die Oder und bis nahe vor Posen führte, beendete »assumpta non bona pace« (Ann. Quedlinb.) die erste Phase der Polenkriege Heinrichs; seine Bedingungen kennen wir nicht: Böhmen, das Milzener Land und die Lausitz, unbefestigt und nur von Slaven besiedelt, blieben ein unsicherer Gewinn, dennoch als einziges waldfreies Aufmarschgebiet gegen den Osten von Wert; Boleslaw mußte eine Entschädigung zahlen[11]. Offene Feldschlachten haben auf keinem dieser Züge stattgefunden, das unbekannte, unwegsame Gelände machte sie für die Deutschen verlustreich; ihre Unlust, mit den Polen zu kämpfen, die sie keineswegs als Feinde ansahen, wird immer wieder deutlich; künftiges Missionsgebiet wurde verwüstet, Beute war nicht zu gewinnen. Die Liutizen hatten durch ihre Verspätung eine sichere Vernichtung des polnischen Heeres verhindert, einen zuverlässigen Bundesgenossen hatte Heinrich nicht gewonnen. So wurde in der Folgezeit ihnen zur Warnung die Arneburg wieder errichtet, und Heinrich nötigte sie zu häufigen Zusammenkünften in Werben/Elbe (Thietmar VI, 28)[12].

S. Hirsch, H. Pabst u. H. Bresslau, Jbb. des dt. Reiches unter Heinrich II. (3 Bde 1862–75); R. Holtzmann, Gesch. der sächs. Kaiserzeit ([4]1961). – Die meisten Nachrichten gibt die Chronik B. Thietmars von Merseburg (bis 1018), hg. v. R. Holtzmann (SS n. s. 9, 1935), mit Übersetzung in: Ausgew. Quellen z. dt. Gesch. d. MA 9 (1957); die Vita Heinrici II von B. Adelbold von Utrecht, SS 4, S. 679 ff., reicht nur bis 1004; über die Jahre nach 1018 ist kein fortlaufender Bericht erhalten. Wichtig sind die Hildesheimer Annalen, hg. v. G. Waitz (1878), und die Quedlinburger, SS 3, S. 22 ff., ebenso Alpert, De diversitate temporum, SS 4, S. 700 ff., hg. v. A. Hulshof (1916); die vermuteten großen Hildesheimer Annalen sind verloren, s. Wattenbach-Holtzmann 1, 1, S. 42 f. u. 52 ff.

[1] Beide sind Urenkel Heinrichs I., Otto über seine Mutter Liutgard, Tochter Ottos I.; nach Thietmar V, 25 soll Heinrich den Thron Otto angeboten, dieser verzichtet haben.

[2] P. E. Schramm, Herrschaftszeichen u. Staatssymbolik 2, S. 492–537; M. Uhlirz, Zur Gesch. d. Mauritiuslanze, der »sacra lancea imperialis«, in: Ostdt. Wissenschaft 5 (1958).

[3] NDB 4 (1959), S. 430 f.; H. Patze, Die Entstehung der Landesherrschaft in Thüringen 1 (1962), S. 121.

[4] Vgl. D 34: »Post tanti itaque imperatoris ab hac vita discessum vetus inter nos a pueris propagata familiaritas et ea, quae cum tali caesare nobis erat par entelae et consanguinitatis affinitas, pra praefato persuasit antistiti (Werner von Straßburg) cum ceteris, quorum infinitus est numerus, nostrae manus dare fidelitati, ut deo praeside concors populorum et principum nobis concederetur electio et hereditaria in regnum sine aliqua divisione successio.« Hier wird deutlich, wie Erb- und Wahlrecht nebeneinander Geltung haben. P. E. Schramm, Die Krönung in Deutschland bis zum Beginn des sal. Hauses (1028), ZRG KA 24 (1939); M. Lintzel, Zur Gesch. Ottos d. Gr., MIÖG 48 (1934), auch in: Ausgew. Schriften 2 (1961), S. 113; ders., Zu den dt. Königswahlen der Ottonenzeit, ZRG GA 66 (1948), u. W. Schlesinger, ebd. bes. S. 421. Siehe H. Mitteis, Die Krise des dt. Königswahlrechts (SB München 1950), S. 77 f., dazu W. Schlesinger, HZ 174 (1952), S. 101 ff.; nach Lintzel, Schlesinger, Schramm waren 1002 nicht zum erstenmal geistl. Fürsten an der Wahl beteiligt, wie U. Stutz, Der Eb. v. Mainz u.

die dt. Königswahl (1910) u. a. gemeint haben. Vgl. H. BÜTTNER, Eb. Willigis v. Mainz, in: Jahresb. d. Görresges. 1967 (1968).

[5] ROD. SCHMIDT, Königsumritt und Huldigung in otton.-sal. Zeit, in: Vorträge u. Forschungen 6 (1961), S. 114ff. und 147 ff. mit Lit.

[6] Wahrscheinlich ist H. in Hildesheim geboren, SS 30, 2, S. 945, vgl. D 256a.

[7] 100 Jahre später entstand daraus die Sage von seiner Josephs-Ehe: HIRSCH-PABST-BRESSLAU, Jbb. 3, S. 359 ff.; s. u. Kap. 24, Anm. 11.

[8] Nach H. LUDAT, Reichspolitik u. Piastenstaat um die Jahrtausendwende, Saeculum 14 (1963), handelte er im Einvernehmen mit den Ekkehardinern, was H. BEUMANN u. W. SCHLESINGER, Urkundenstudien zur dt. Ostpolitik unter Otto III., Arch. f. Dipl. 1 (1955), S. 227, auch in: W. SCHLESINGER, Mitteldt. Beitr. zur dt. Verf.gesch. d. MA (1961), S. 306, nicht annehmen. Dazu H. LUDAT, The Medieval Empire and the Early Piast State, Historical Studies 6 (1966), bes. S. 13 ff.

[9] Wahrscheinlich war Gunzelin ein Halbbruder Ekkehards und Schwager Boleslaws. R. HOLTZMANN, Beitr. z. Gesch. des Mgf. Guncelin v. Meißen, in: Sachsen u. Anh. 8 (1932), auch in: Aufsätze zur dt. Gesch. des MA (1962); R. SCHÖLKOPF, Die sächs. Grafen 919–1024 (1957), S. 69 f.

[10] W. BRÜSKE, Unters. zur Gesch. des Lutizenbundes (1955); W. FRITZE, Entstehung u. Wesen des Lutizenbundes, Jb. f. d. Gesch. Mittel- u. Ostdeutschlands 7 (1958); M. HELLMANN, Grundzüge der Verfassungsstruktur der Lutizen, in: Siedlung u. Verfassung der Slawen zw. Elbe, Saale u. Oder, hg. v. H. LUDAT (1960).

[11] Thietmar VI, 27 spricht von »iuramenta et emendaciones condignae«; von der Anerkennung der dt. Oberhoheit bis zur Warthe (so R. HOLTZMANN, Sächs. Kaiserzeit, S. 408) kann nicht gesprochen werden. A. LATTERMANN, Boleslaus der Kühne u. Große (Auszug aus d. poln. Buch von ST. ZAKRZEWSKI), in: Dt. wiss. Zs. f. Polen 25 (1931), S. 19 f.; K. SCHÜNEMANN, Dt. Kriegsführung im Osten während des MA, DA 2 (1938). S. 60 f.; The Cambridge History of Poland 1 (1950), S. 24 ff.

[12] G. LUKAS, Die dt. Politik gegen die Elbslawen vom J. 982 bis z. Ende der Polenkriege H.s II. (Diss. Halle 1940).

Kapitel 20
Heinrichs erster Italienzug. Kämpfe an der Westgrenze, mit den Luxemburgern und Polen

Drei Wochen nach dem Tod Ottos III. wurde am 15. 2. 1002 in der alten Krönungsstadt Pavia der von ihm abgesetzte Markgraf *Arduin von Ivrea* zum König gekrönt. Er war reich begütert im Nordwesten der Lombardei und hatte einst das Pfalzgrafenamt besessen. Nicht eine deutschfeindliche Partei erhob ihn, vielmehr Fürsten, die wie Arduin selbst nach Unabhängigkeit und Selbständigkeit strebten. Auch die Gegnerschaft des Markgrafen von Canossa und geistlicher Herren gegen ihn, deren Führer Leo von Vercelli noch im selben Jahre zu Heinrich II. kam, seine Hilfe zu erbitten[1], war mehr lokaler Art. Der erste Versuch deutscher Truppen, Arduin zu unterwerfen, unter Herzog Otto von Kärnten, endete mit einer Niederlage. Im Frühjahr 1004 gelang es Heinrich, durch die Brenta-Klausen in Italien einzudringen; Arduin leistete keinen Widerstand. Verona huldigte Heinrich, der ungehindert nach Pavia zog, wo er am 14. 5. gewählt und von Erzbischof Arnulf von Mailand gekrönt wurde. In einem Aufstand, verursacht durch einen Streit zwischen Deutschen und Pavesen am Abend des Krönungstages, brannte ein Teil Pavias nieder[2]. Nach kurzem Aufenthalt in Mailand kehrte Heinrich nach Deutschland zurück.

Im *Westen* des Reiches waren die Grafen von Holland mit einem großen Eigenbesitz mächtig geworden im Kampf mit den Normannen und den westfriesischen Stämmen, die jedoch ihre Freiheit behaupteten. Um der verwitweten Gräfin Liutgard, einer Schwester der Königin Kunigunde, gegen ihre räuberischen Überfälle zu helfen, unterwarf der König 1005 die Friesen nach einem kurzen Feldzug. Der Tod des Herzogs in Niederlothringen, Otto, Ende 1006[3] brachte der Reichsgewalt größere Gefahr. Denn die reichstreuen Ardennengrafen waren machtlos gegenüber den mächtigen Reginar-Söhnen, den Grafen von Hennegau und Löwen, die ihre Unabhängigkeit behielten; sie rühmten sich ihrer karolingischen Abkunft und Versippung. Balduin IV. Schönbart von Flandern besetzte Valenciennes[4]. Die Grafen von Flandern, Lehnsträger der französischen Krone, hatten nach den Verwüstungen durch die Normannen einen selbständigen, zentral verwalteten Herrschaftsbereich geschaffen; Handel und Gewerbe brachten hier schon städtisches Leben zur Entfaltung; in die wiedererbauten Klöster zog ein Mönchtum neuen Geistes ein. Beide Erben der Salfranken, waren die Niederlothringer den Flamen enger verbunden als den übrigen deutschen Stämmen: Die geistige Einheit wurde nicht durch die politische Grenze gestört. Trotz der Unterstützung König Roberts von Frankreich, mit dem Heinrich II. 1006 an der Maas zusammengekommen war[5], nahm Heinrich erst im Sommer 1007 Gent und verwüstete Flandern. Balduin unterwarf sich zu Aachen und wurde wohl bald darauf mit Valenciennes belehnt; das war der Anfang von *Reichsflandern*. Heinrich zog es vor, sich mit dem Gegner zu verbinden, den er nicht unterwerfen konnte. Dennoch wurde zur Sicherung gegen den neuen Vasallen die Mark Antwerpen unter dem Ardennengrafen Gozelo geschaffen, sein Bruder erhielt Eename, der Bischof von Cambrai die Grafschaft seiner Stadt. Ottos Herzogtum blieb sieben Jahre unbesetzt.

Nach dem Tod Hermanns II. von Schwaben 1003 übernahm Heinrich für dessen unmündigen Sohn Hermann III. die Herrschaft über Schwaben. Auf dem Reichstag zu Regensburg (21. 3. 1004) wurde der Luxemburger Heinrich, des Königs Schwager, mit Bayern belehnt. Westen und Süden des Reiches standen im Schutz königstreuer Männer. Kunigunde hat ihren Gemahl 1012 und 1016 als Statthalterin von Sachsen und auch sonst in seiner Abwesenheit tatkräftig vertreten. Helfend und beratend stand sie an seiner Seite, ohne einen bestimmten Einfluß geltend zu machen. Heinrichs langjährige Fehde mit den Luxemburgern, ihren Brüdern, störte ihr gutes Einvernehmen nicht. Sie brach aus, als 1008 Adalbero sich zum Erzbischof von Trier wählen ließ, nachdem Dietrich zuvor sich in Metz hatte erheben lassen, dessen Bistum er seit 1006 für den vom König eingesetzten unmündigen Bischof verwaltete. Der König verweigerte Dietrich die Belehnung, um die Macht dieses Hauses nicht noch größer werden zu lassen – ein anderer Bruder war Graf im Ardennengau –, aber mit Waffengewalt und Verwüstungszügen erreichte er weder die Einsetzung seines Kandidaten in Trier noch die Einnahme von Metz. Verhandlungen blieben lange erfolglos. Am 1. 12. 1012 kam es in Mainz zu Friedensverhandlungen; Erzbischof Adalbero mußte verzichten; Bischof Dietrich und Herzog Heinrich, der seine Brüder mit Waffengewalt unterstützt und sein Herzogtum verloren hatte, unterwarfen sich der Gnade des Königs, die ihnen die Wiedereinsetzung in Aussicht stellte. So war um nicht zu hohen Preis der Frieden im Südwesten hergestellt[6]. Der Babenberger Poppo stellte als Erzbischof von Trier die Ordnung in seiner Diözese wieder her[7].

Der Osten des Reiches blieb weiter von *Polen* bedroht. Hilferufe der Liutizen und Herzog Jaromirs von Böhmen ließen König Heinrich den Kampf mit Boleslaw im April 1007 wieder aufnehmen. Boleslaw verwüstete die Ostmark bis Magdeburg und gewann die Lausitz und das Milzener Land zurück. Der Widerstand der Sachsen war gering; der König stand vor Valenciennes. Fehden der sächsischen Großen untereinander und gegen die Bischöfe banden ihre Kräfte. Ein Feldzug des Jahres 1010, der mit der Verwüstung der Ostmark durch eigene Truppen begann, führte durch die Lausitz an die Oder bis nach Nimptsch in Schlesien; der erkrankte König mußte zurückbleiben, gewonnen wurde nichts. Ein Fehdeverbot (1012) verpflichtete die sächsischen Herren zu einer »mutua pax« (Thietmar VI, 59) auf fünf Jahre, um sie zum Widerstand gegen Polen zu einen. Neue Markgrafen wurden eingesetzt[8]. Aber die Sachsen widerstrebten einem Krieg, der ihren Interessen so wenig entsprach wie ihrem christlichen Empfinden. Sie gaben den Feldzug dieses Jahres auf und die Lausitzen der Zerstörung preis. Boleslaw konnte die Schwarze Elster als die Grenze seines Landes ansehen. Die Liutizen und Böhmen, deren Herzog von seinem Bruder Udalrich vertrieben worden war, leisteten keine Waffenhilfe, da sie sich nicht von Boleslaw bedroht fühlten. Der Friedenswille der Sachsen und der Wunsch Boleslaws, gegen den Großfürsten von Kiew freie Hand zu bekommen, führten ihn Pfingsten 1013 nach Merseburg zu Friedensverhandlungen: Er erhielt die Lausitz und das Milzener Land als deutsche Lehen, kommendierte sich dem König als sein Vasall und schritt bei der Festkrönung[9] als Waffenträger mit; er versprach Heinrich nach Rom zu folgen, der König sagte Waffenhilfe gegen Kiew zu (Thietmar VI, 91) – eine Einigung, die der Konzeption Ottos III. in Gnesen im Jahr 1000 entsprach. Die Aussöhnung Heinrichs II. mit dem Pfalzgrafen Ezzo und die Anerkennung seines Anspruchs auf die mathildischen Erbgüter in Oberfranken ging diesem Frieden voraus. Ezzos Tochter Richenza vermählte sich mit Boleslaws Sohn Mieszko[10].

[1] Leos ›Versus de Ottone et Heinrico‹, MG Poeta 5, S. 480 ff.; H. BLOCH, Beitr. zur Gesch. des B. Leo v. Vercelli u. seiner Zeit, NA 22 (1897); M. UHLIRZ, Die ital. Kirchenpolitik der Ottonen, MÖIG 48 (1934), S. 278 ff.

[2] G. GRAF, Die weltl. Widerstände in Reichsitalien gegen die Herrschaft der Ottonen u. der ersten beiden Salier (1936); L. CHIAPELLI, La formazione storica del Comune cittadino in Italia, Arch. Stor. Ital., ser. 7, vol. 13/14 (1930); G. C. BASCAPÉ, I conti palatini del regno italico e la città di Pavia dal Comune alla Signoria, Arch. Stor. Lombard. 62 (1940); C. G. MOR, L'Età feudale 1, in: Storia politica d'Italia ([3]1952) 5, 1, S. 525 ff. mit Quellen u. Lit.

[3] Ottos Tod 1006 und die Vakanz des Hg.titels vermutet H. SPROEMBERG, Die lothr. Politik Ottos d. Gr., Rhein. Vjbll. 11 (1941); ders., Residenz u. Territorium im niederl. Raum, Rhein. Vjbll. 6 (1936), beides auch in dess. Beitr. zur belg.-niederl. Gesch. (1959); L. VANDERKINDERE, La formation territoriale des principautés belges au moyen âge 2 (1902), S. 26 ff.; J. CUVELIER, La formation de la ville de Louvain, in: Acad. Royale de Belgique, Cl. de lettres, Mém. in 4°, 2me sér. 10, 2 (1935); G. ROTTHOFF, Studien zur Gesch. d. Reichsgutes in Nieder-Lothr. u. Friesland während der sächs.-sal. Kaiserzeit (1953). Zum Hgt. in Lothringen vgl. auch G. TELLENBACH, Vom karol. Reichsadel zum dt. Reichsfürstenstand (1943) u. Vortr. u. Forsch. 2 (1956).

[4] H. PIRENNE, Histoire de Belgique 1 ([5]1929); L. VANDERKINDERE, Bd. 1 (1902); FR. GANSHOF, La Flandre sous

les premiers comtes ([3]1949); weit. Lit. WATTENBACH-HOLTZMANN 1, 1, S. 104ff.; H. FRANZ-REINHOLD, Die Marken Valenciennes, Eename und Antwerpen im Rahmen der kaiserl. Grenzsicherungspolitik an der Schelde im 10. u. 11. Jh., Rhein. Vjbll. 10 (1940).

5 K. F. WERNER, Das hochmal. Imperium im polit. Bewußtsein Frankreichs. 10.–12. Jh., HZ 200 (1965), S. 23 mit Anm.: die Initiative zu dieser Begegnung ging vom dt. König aus.

6 Nach M. UHLIRZ, Die ersten Grafen von Luxemburg, DA 12 (1956), ist Siegfried I., der Begründer des Hauses, auch der Vater der Kaiserin Kunigunde; A. GEBSER, Die Bedeutung der Kaiserin Kunigunde für die Regierung Heinrichs II. (Diss. Heidelberg 1899); H. RENN, Das erste Luxemburger Grafenhaus, 963–1136 (Rhein. Arch. 39, 1941); R. PARISOT, Les origines de la Haute Lorraine et sa première maison ducale, 959 à 1033 (1909). Über Dietrichs Erhebung: HAUCK, Bd. 3, S. 404 f.; zwei Gedichte auf ihn, MG Poetae 5, S. 493 ff.

7 J. JAKOBI, Eb. Poppo v. Trier (1016 bis 1047), Arch. f. mittelrhein. KiG 13 (1961); H. HOFFMANN, Poppo von Trier in der Ecbasis cuiusdam captivi, AKG 40 (1958), bes. S. 298; dagegen H. THOMAS, Die Ecbasis captivi, eine Trierer Dichtung aus der Zeit Heinrichs IV., DA 20 (1964) und 23 (1967).

8 S. LÜPKE, Die Mgf. der sächs. Ostmarken in der Zeit von Gero bis zu Beginn des Investiturstreites (Diss. Halle 1937); R. SCHÖLKOPF, s. o. Kap. 19, Anm. 9.

9 Festkrönungen: s. o. Kap. 15, Anm. 3; Beispiele für das Vorantragen des Schwertes bei H. ZEISSBERG, Die Kriege K. Heinrichs II. mit Hg. Boleslaw I. von Polen, SB Wien 57 (1867), S. 388 ff.; s. auch Kap. 19, Anm. 11.

10 R. GERSTNER, Die Gesch. der lothr. u. rhein. Pfgf. von ihren Anfängen bis zur Ausbildung des Kurterritoriums Pfalz (Rhein. Arch. 40, 1941), S. 19 ff.; FR. STEINBACH, Die Ezzonen. Ein Versuch territorialpolit. Zusammenschlusses der fränk. Rheinlande, in: Das erste Jahrtausend. Kultur u. Kunst im werdenden Abendland an Rhein u. Ruhr 2 (1964). Vgl. H. LUDAT, in: Saeculum 14, S. 337 ff.

Kapitel 21
Romzug und Kaiserkrönung Heinrichs II.

Nach der Unterwerfung der Luxemburger und dem Frieden mit Polen konnte Heinrich an einen Zug nach Rom denken. Dort hatte der Patricius Johannes, Sohn des Crescentius, die drei Nachfolger Silvesters II. eingesetzt. Seine Neffen geboten als Herzöge und Grafen in Spoleto, Camerino und der Sabina; er hatte mit Heinrich verhandelt, aber seinen Romzug zu verhindern gesucht. Von einer Herrschaft Heinrichs über Italien kann man wohl nicht sprechen, obwohl Bischöfe, Äbte und Kleriker mit Klagen an seinen Hof kamen und wieder eine eigene Kanzlei seit 1008 ihre Urkunden ausfertigte. Nach dem Tod des Patricius Johannes und des Papstes Sergius IV. (1012) trat Heinrich II. auf die Seite des von den Tusculanern zum Papst Benedikt VIII. erhobenen Grafen Theophylakt; er war ein fähiger und tatkräftiger Mann, mit dem Heinrich Verhandlungen über Romfahrt und Kaiserkrönung einleitete[1]. Anfang 1014 ordnete eine Synode in Ravenna[2] unter dem Vorsitz des Königs, der Weihnachten in Pavia verbracht hatte, ein Güterverzeichnis alles geistlichen Besitzes und seiner derzeitigen Inhaber an: Kirchen und Klöster sollten wieder zu Recht und Besitz gelangen. Als erster besetzte er planmäßig italienische Bistümer, die allmählich in den erblichen Besitz von Grafenfamilien übergegangen waren, mit Deutschen, zunächst in den Kirchenprovinzen Aquileja und Ravenna[3]. Anfang Februar erreichte Heinrich Rom, wo ihn Volk und Geistlichkeit unter der Führung des Papstes festlich empfingen. Am 14. 2. 1014 geleiteten sechs bärtige und sechs geschorene Senatoren Heinrich und Kunigunde zur Peterskirche; an den Stufen der Vorhalle beantwortete er des Papstes Frage, »si fidelis vellet Romanae patronus esse et defensor ecclesiae«, mit dem Gelöbnis, »per omnia fidelis« zu sein (Thietmar VII, 1), und empfing darauf in der Kirche Salbung und Krönung. Die Gabe des Papstes, eine mit dem Kreuz gekrönte goldene Kugel, schenkte er mit dem Krönungsornat an Cluny[4]. Kaiser und Papst leiteten zusammen eine Synode. Aber der Versuch, dem Reichskloster Farfa gegenüber den Crescentiern, die sich Ländereien von ihm angeeignet hatten, zu seinem Recht zu verhelfen, endete mit einem Aufstand der Römer[5]. Die ausschließliche Begünstigung der Geistlichkeit, der auch Heinrichs Verfügungen auf seinem Rückzug in Tuszien, Pavia und Verona galten, ließen nach dem Abzug des Kaisers wieder die weltlichen Herren der Lombardei unter Arduin sich gegen ihn erheben; die Bischofsstädte Vercelli, Novara und Como wurden zerstört, ihr Land verwüstet (DD 320/2, 336/7). Markgraf Bonifaz von Canossa[6] schlug mit den getreuen Bischöfen den Aufstand nieder; vier feindliche Markgrafen wurden gefangengenommen. Arduin ging in das von dem Reformabt Wilhelm von Dijon gegründete, von ihm selbst reich beschenkte Kloster Fruttuaria[7] und starb schon im folgenden Jahr.

[1] Die Rechtmäßigkeit seiner Erhebung oder die des Crescentier-Kandidaten Gregor, der zum König nach Goslar kam, wurde nicht geprüft.

[2] Über die Zuordnung der Kanones zu den Synoden in Ravenna, Rom und wieder in Ravenna mit dem Papst: M. Fornasari, Enrico II e Benedetto VIII e i canoni del presunto concilio di Ravenna del 1014, Riv. di storia della chiesa in Italia 18 (1964); O. Capitani, Immunità vescovili ed ecclesiologia in età pregregoriana e gregoriana, l'avvio alla restaurazione (Spoleto 1966), bes. S. 75 ff.

[3] G. Schwartz, Die Besetzung der

Bistümer Reichsitaliens unter den sächs. u. sal. Kaisern mit den Listen der Bischöfe (1913); DW[9] 5890.

[4] Nach Rad. Glaber I, V 23; vgl. P.E. SCHRAMM, Die Kaiser aus dem sächs. Hause im Lichte der Staatssymbolik, MIÖG Erg.Bd. 20 (1962/63), S. 49: In dieser Zeit wird Christus als Pantokrator mit der Weltkugel in der Hand dargestellt; s. ders., Sphaira, Globus, Reichsapfel (1958), S. 61 u. 68 f. Zur Krönung: E. EICHMANN, Die Kaiserkrönung im Abendland (1942) 1, S. 157 u. 2, S. 173 f. Zur röm. Synode: A. HAUCK, Bd. 3, S. 521 ff. u. o. Anm. 2.

[5] Über die römische Stadtherrschaft: O. VEHSE, Die päpstl. Herrschaft in der Sabina bis zur Mitte des 12. Jh., QFItA 24 (1929/30); W. KÖLMEL, Beitr. zur Verf.gesch. Roms im 10. Jh., HJb 55 (1935); O. GERSTENBERG, Studien zur Gesch. des röm. Adels im Ausgange des 10. Jh., HV 31 (1937).

[6] A. FALCE, Bonifacio di Canossa (2 Bde. 1926).

[7] H. H. KAMINSKY, Zur Gründung von Fruttuaria durch den Abt Wilhelm v. Dijon, ZKiG 77 (1966); s. auch u. Kap. 28, Anm. 4.

Kapitel 22
Heinrich II. und die Kirche

Schon die ersten Regierungshandlungen Heinrichs als Herzog hatten der Klosterreform gegolten[1], die sich von St. Maximin in Trier aus durch Abt Ramwold von St. Emmeram in Bayern auszubreiten begann. Sein Freund Godehard, der Nieder-Altaich (995) und Tegernsee (1001) der Reform geöffnet hatte, kam auf Heinrichs Wunsch 1005 nach Hersfeld; ein Schüler Ramwolds reformierte 1005 Lorsch, 1013 Fulda. Aus Lorsch gingen Reformer 1015 nach Korvei, aus Gorze 1003 nach Prüm und von da 1006 nach der Reichenau, wohin auch der gelehrte Bern 1008 aus Prüm kam[2]. Diese Reformen waren weniger als in Frankreich durch »Verfall« bedingt; sie bedeuteten hier die strenge Befolgung der Regel Benedikts, vor allem aber eine Änderung der »consuetudines«, – in Korvei verteidigten die Mönche die »instituta patrum« gegen den König. Hersfeld klagte, durch den König »antiquo iure patrum destitutum« zu sein (Ann. Quedlinb. zu 1004) –, und sie griffen in die wirtschaftlichen Verhältnisse der Klöster ein. Die Heranziehung der Reichsabteien zu Reichsdiensten hatte zur Trennung von Abts- und Konventsgut geführt. Die Äbte hatten über Verwaltungsaufgaben ihre geistlichen Pflichten vernachlässigt; die Zahl der Konventualen war eingeschränkt worden: Es wurden nur Freie, Vermögende aufgenommen, die das Pfründengut vermehrten, das ein angenehmes Leben sicherte. Nun wurde von Prüm ein Güterverzeichnis eingefordert, um den über den wirklichen Bedarf hinausgehenden Besitz dem Kloster zu nehmen zu Nutzen des Reiches. So wird Heinrich, der »pater monarchum« der Reformer, von dem Quedlinburger Annalisten als Kirchenräuber verklagt. In seinem Anliegen, das Leben in den Klöstern wieder nach der Regel Benedikts zu gestalten, kommen in einer nicht aufzulösenden Einheit die tiefe Frömmigkeit des Kaisers und sein praktischer, auf den Nutzen des Reiches gerichteter Verstand zusammen. So wird eine Reihe kleinerer Abteien an Bischöfe – sieben Klöster kamen allein an Bamberg – oder an große Klöster gegeben, um größere Verwaltungszentren zu bilden, »onera nostra episcopis inponendo levigantes« (DD 371). Der jahrelange Streit zwischen Hildesheim und Mainz um die Zugehörigkeit Gandersheims galt auch dem reichen Besitz. 1007 gelang es Heinrich, Willigis zum Verzicht zugunsten Bernwards zu bringen. Heinrichs Fürsorge gilt auch der Neugründung und Reform von Kanonikerstiften[3].

Man hat Heinrichs Klosterreform auf den Einfluß Clunys zurückführen wollen. *Cluny*[4], das von Wilhelm von Aquitanien unter seinem ersten Abt Berno 910 im französischen Herzogtum Burgund gestiftet worden war, hatte sich unter seinem zweiten Abt Odo (927–942) und noch mehr unter seinem vierten Abt Majolus (954–994) zu dem Mittelpunkt einer großen Reformbewegung in der Tradition Benedikts von Aniane entfaltet. Exemt von allen weltlichen Gewalten und von seinem Diözesanbischof, nur dem Papst unterstellt, war der Abt von Cluny das Haupt einer eigenen Kongregation: Die von ihm reformierten Klöster unterstanden ihm in verschiedenen Graden der Abhängigkeit je nach ihrer Größe. Die ›Consuetudines‹, die den Tagesablauf der Mönche in seiner liturgischen Ordnung bis ins kleinste festlegen, geben den inneren Halt, nach dem diese unruhige und reformfreudige Zeit verlangt, die Gemeinschaft den äußeren Schutz gegen die ständig drohenden Beraubungen. Die überragenden Persönlichkeiten seiner ersten Äbte machten Cluny zu einer Macht über den monastischen Bereich hinaus. Ihre langen Regierungszeiten gaben ihnen die Stetigkeit, die den anderen Regierungsgewalten fehlte. Der Biograph Odilos berichtet, daß Heinrich II. dem Abt Odilo (994–1048)[5] sehr zugetan gewesen und seinem Rat gern gefolgt sei: Beide waren einig in ihrem Streben, die Klöster ihrer eigentlichen Bestimmung zu erhalten. Doch die Reform in Deutschland ging eigene Wege[6]. Von einem Einfluß Clunys auf Heinrich oder seine Äbte kann nicht gesprochen werden: Die Bischöfe haben einen entscheidenden Anteil an der Erneuerung; Klöster werden ihnen unterstellt, von Exemtion ist so wenig die Rede wie von einer Kongregationsbildung oder einem Verschwinden der Vogtei. Obwohl Richard, Abt von St. Vannes in Verdun (1004–46), kurze Zeit in Cluny war, zeigt doch die von ihm ausgehende Klosterreform in Nordfrankreich, Flandern, Ober- und Niederlothringen nur wenig Spuren Cluniazenser Art. Seine Fürsorge galt auch dem Besitzstand der Klöster und ihren Bauten. Materieller Wohlstand sollte den wahren Gottesdienst fördern. Die Ausbreitung seiner Bewegung verdankt er der Unterstützung durch die Bischöfe Lothringens, durch seine beiden Herzöge und die Grafen von Flandern und Hennegau. Von St. Vaast in Arras berief Heinrich II. 1020 Richards Mitarbeiter Poppo zum Abt der Klöster Stablo-Malmedy, wo er sich gewaltsam durchsetzen mußte; ähnlichen Widerstand leisteten ihm auch die Mönche von St. Maximin in Trier, das er 1024 übernahm; auch hier wollte man bei den alten Gewohnheiten bleiben, denen die Observanz dieser zweiten lothringischen Erneuerungsbewegung nicht entsprach. Im Reich fand diese Reform zur Zeit Heinrichs II. noch keinen Eingang.

Die *Bischöfe* sind für Heinrich, wie für die Ottonen, die zuverlässigsten Stützen seiner Herrschaft; als ihr »simmista« (Thietmar VI, 38) steht er einer Reihe von Synoden vor und hat einen maßgebenden Einfluß auf ihre Beschlüsse, sogar auf ihre Entscheidungen über den kirchlichen Kult. Er erhebt Bischöfe auch gegen einen anderen Vorschlag des Kapitels, und bei Bestätigungen alter Privilegien streicht er das der Wahlfreiheit. Er hat als erster die Reichskirche konsequent mit im Hofdienst bewährten Männern ausgebaut. Wie in Italien erhebt er auch in Deutschland gern Bischöfe aus anderen Landesteilen: Der Bayer Tagino wird Erzbischof von Magdeburg. Er kommt, wie viele andere, aus der königlichen Kapelle; auch das Kanzleramt ist eine Vorstufe zum Episkopat. 1009 erhält der reiche Meinwerk das arme Paderborn, daß er ihm seinen Besitz zukommen lasse; dasselbe muß der vermögende Thietmar für Merseburg versprechen (1009). 1013 überläßt Unwan von Bremen ein Drittel seines Vermögens dem König, der es Paderborn schenkt, ein Drittel seiner eigenen Kirche. Das reiche Lüttich erhält 1021 einen Geistlichen aus niederstem Stande zum Bischof, wie 1014 Eichstätt; beide kamen aus dem

Bamberger Klerus wie die Bayern Pilgrim von Köln (1021) und Poppo von Trier (1016). Cambrai, der Erzdiözese Reims zugehörig und ins französische Sprach- und Herrschaftsgebiet übergreifend, wird dem vornehmen Lothringer Gerhard übergeben, der in Reims erzogen und königlicher Kaplan gewesen war[7].

Wie kein König vor ihm, tritt Heinrich als Kanoniker in Domkapitel ein: zu Paderborn (DD 368), Magdeburg, Bamberg und Straßburg; er hat an ihren Gebetsgemeinschaften teil und bezieht seine Pfründe, die ein stellvertretender »capellanus« erhält[8]. Die von ihm reicher beschenkten Domkapitel unterhalten die Hofgeistlichkeit, soweit sie den reisenden König nicht begleitet. Stärker als zuvor werden Bischöfe und Äbte mit Reichsgut beschenkt und herangezogen, den König und sein Gefolge zu unterhalten, da die Pfalzen nicht mehr ausreichen und das Netz der Königstraßen dichter wird[9]. Zwischen Rhein und Werra entsteht ein geschlossenes Territorium der Reichskirche[10]. Festkrönungen in den Bischofskirchen erhöhen den Glanz des Königtums[11].

Das Bistum Merseburg wurde 1004 wiederhergestellt, Bobbio 1014 zum Bistum erhoben. Die Stiftung des Bistums Bamberg (1. 10. 1007) hat Heinrich den Namen des Heiligen eingetragen. Auch hier wurde ein aus religiösem Impuls entstandenes Werk mit der Umsicht und Ausdauer eines überlegenen Verstandes durchgeführt. Mit weithin unbesiedelten Landstrichen und einem noch 1059 bezeugten slavischen Bevölkerungsteil war Bamberg Missionsbistum; der Mainzer Erzdiözese zugeordnet, gleichwohl in den besonderen Schutz Roms gestellt, genoß es eine Sonderstellung unter den deutschen Bistümern. Es bekam die ehemals schweinfurtischen Grafschaften in Oberfranken, Herzogs- und Königsgut in Bayern, Güter in Ober- und Niederösterreich, Steiermark, Kärnten, Tirol mit wichtigen Gebirgsstraßen. Der kinderlose König hatte Gott zu seinem Erben gesetzt; der Bischof sollte auf seinem weit verstreuten Besitz die königliche Herrschaft vertreten[12].

Nicht immer entsprachen die Interessen des Reiches und die der Kirche einander. Der leidenschaftlichen Bitte des Missions-Metropoliten Brun von Querfurt, Frieden mit Boleslaw zu schließen, mit dessen Hilfe Brun die Bekehrung der Preußen durchführen wollte, gab Heinrich nicht nach; in Ungarn und Rußland hatte Brun missioniert, aber es gelang ihm 1008 nicht, den König vom Bunde mit den heidnischen Liutizen gegen den christlichen Polenkönig zu lösen[13].

[1] Als Übersicht: TH. SCHIEFFER, Heinrich II. u. Konrad II. Die Umprägung des Geschichtsbildes durch die Kirchenreform des 11. Jh., DA 8 (1951); dazu differenzierend J. SEMMLER, Traditio u. Königsschutz, Studien z. Gesch. der kgl. Monasteria, ZRG KA 45 (1959); H. E. FEINE, Klosterreformen im 10. u. 11. Jh. u. ihr Einfluß auf die Reichenau u. St. Gallen, in: Aus Verf.- u. Landesgesch. (Festschr. f. Th. Mayer, Bd. 2, 1955); H. APPELT, Das Diplom K. Heinrichs II. für Göss vom 1. V. 1020 (1953); dagegen behält H. L. MIKOLETZKY, K. Heinrich II. u. d. Kirche (1946), rez. H. APPELT, MIÖG 56 (1948), S. 443 ff., den Sammelnamen Cluny für alle Reformen bei. Heinrich II. gilt ihm als Vorkämpfer von Cluny, das dem Papst angetragene Schutzverhältnis über Bamberg u. Fulda wird als Beginn einer vollständigen Emanzipation der dt. Kirche, als Bekenntnis zu Cluny mißverstanden.

[2] F.-J. SCHMALE, Zu den Briefen Berns v. Reichenau, ZKiG 68 (1957); ders. (Hg.), Die Briefe d. Abtes Bern v. Reichenau (1961).

[3] Dazu jetzt die Untersuchungen von CH. DEREINE, in: Dict. d'hist. et de géogr. eccl. 12 (1951), S. 353 ff.; ders., RHE 41 (1946) u. ö.; J. SIEGWART, Die Chorherren- u. Chorfrauengemeinsch. in d. dt.-sprach. Schweiz vom 6. Jh.–1160, mit einem Überblick über die dt. Kanonikerreform des 10. u. 11. Jh. (1962), bes. S. 99 ff. u. 149 ff.

[4] Grundlegend noch E. SACKUR, Die Cluniazenser (2 Bde. 1892/94, Ndr. 1965); G. DE VALOUS, Le monachisme clun. des origines au XVe siècle (2 Bde. 1935); PH. SCHMITZ, Hist. de l'Ordre de s. Benoît 1 (1942), S. 127 ff., S. 152 ff.; G. DE VALOUS, Cluny, in: Dict. d'hist. et de géogr. eccl. 13 (1956), S. 169 ff.; K. HALLINGER, Klunys Bräuche z. Zt. Hugos d. Gr. 1049–1109, ZRG KA 45 (1959), dazu jetzt K. HALLINGER (Hg.), Corpus consuetudinum monasticarum 1–3 (1963 ff.). Zur umstrittenen Frage der Stellung des Episkopats zu Cluny: J. WOLLASCH, H.-E. MAGER u. H. DIENER, Neue Forschungen über Cluny u. d. Cluniacenser, hg. v. G. TELLENBACH (1959), rez. H. BÜTTNER, HJb 83 (1964), S. 380 ff.; H. HOFFMANN, ZKiG 72 (1961), S. 169 f.; TH. SCHIEFFER, HZ 195 (1962), S. 644 ff. Clunys Stellung zu Exemtion und Vogtei bedarf noch eingehender Untersuchung.

[5] J. HOURLIER, S. Odilon, abbé de Cluny (1964), unergiebig. Odilos Brief an einen K. Heinrich (NA 24, 1894) ist nach C. ERDMANN (DA 6, 1943) an Heinrich II. gerichtet. P. LAMMA, Momenti di storiografia cluniacense, Studi storici 42–44 (1961), hält ihn für eine Schulübung; vgl. auch A. HAUCK, Bd. 3, S. 585.

[6] Nachdem schon bes. E. SABBE, Notes sur la réforme de Richard de St. Vannes dans les Pays-bas, Rev. Belge de phil. et d'hist. 7 (1928), u. a. Historiker auf d. Unterschiede der Reformbewegungen aufmerksam gemacht hatten, wurden sie von K. HALLINGER, Gorze-Kluny. Stud. zu d. monast. Lebensformen u. Gegensätzen (2 Bde. 1950/51), in allen Einzelheiten untersucht, rez. mit manchen Einwänden H. E. FEINE, ZRG KA 37 (1951), TH. MAYER, HZ 171 (1952), TH. SCHIEFFER, Arch. f. mittelrhein. KiG 4 (1952), U. LEWALD, Rhein. Vjbll. 18 (1953), M. L. BULST-THIELE, »Trachtenwechsel« im Kloster Berge u. in St. Emmeram?, DA 24 (1968); vgl. K. HALLINGER, Zur geist. Welt d. Anfänge Klunys, DA 10 (1953/54), u. ähnlich Revue Mabillon 46 (1956); H. BÜTTNER, Verf.gesch. u. lothr. Klosterreform, in: Festschr. G. Kallen (1957). Zur umstrittenen Frage des Verhältnisses von Cluny zum Investiturstreit: À Cluny, Congrès scientifique (1950), dazu TH. SCHIEFFER, HJb 71 (1952), S. 402 ff.; K. HALLINGER, Neue Fragen der reform-

gesch. Forschung, Archiv f. mittelrhein. KiG 9 (1957); HARTM. HOFFMANN, Von Cluny zum Investiturstreit, AKG 45 (1963). Überzeugender, die Unterschiede betonend G. TELLENBACH, Vom Wesen der Cluniazenser, Saeculum 9 (1958), u. TH. SCHIEFFER, Cluny et la querelle des Investitures, RH 225 (1961); J.-F. LEMARIGNIER, Structures monastiques et structures politiques dans la France de la fin du Xe et des débuts du XIe siècle, in: Settimane ..., Spoleto 4 (1957), ebd. K. HALLINGER, Progressi e problemi delle ricerche sulla riforma pre-gregoriana. Über Clunys Spiritualität: J. LECLERCQ, Cluny fut-il ennemi de la culture? Revue Mabillon 47 (1957) gegen K. HALLINGER, ebd. 46 (1956), S. 117 ff.; vgl. Spiritualità Cluniacense, Convegni del Centro di studi sulla spiritualità medievale (1960). H. DAUPHIN, Le bx. Richard, abbé de St. Vannes de Verdun (1924).

[7] J. FLECKENSTEIN, Hofkapelle 2: Die Hofkapelle im Rahmen der otton.-sal. Reichskirche (1966), bes. S. 208 ff. mit Lit.; K. Heinrich II. als Leiter von Synoden: A. HAUCK, Bd. 3, S. 428 ff.; M. BOYE, Die Synoden Dtlds. u. Reichsitaliens 922–1059, ZRG KA 18 (1929); u. ders., NA 48 (1930).

[8] A. SCHULTE, Dt. Könige, Kaiser u. Päpste als Kanoniker an dt. u. röm. Kirchen, HJb 54 (1934; selbständ. Ndr. 1960); J. FLECKENSTEIN, Rex canonicus, s. o. Kap. 16, Anm. 10; ders., Hofkapelle 2, S. 230 f.: In Paderborn wurde auch die Königin Kunigunde in das Kapitel aufgenommen.

[9] B. HEUSINGER, Servitium regis in der dt. Kaiserzeit, AUF 8 (1923); H. J. RIECKENBERG, Königsstraße u. Königsgut in liudolfingischer u. frühsalischer Zeit, AUF 17 (1941; selbständ. Ndr. 1965); TH. MAYER, Das dt. Königtum u. sein Wirkungsbereich (1941) = ders., Mal. Studien (1959), mit Itinerar Heinrichs II. u. Konrads II.

[10] G. KALLEN, K. Heinrich II. u. Würzburg, in: Herbipolis jubilans (Würzburger Diözesanblätter 14/15, 1952/53).

[11] s. o. Kap. 15, Anm. 3.

[12] E. FRHR. V. GUTTENBERG, Das Gründungsprivileg P. Joh. XVIII. für das Bt. Bamberg, Zs. f. bayer. Landesgesch. 4 (1931); ders., Das Bt. Bamberg, Germania sacra 2, 1 (1937), S. 29 ff., betont die polit. Bedeutung der Gründung. M. BECK u. H. BÜTTNER, Die Bistümer Bamberg u. Würzburg in ihrer polit. u. wirtschaftl. Bedeutung für die Gesch. d. dt. Ostens (1937); TH. MAYER, Die Anfänge des Bt. Bamberg, in: Festschr. E. E. Stengel (1952); ders., Fürsten u. Staat (1950), S. 248 ff., zeigt die Sonderstellung Bambergs, das kein Immunitätsprivileg erhielt. H. GÜNTER, K. Heinrich II. u. Bamberg, HJb 59 (1939), legt das Gewicht auf den geistl. Charakter der Stiftung. F. GELDNER, Das Hochstift Bamberg in d. Reichspolitik von K. Heinrich II. bis K. Friedrich Barbarossa, HJb 83 (1964); G. ZIMMERMANN, Bamberg als kgl. Pfalzort, Jb. f. fränk. Landesforschung 19 (1959); L. SANTIFALLER, Zur Gesch. des otton.-sal. Reichskirchensystems, SB Wien 229 (1954, ²1964), mit statist. Anhängen über kgl. Wahlprivilegien für die dt. Kirche, Verleihung u. Bestätigung staatl. Hoheitsrechte, Standesverhältnisse der Bischöfe, Kaiserrechte bei der Papstwahl usw.

[13] Bruns Brief an K. Heinrich II. bei W. GIESEBRECHT 2, S. 702 ff. Eine psycholog. Studie über Brun bietet H. L. MIKOLETZKY, in: Festschr. des Haus-, Hof- u. Staatsarchivs Wien 1 (1949); H. D. KAHL, Compellere intrare, Die Wendenpolitik Bruns von Querfurt im Lichte hochmal. Missions- und Völkerrechts, Zs. f. Ostforschung 4 (1955); R. WENSKUS, s. o. Kap. 16, Anm. 9.

Kapitel 23
Burgund, Heinrichs dritter Polenkrieg und dritter Italienzug

Bei der ersten Begegnung Heinrichs mit Robert von Frankreich hatte dieser ihn wohl als Erben seines kinderlosen Oheims Rudolf von *Burgund* anerkannt. Es gelang Heinrich, von König Rudolf ein eidliches Versprechen dieser Erbschaft zu erhalten; vielleicht als Pfand dafür besetzte er 1006 die Stadt Basel, deren Bistum schon einen deutschen Sprengel auf Reichsgebiet besaß und dessen Hochstift sein Andenken als Heiligen und als Stifter des goldenen Altarantependiums bis auf diesen Tag feiert[1]. Auf deutschen Synoden erschienen burgundische Bischöfe, aber die mächtigen und unabhängigen weltlichen Grossen wünschten Heinrich nicht als Nachfolger. Um sich vor ihnen zu schützen, besonders vor Otto-Wilhelm, der die spätere Freigrafschaft Burgund, französische und burgundische Lehen und einen großen Eigenbesitz verwaltete, kam 1016 Rudolf zum Kaiser nach Straßburg, erneuerte das Erbversprechen, indem er ihm zugleich sein Reich als Lehen auftrug[2] (Thietmar VII, 27/8), und verlieh ihm ein Mitbestimmungsrecht bei wichtigen Entscheidungen. Aber es gelang dem Kaiser nicht, Otto-Wilhelm aus Basel und anderen festen Plätzen seiner Grafschaft zu vertreiben, der nach dem Verzicht auf das französische Herzogtum Burgund hier seine ganze Kraft konzentrierte. Eine Verbindung zwischen König Rudolf und den lombardischen Großen, über deren Widersetzlichkeit und Gewalttätigkeit Leo von Vercelli noch im Jahre 1016 klagt[3], wurde jedoch verhindert. Noch einmal erschien König Rudolf 1018 in Mainz beim Kaiser, diesmal Heinrichs Lehnsherrschaft durch die symbolische Überreichung von Zepter und Krone bestätigend. Heinrich zog am Jahresende gegen die rebellischen burgundischen Grafen bis zur Rhone; mehr Erfolg hatte ein Zug elsässischer und schwäbischer Ritter nach Burgund. Heinrich urkundete 1020 und 1023 wieder in Basel. Überlegen und mit Ausdauer kämpfte er um den Besitz Burgunds[4], der allein eine wirkliche Herrschaft über Italien sichern konnte.

Niederlothringen übertrug Heinrich 1012 dem Ardennengrafen Gottfried. Erst jetzt wurde ein eigentliches Herzogtum Niederlothringen geschaffen; nach vielen Fehden gelang es Gottfried, in der Schlacht bei Fleurus 1015 den Widerstand gegen die kaiserliche Oberhoheit zu brechen. Aber sein Zug gegen Dietrich III. von Westfriesland (Holland), Liutgards (Kap. 20) Sohn, der durch Befestigungen an der Maasmündung den Handel der Utrechter Städte bedrängte, endete mit der Niederlage des lothringischen Heeres in den Sümpfen auf Ysselmonde 1018.

Gemäß dem Vertrag von 1013 (Kap. 20) waren deutsche Ritter dem Herzog *Boleslaw* nach Kiew gefolgt, er aber hatte nicht Heeresfolge nach Italien geleistet. Seine Weigerung, Genugtuung zu leisten, veranlaßte den Kaiser, im Juli 1015 wieder gegen ihn zu ziehen. Der Kaiser überschritt die Oder bei Krossen und schlug eine polnische Schar unter Boleslaws Sohn Mieszko. Aber weder das Nordheer mit den Liutizen unter Herzog Bernhard, der bis Küstrin gelangte, noch das Südheer aus Böhmen und Bayern, das in Schlesien eindrang, konnte sich mit ihm vereinen, so daß seine Nachhut auf dem Rückzug schwer geschlagen wurde. Nach ergebnislosen Verhandlungen und einem Bündnis mit Jaroslaw von Kiew, das unwirksam blieb, zog der Kaiser Ende Juli 1017 vor Nimptsch in Schlesien, ohne es einnehmen zu können, während polnische Scharen bis über die Elbe vordrangen. Sächsische Fürsten vermittelten im Januar 1018 zu Bautzen endlich den Frieden mit Boleslaw, der ihm einen Feldzug nach Rußland und die Einsetzung seines Schwiegersohnes Swjatopolk als Großfürsten von Kiew ermöglichte. Die Bedingungen dieses Friedens, »non ut decuit, set sicut tunc fieri potuit« (Thietmar VII, 1), sind nicht bekannt; Boleslaw, der die Lausitz und das Milzener Land wohl als deutsche Lehen behielt, nahm als vierte Gemahlin Oda, eine Tochter Ekkehards von Meißen. Boleslaw bedurfte dieser Verbindung mit dem sächsischen Adel zur Aufrechterhaltung seiner Macht im eigenen Land. Wieder zogen 1018 deutsche Ritter mit Boleslaw nach Osten; diesmal wurde Kiew eingenommen. Der Frieden hatte bis zum Tod Heinrichs Bestand.

Fehden hörten in *Sachsen* nicht auf; der Herzog und die Grafen machten den Erzbischöfen von Magdeburg und Hamburg-Bremen und den Bischöfen die reichen Schenkungen des Kaisers streitig, und bei der Behandlung der Elbslaven, welche die Geistlichen missionierten, die Fürsten zu hohen Tributzahlungen zwangen, gab es Konflikte[5]. Unbehelligt brachen nach dem Bautzener Frieden die Liutizen in Mecklenburg ein, vertrieben den christlichen Fürsten der Obodriten und zerstörten alle Kirchen des Landes. 1019 besiegte der Dänenkönig Knut, vielleicht im Einvernehmen mit seinem Verwandten Boleslaw[6], die Obodriten und Wagrier. Heinrich verband sich nicht mit ihm; damals richteten sich die aufständischen sächsischen Grafen gegen ihn. Sichere Nachrichten über den Aufstand, über Beziehungen zwischen Knut und Heinrich fehlen. Heinrich unterwarf die sächsischen Herren und begnadigte sie, 1020 auch den aufständischen Herzog Bernhard, der 1011 dem Vater gefolgt war; er brachte in der Folgezeit wieder die Obodriten in die Botmäßigkeit des Reiches. Diese Begnadigungen des Kaisers sind wohl Bemühungen um gerechten Ausgleich in – für uns nicht mehr durchsichtigen – territorialen und Rechtsansprüchen. Selbstbehauptung, Widerstand gegen den landfremden König und seine Helfer, nicht Insurrektion führt hier wie in Lothringen zu den Spannungen zwischen fürstlicher und königlicher Macht. Die Zehntzahlungen der elbslavischen Fürsten an die Bischöfe ihres Landes, die sie dem Kaiser 1021 zu Werben zusagten, blieben aus. Die Bischöfe von Havelberg, Schleswig, Oldenburg und Brandenburg lebten nicht einmal in ihren Diözesen.

Den Städten Pisa und Genua war es mit Hilfe des Papstes gelungen, die Sarazenen vom Festland und aus Sardinien zu vertreiben; einen Teil der kostbaren Beute sandte der Papst dem Kaiser. Verfügungen eines Straßburger Reichstags im Herbst 1019 (Const. 1 n. 32) bezeugen des Kaisers Sorge für Italien auch in seiner Abwesenheit. Hier wurde auch der Mailänder Aribert und die Deutschen Poppo und Heribert auf die Erzstühle von Mailand, Aquileja und Ravenna erhoben; des Kaisers Beamten, die »missi«, vertraten ihn in Italien[7]. In *Unteritalien* hatte Melo (Ismahel) aus Bari 1009 einen Aufstand gegen die Griechen entfacht, die ihre Untertanen mit hohen Abgaben belasteten, nicht aber gegen die Sarazenen beschützten; 1002 hatte der Doge von Venedig, Otto Orseoli, Bari entsetzen müssen. Nach einer Niederlage flüchtete Melo zum Papst. Mit Hilfe normannischer Krieger hatte Melo zunächst Erfolg, wurde aber durch den neuen Katapan Bojoannes 1018 bei Cannä entscheidend geschlagen: Russische Nordmannen (Waräger) in byzantinischen Diensten standen den französischen Normannen gegenüber[8]. Die lombardischen Fürsten und der Abt von Monte Cassino unterwarfen sich Byzanz. Als der Papst die Grenzen des Kirchenstaates bedroht sah, wandte er sich an den Kaiser und kam Ostern 1020 nach Bamberg[9]. Seit 833 hatte kein Papst die Alpen überschritten. Einen Monat lang berieten beide Fürsten über Kirche und Reich. Die Bestätigung der Schenkung Ottos I., die Heinrich noch um das Gebiet zwischen Narni, Terni und Spoleto und um Rechte an Fulda und Bamberg vermehrte, zeigt die Absicht des Kaisers, den Papst zum Treuhänder der deutschen Herrschaft in Italien zu machen (DD 427). Sowenig wie Otto verfügte Heinrich über den größten Teil der Güter, die er vergabte, darunter auch Süditalien und Sizilien. Melo, der von ihm ernannte Herzog von Apulien[10], starb und fand sein Grab in Bamberg. Erst im Herbst 1021 brach der Kaiser noch einmal nach Italien auf. In drei Heeressäulen zogen die Deutschen vor die von den Griechen errichtete Grenzfeste Troja. Mit dieser und anderen Stadtbefestigungen hatte Bojoannes die Nordgrenze Apuliens gegen den Kirchenstaat geschützt; sie konnte wohl trotz längerer Belagerung nicht eingenommen werden[11]. Der Abt von Monte Cassino floh, sein Bruder Pandulf von Capua wurde gefangen und abgesetzt, Waimar von Salerno unterwarf sich und wurde begnadigt; Pandulf von Teano, ein Verwandter des abgesetzten Grafen, später mit Capua belehnt (DD 483); Benevent war nicht abgefallen. Das alte Reichsgebiet erkannte für kurze Zeit die kaiserliche Oberhoheit an. Die heiße Jahreszeit zwang den Kaiser zu schneller Rückkehr. Zuvor gebot er zusammen mit dem Papst auf einer Synode zu Pavia[12] am 1. 3. 1022 bei schweren Strafen die Ehelosigkeit der Geistlichen bis zum Subdiakon und das Verbleiben kirchenhöriger Priester in unfreiem Stande des Vaters, womit ihnen jeder Gütererwerb untersagt war (Const. 1 n. 34). Ausdruck des Reformwillens, hatten diese Gesetze auch einen praktischen Zweck: Das Kirchengut, das Söhne eines Geistlichen und einer freien Mutter als ihr Erbe beanspruchten, sollte erhalten bleiben. Nur der gleichbleibende Besitz unter der Verwaltung getreuer Bischöfe sicherte dem Kaiser die Herrschaft über Italien. Das Gebot der Ehelosigkeit sollte die italienische Geistlichkeit auf ihre geistlichen Aufgaben und auf ihre Pflichten gegen das Reich beschränken; viele Geistliche, sogar Bischöfe, waren verheiratet oder lebten im Konkubinat. Eine gleiche Bestimmung fehlt in den ähnlichen Goslarer Synodalbeschlüssen von 1019. Eine solche Zusammenarbeit von Papst und Kaiser für Reich und Reform hat sich nur einmal, unter Heinrich III., wiederholt.

[1] C. Pfaff, K. Heinrich II. Sein Nachleben u. sein Kult im mal. Basel (1963), mit Lit. Die Tafel war wohl einem Benediktinerkloster bestimmt, aber nicht Bamberg, wie H. F. Haefele, Die metr. Inschrift auf der Altartafel Heinrichs II., Basler Zs. f. Gesch. u. Altertumskunde 56 (1957), annimmt. J. Siegwart, s. o. Kap. 22, Anm. 3, S. 214 ff.

[2] Vielleicht nach vergeblichem Versuch, selbst gegen Otto-Wilhelm vorzugehen; so H. E. Mayer, Die Politik der Kge. von Hochburgund im Doubsgebiet, DA 18 (1962).

[3] S. o. Kap. 20, Anm. 1.

[4] H. Mitteis, Lehnrecht u. Staatsgewalt (1933; Ndr. 1958), S. 221 ff.; R. Poupardin, Le royaume de Bourgogne (1917); W. Kienast, Dtld. u. Frankr. in der dt. Kaiserzeit (1943), S. 46 f.; J. Scheiding-Wulkopf, Lehnsherrl. Beziehungen d. fränk.-dt. Könige zu anderen Staaten vom 9. bis 12. Jh. (1948), S. 60. Als Übersicht Fr. Baethgen, Das Kgr. Burgund in d. dt. Kaiserzeit des MA, Jb. d. Stadt Freiburg 5 (1942), auch in: ders., Mediaevalia 1 (1960); H. E. Mayer, Die Alpen und das Kgr. Burgund, in: Vorträge u. Forsch. 10 (1965).

[5] Sitz der Opposition gegen den »landfremden Liudolfinger« und die königsfreundlichen Adelssippen (die Immedinger und das Geschlecht Bernwards v. Hildesheim) ist Werla. W. Berges, Der Werla-Goslarer Reichsbezirk, in: Deutsche Königspfalzen 1 (1963), bes. S. 151 f.; B. Schmeidler, Hamburg-Bremen u. Nordost-Europa im 11. Jh. (1918), S. 318 ff.; A. Hofmeister, Der Kampf um die Ostsee vom 9.–12. Jh. (Greifswalder Universitätsreden 29, 1931), S. 15 f.; G. Glaeske, Die Eb. von Hamburg-Bremen als Reichsfürsten. 937–1258 (1962). – Zum Adel in Sachsen u. Lothringen: G. Tellenbach, Vom karol. Reichsadel zum dt. Reichsfürstenstand, in: Vorträge u. Forsch. 2 (1956).

[6] W. Brüske, s. o. Kap. 19, Anm. 10.

[7] I placiti del »Regnum Italiae«, hg. v. C. Manaresi, in: Fonti per la storia d'Italia 96, 2 (1958).

[8] L. Heinemann, Gesch. d. Normannen in Unteritalien u. Sizilien 1 (1894); J. Gay, L'Italie méridionale et l'empire byzantin depuis l'avènement de Basile jusqu'à la prise de Bari. 867–1071 (1904, ital. Übers. 1917); F. Chalandon, Hist. de la domination normande en Italie et en Sicile (2 Bde. 1907); O. Vehse, Die Normannen im Mittelmeer, WaG 5 (1939), S. 25 ff. u. 233 ff.; W. Kölmel, Rom u. der Kirchenstaat im 10. u. 11. Jh. (1935), S. 75 ff. Gegen E. Joranson, The Inception of the Career of the Normans in Italy. Legend and History, Speculum 23 (1948), S. 353 f. und C. G. Mor, La difesa militare della Capitanata ed i confini della regione al principio del secolo XI, in: Papers of the British School of Rome 24 (1956), macht jetzt H. Hoffmann, Die Anfänge der Normannen in Süditalien, QFItA 49 (1969) wahrscheinlich, daß normannische Pilger wohl schon 999, spätestens 1015/16 halfen, die Stadt Salerno von den Sarazenen zu befreien, daß normannische Söldner, von Waimar IV. von Salerno aus ihrer Heimat gerufen, unter Melo mit Unterstützung Papst Benedikts VIII. gegen d. Griechen kämpften; die Namensform Melo nach DH III 322.

[9] Über die Festlichkeiten in Bamberg vgl. den Brief des Diaconus Bebo, Ph. Jaffé, Bibl. 5, S. 492 ff.; K. Lübeck, Die Besitzverhältnisse der Reichsabtei Fulda vom 10.–12. Jh., HJb 59 (1939); vgl. o. Kap. 22, Anm. 12.

[10] Über die Bedeutung des Titels »dux Apuliae« s. J. Deér, Der Lehenskonflikt zwischen d. Papsttum u. d. südital. Normannen, in: Protokoll über die Arbeitstagung Oktober 1961 auf d. Insel Reichenau. – Über den wohl von ihm geschenkten Himmelsmantel P. E. Schramm, Renovatio 1, S. 202 u. 206, u. ders., Der Kg. von Frankreich (^{2}1960), S. 159 f., gegen R. Eisler, Weltenmantel u. Himmelszelt 1 (1910), S. 5.

[11] W. Holtzmann, Der Katepan Boioannes u. die kirchl. Organisation der Capitanata, in: Nachr. Ak. Göttingen (1960). Die sich widersprechenden Nachrichten über die Einnahme oder Nicht-

einnahme Trojas: Storia politica d'Italia 5, 1 (1952); C. G. MOR, L'Età feudale, S. 570 m. Anm.

[12] A. HAUCK, Bd. 3, S. 528 ff.; J. HALLER, Papsttum 2 ([2]1951), S. 275 f.; s. o. Kap. 22, Anm. 7; C. VIOLANTE, La società Milanese nell'età precomunale (1953), S. 159 f., rez. TH. SCHIEFFER, DA 11 (1954); Fr. KEMPF, Die Kirche im ZA d. gregor. Reform, in: Hdb. d. KiG, hg. v. H. JEDIN, Bd. 3 (1966), S. 287; V. v. FALKENHAUSEN, Untersuchungen über die byzantin. Herrschaft in Südit. v. 9. bis ins 11. Jh. (1967).

Kapitel 24
Die Kanzlei. Letzte Jahre Heinrichs II.

Die allein überlieferten Zeugnisse der königlichen Amtswaltung sind die Urkunden der Kanzlei. Die bedeutenderen Kapelläne Ottos III. wurden von Heinrich II. übernommen, wie er überhaupt bei aller Verschiedenheit der Persönlichkeit vieles von seinem Vorgänger übernahm, anderes von Otto I. wieder aufnahm; so wurden in seiner Hofkapelle Mönche durch Weltgeistliche, zumeist Kanoniker ersetzt[1]. Da Ottos III. Erzkanzler für Italien, Peter von Como, zu Arduin abgefallen war, zeichnete Willigis zunächst auch für die wenigen italienischen Urkunden. Heribert von Köln verlor das Kanzleramt und erlangte erst kurz vor seinem Tod wieder die Gnade des Königs. Ein Notar Ottos III. sorgte für die Wahrung der Kontinuität des Kanzleigebrauches. 1013 wurde Eberhard von Bamberg, der als Bischof Kanzler für Deutschland geblieben war und zwei Jahre darauf dafür das neu errichtete italienische Kanzleramt eingetauscht hatte, Erzkanzler für Italien, auch dies ein Zeichen der Sonderstellung des Bamberger Bistums; bei den 83 Urkunden für seine Kirche sind eigene Schreiber beschäftigt worden. Für weltliche Empfänger sind wenige Urkunden überliefert. Die Schenkungen an Bischöfe, darunter mehrere Grafschaften, stehen an Zahl und Wert denen an Klöster voran.

Bei der Verschiedenheit der geltenden Volksrechte war eine Einheit des Rechts nur im geistlichen Bereich auf Grund der überlieferten »canones« möglich. Ihre Sammlung durch Burchard von Worms um 1008–1012 stellte die Rechtseinheit der Karolingerzeit wieder her: Sie wurde im ganzen christlichen Abendland verbreitet[2]. Nach dem Vorbild seines Hof- oder Dienstrechtes für die Wormser »familia« bestimmte Heinrich, als Beginn einer Strafgesetzgebung, die Strafen für

Streitigkeiten und Gewalttaten zwischen den »familiae« von Worms und Lorsch, Fulda und Hersfeld (DD 501, 507).

In Heinrichs *letzten Jahren* traten wohl die Fehden, die besonders Lothringen und Sachsen verheert hatten, zurück. Im August 1023 traf er nach vorangegangener Gesandtschaft Bischof Gerhards von Cambrai und Abt Richards von St. Vannes mit König Robert von Frankreich in Ivois an der Chiers zusammen: Ein Konzil zu Pavia sollte die französische, deutsche und italienische Geistlichkeit versammeln, um über eine allgemeine Reform der kirchlichen Zustände zu beraten. Freundschaft und gegenseitige Hilfe beider Fürsten sollte die Macht der französischen Grafen der Grenzgebiete eindämmen. Neben Balduin IV. und Otto-Wilhelm war auch Odo v. d. Champagne mächtig geworden: Er mußte seine Burgen auf lothringischem Boden schleifen[3].

Die Luxemburger (Kap. 20) blieben Heinrich treu, 1017 wurde der abgesetzte Herzog Heinrich wieder mit Bayern belehnt. Den Konradinern traute er nicht und auch nicht den mit ihnen verwandten Saliern. Das Herzogtum Kärnten wurde nach Herzog Konrads Tod (1011) dem Markgrafen Adalbero von Eppenstein übertragen[4]. Der spätere Kaiser Konrad, der 1015 die verwitwete Schwabenherzogin Gisela heiratete, erhielt nicht die Vormundschaft über den jungen Schwabenherzog Ernst. Seine Familie war aus Worms verdrängt worden[5]. Die schon jahrelang bestehende, aber kanonisch nicht zulässige Ehe eines anderen Konradiners, Ottos von Hammerstein, mit Irmingard wurde vom Kaiser wohl vor allem aus politischen Gründen angefochten. Nach dreimonatiger Belagerung der Burg Hammerstein zwang er 1020 Otto zur Unterwerfung und zog seinen Besitz ein, da Otto 1018 sich seiner Exkommunikation mit einer Fehde gegen den Erzbischof von Mainz widersetzt hatte. Aribo (seit 1021) setzte auf einer Mainzer Synode 1023, da das Paar weiter zusammenlebte, ihre erneute Exkommunikation durch: Otto unterwarf sich, Irmingard ging nach Rom zum Papst[6]. Während Heinrich zu Ivois über ein allgemeines Konzil verhandelte, verbot Aribo mit seiner Synode zu Seligenstadt, ohne Erlaubnis des zuständigen Bischofs und ohne vorherige Leistung der auferlegten Buße nach Rom zu appellieren. Die Beschlüsse sind nicht »nationalkirchlich«, vielmehr als einheitliche Gesetzgebung im Sinne von Burchards Dekret zu verstehen, mit dem zusammen sie auch überliefert sind. Doch schon Benedikt strafte Aribos

Eigenmächtigkeit mit Entziehung des Palliums[7]. Aribos Suffragane und Kunigunde mit ihren Brüdern traten für Aribo ein, der sich nicht unterwarf und auch den Salzburger Erzbischof Pilgrim zu gewinnen suchte. Ehe sich der Kaiser hatte entscheiden können, starb er in der Pfalz Grone (bei Göttingen) am 13. 7. 1024, 52 Jahre alt. Sein Grab fand er in seiner Stiftung Bamberg[8]. Papst Benedikt VIII. war ihm im April vorausgegangen. Sein Bruder und Nachfolger Johann XIX. nahm Aribos Fall nicht wieder auf.

Zu Beginn seiner Regierung ließ Heinrich II. einen Bullenstempel nach dem Vorbild der letzten Bulle Karls des Großen mit der Umschrift »Renovatio Regni Francorum« prägen[9]. In Abkehr von den Weltherrschaftsplänen Ottos III. beschränkte sich Heinrich auf das Erreichbare; er bändigte und sammelte Untertanen und Nachbarn zur Schaffung eines wirklichen Reiches. In den Männern der Kirche fand er die besten Helfer. Mit ihnen verband ihn auch seine hohe geistliche Bildung[10]. Die Bamberger Kirche, die ihre Bedeutung und ihren Reichtum ihm verdankte, hat 1146 seine und 1200 Kunigundes Heiligsprechung erreicht[11], doch galt seine Hauptsorge dem Reich, dem er die Bischöfe und Äbte dienstbar machte. Die Macht des Reiches in den folgenden Jahrzehnten hat er begründet. Erst seine Nachfolger ernteten die Früchte seiner Umsicht und Ausdauer.

[1] H. BRESSLAU, Erläuterungen zu d. Diplomen H. II., NA 20 (1895). Zum ganzen Abschnitt: J. FLECKENSTEIN, Hofkapelle 2, mit ält. Lit.

[2] H. E. FEINE, Kirchl. Rechtsgesch. 1 (^{4}1964), S. 158, mit Lit.; A. HAUCK, Bd. 3, S. 437 ff.; WATTENBACH-HOLTZMANN 1, 2, S. 211; J. HALLER, Bd. 2, S. 258 ff.

[3] W. KIENAST, vgl. Kap. 23, Anm. 4. Über Odo: J. LANDSBERGER, Graf Odo I. (II.) v. d. Champagne (Diss. Göttingen 1878); LEONCE LEX, Eudes comte de Blois, de Tours, de Chartres, de Troyes et de Meaux (995–1037) et Thibaut son frère 995–1004 (Troyes 1892).

[4] NDB 1 (1953), S. 40.

[5] Zum Wormser Dukat der Salier: H. WERLE, Titelherzogtum u. Herzogsgewalt, ZRG GA 73 (1956); H. BÜTTNER, Das Bt. Worms u. d. Neckarraum während d. Früh- u. HochMA, Arch. f. mittelrhein. KiG 10 (1958). Zur Verwandtschaft: Hg. Konrad v. Kärnten († 1011), Mgf. Adalbero u. der Babenberger Hg. Ernst, der 2. Gemahl der späteren Kaiserin Gisela, waren mit Töchtern des Konradiners Hermann II. v. Schwaben vermählt; H. M. DECKER-HAUFF, Die Ottonen und Schwaben, Zs. f. württ. Landesgesch. 14 (1955).

[6] D. v. KESSLER, Der Eheprozeß Ottos u. Irmingards v. Hammerstein (1923); A. ORTEGEL, Irmingard v. H. im östl. Franken, Mitt. d. Ver. f. Gesch. d. St. Nürnberg 39 (1944), sieht auch in ihrem großen Besitz den Grund für den Prozeß gegen sie.

[7] NDB 1 (1953), S. 851, mit Lit.; M. LINTZEL, Die Beschlüsse d. dt. Hoftage von 911–1056 (1924), S. 123 ff.; M. BOYE, vgl. Kap. 22, Anm. 7.

[8] Totenklage u. Sequenz zur Beisetzung in den ›Carmina Cantabrigensia‹, hg. v. W. Bulst (1950), Nr. XVII u. IX; eine Grabschrift in der ›Vita Meinwerci‹, hg. v. F. Tenckhoff (1921), eine andere MG Poetae 5, 287 f.; B. de Gaiffier, Pesée des âmes, à propos de la mort de l'empereur s. Henri II († 1024), in dess. Etudes critiques d'hagiographie et d'iconologie (1967); J. Bier, Riemenschneider's Tomb of Emperor Henry and Empress Cunegund, The Art Bulletin 29 (1947).

[9] W. Ohnsorge, Die Legation Basilios II. an K. Heinrich II., HJb 73 (1954); P. E. Schramm, Die dt. Kaiser 1, S. 104 u. 116; ders., Die Kaiser aus dem sächs. Hause, MIÖG Erg.Bd. 20 (1962/63).

[10] Handschriften, die Heinrich an Bamberg u. a. Kirchen verschenkt hat, verzeichnet K. Strecker, MG Poetae 5, S. 415 ff., weitere Lit. bei R. Holtzmann, Kaisergesch., S. 493 ff.; H. Jantzen, Ottonische Kunst (1947); vgl. auch u. Kap. 31, Anm. 16.

[11] R. Klauser, Der Heinrichs- u. Kunigundenkult im mal. Bt. Bamberg (1957), mit Lit.

Kapitel 25
Konrads II. Wahl, erste Regierungsjahre und Kaiserkrönung

Das Haus der Liudolfinger war mit Heinrich im Mannesstamm erloschen. Der in den letzten Jahren Heinrichs II. deutlich gewordene Gegensatz zwischen den Erzbischöfen Pilgrim von Köln und Aribo von Mainz wurde wieder offenbar bei der Wahl eines neuen Königs: Aribo mit seinen Suffraganen und Herzog Heinrich von Bayern mit seinem Anhang entschieden sich für Konrad den Älteren, Pilgrim mit seinen Suffraganen und den beiden lothringischen Herzögen für den jüngeren Konrad. Aus mehreren Bewerbern wurden – ähnlich wie 1002 – diese beiden ausgewählt. Beide waren Ururenkel Ottos I. über seine Tochter Liutgard und Enkel Ottos von Kärnten, was indessen nur den sächsischen Annalisten, nicht einmal Wipo bewußt, aber doch für ihre Auswahl entscheidend gewesen ist; ihre hochadelige Abstammung gab ihnen vor anderen, nicht genannten Bewerbern den Vorzug: »ex parte genitorum nobilissimi« (Wipo c. 2). In der Wahlversammlung zu Kamba am Rhein am 4. 9. 1024 setzte Aribo die *Wahl des älteren Konrad* durch, seiner »sententia« schlossen sich die meisten geistlichen und weltlichen Fürsten an; die Mehrzahl der sächsischen Fürsten war nicht zugegen, die Lothringer zogen sich ohne Stimmabgabe zurück. Die Kaiserin Kunigunde, die in den zwei Monaten der Vakanz die Regierungsgeschäfte geführt hatte, übergab dem Gewählten die Reichsinsignien. Kraft ihrer sprach Konrad schon vor seiner Salbung und Krönung durch

Erzbischof Aribo am 8. 9. 1024 in Mainz Recht[1]. Aribo hatte den Vorrang vor Köln behauptet; er empfing auch das Kanzleramt für Italien. – Das reiche Erbe seiner Väter in Franken war dem jüngeren Konrad zugefallen[2]. Der ältere Konrad war wohl um 990 geboren; er verlor früh seinen Vater und wurde von Burchard von Worms erzogen, ohne gelehrte Bildung zu empfangen[3]. Seine kanonisch nicht zulässige Ehe mit Gisela von Schwaben war gegen den Wunsch Heinrichs II. geschlossen; eine schwäbische Fehde hatte ihm zeitweise Verbannung eingetragen.

Es gelang König Konrad bald, die Geistlichkeit Lothringens für sich zu gewinnen. Erzbischof Pilgrim krönte am 21. 9. zu Köln Gisela, der Aribo die Krönung verweigert hatte[4]. Der kirchlichen Salbung und Krönung zu Mainz ließ Konrad seine Erhebung auf den Stuhl Karls d. Gr. in Aachen folgen. In Minden huldigten zu Weihnachten die sächsischen Fürsten wiederum nach Bestätigung ihres alten Rechts. Nach einem Zug durch Ostsachsen, Bayern, Ostfranken und Schwaben war Ende des Jahres 1025 der Umritt beendet[5]. – Die lombardischen Fürsten hatten dem französischen König Robert II., dann Herzog Wilhelm V. von Aquitanien für seinen Sohn die italienische Königskrone angeboten und die Erlangung der Kaiserkrone in Aussicht gestellt[6] (RI S. 11 q, r). Doch die lombardischen Prälaten unter Erzbischof Aribert von Mailand huldigten Konrad zu Konstanz, und die lothringischen Fürsten unterwarfen sich Weihnachten 1025 dem deutschen König; Wilhelm verzichtete. Eine Verschwörung des jungen Herzogs Ernst von Schwaben, der vielleicht Anspruch auf das burgundische Erbe erhob, des jüngeren Konrad, der sich für seinen Kronverzicht nicht entschädigt sah, Graf Welfs und Herzogs Friedrich von Lothringen brach mit der Unterwerfung Friedrichs und Ernsts zusammen. Nachdem im Februar 1026 Heinrich, Konrads Sohn (geb. 1017), unter Zustimmung der Fürsten zum König designiert und die Regentschaft (RI 49 b) in Konrads Abwesenheit dem Erzieher des jungen Heinrich, Bischof Brun von Augsburg, übertragen worden war, brach Konrad nach Italien auf. In Mailand empfing er die lombardische Königskrone, da es ihm nicht gelang, Pavia einzunehmen, wo nach Heinrichs II. Tod die Königspfalz zerstört worden war[7]. Durch Zerstörung von Burgen, Verwüstung des Landes und Sperrung des Tessins suchte er den Widerstand der Pavesen zu brechen. Auch in Ravenna erhob sich ein Aufruhr gegen die deutsche Besatzung.

Zweimal zog der König durch die Poebene und suchte auf Hof- und Gerichtstagen die Ordnung im Lande wiederherzustellen. Endlich unterwarf sich Pavia, und auch die Markgrafen der Lombardei und Tusziens beugten sich dem König; durch völlige Begnadigung suchte Konrad, anders als Heinrich II., sich auch die weltlichen Fürsten zu gewinnen, obwohl seine Urkunden auch Besitz und Rechte der Geistlichkeit bestätigten und mehrten. Die *Kaiserkrönung* am 26. 3. 1027 in Rom geschah durch Papst Johann XIX., der wie sein Vorgänger als Laie erhoben worden war, in Anwesenheit der Könige Knut von Dänemark, mit dem Konrad 1025 ein Bündnis geschlossen hatte, und Rudolf von Burgund, von 70 Prälaten aus Deutschland und Italien und zahlreicher Fürsten. Wegen eines Streites um eine Rindshaut kam es in Rom zu einem verlustreichen Kampf zwischen Deutschen und Römern. In Unteritalien nahm Konrad die Huldigung der Fürsten von Salerno, Benevent und Capua entgegen, das Pandulf IV. mit griechischer Hilfe wieder eingenommen hatte, ohne in die nun bestehenden Ordnungen einzugreifen.

In des Kaisers Abwesenheit hatten Herzog Ernst, Graf Welf und andere Verschwörer den Bischof Brun von Augsburg befehdet. Da die Lehnsmannen Herzog Ernsts ihm zum Kampf gegen den Kaiser den Gehorsam aufsagten (Wipo c. 20), unterwarfen sich der Herzog und die anderen Fürsten dem Kaiser; sie wurden in Haft genommen. Zu Basel erneuerte König Rudolf von Burgund im Sommer 1027 die Verträge von Mainz und Straßburg (Kap. 23) mit Konrad II. und Heinrich, seinem Erben, nachdem die Kaiserin Gisela, seine Nichte, seinen anfänglichen Widerstand gegen den Kaiser überwunden hatte. Mit Zustimmung der Fürsten wurde Heinrich im Juli 1027 als Nachfolger des ohne Erben verstorbenen Herzogs Heinrich von Luxemburg mit dem Herzogtum Bayern belehnt (seit 1029 unter der Vormundschaft Bischof Egilberts von Freising). Die Königskrönung Heinrichs zu Aachen am Ostersonntag, den 14. 4. 1028, durch Pilgrim von Köln, der sich dieses Recht durch Papst Leo IX. verbriefen ließ (JL 3248), entschied über die Nachfolge[8]. Sie ist der Höhepunkt dieser ersten erfolgreichen Jahre.

H. Bresslau, Jbb. des dt. Reiches unter Konrad II. (1879/84), bes. Zusammenfassung 2, S. 338 ff.; J. F. Böhmer, Reg. Imp. III 1, 1: Konrad II., neubearb. von H. Appelt (1951); rez. Th. Schieffer, DA 9 (1952), S. 210 f.; G. Tellenbach, K. Konrad II., in: Deutscher Westen – Deutsches Reich 1 (1938). – Hauptquelle: Gesta Chuonradi II

Imp., von Wipo, dem kgl. Kaplan u. Erzieher Heinrichs III., hg. v. H. Bresslau (1915), mit Übersetzung, in: Ausgew. Quellen z. dt. Gesch. d. MA 11 (1961), Wipos Chronologie ist z. T. nach den Annalisten zu berichtigen; vgl. Wattenbach-Holtzmann 1, 1 S. 76 ff.; Th. Schieffer, DA 8 (1951); H. Beumann, Das Imperium und die »regna« bei Wipo, in: Festschr. Fr. Steinbach (1960). – Der Name Salier für Konrads Geschlecht erscheint zuerst Anfang des 12. Jh., H. Bresslau, Jb. 2, S. 519f. Über Konrads Herkunft H. Schreibmüller, Die Ahnen K. Konrads u. B. Brunos v. Würzburg, in: Herbipolis jubilans (Würzburger Diözesanbll. 14/15, 1952). Die Vermutungen von M. Uhlirz, Waren K. Konrad II. u. dessen Sohn K. Heinrich III. Nachkommen Theophanus? ZGORh 105 (1957), u. W. Ohnsorge, Waren die Salier Sachsenkaiser?, Niedersächs. Jb. 30 (1958), erweisen sich als nicht stichhaltig.

[1] Mit H. Mitteis, Die dt. Königswahl (^{2}1944), S. 78, und H. Beumann (s. o.), und: Zur Entwicklung transpersonaler Staatsvorstellungen, in: Vorträge u. Forschungen 3 (1956, ^{2}1963), ist gegen H. Bresslau, Jbb. 1, S. 13 ff., an Wipos Bericht festzuhalten. U. Stutz, Reims u. Mainz in d. Königswahl des 10. u. zu Beginn des 11. Jh. (SB Berlin 1921), S. 414 ff.; P. E. Schramm, s. Kap. 19, Anm. 4. M. Lintzel, Zur Wahl Konrads II., in: Festschr. E. E. Stengel (1952), auch in: Ausgew. Schriften 2 (1961), betont, daß schon 1002 Vorstellungen des Wahlrechts wirksam waren, da nicht-ottonische Bewerber auftraten, während 1024 noch lebende Verwandte des ottonischen Hauses (die Ezzonen) hinter Konrad zurücktraten; vgl. F. Rörig, Geblütsrecht u. freie Wahl u. ihre Auswirkung auf die dt. Geschichte. 911 bis 1198, SB Berlin 1948; RI III 1, 1, S. 8 m. n.; die von Lintzel in Erwägung gezogene Designation Konrads durch Heinrich II., von der erst ein Jh. später berichtet wird, ist wohl eine Verwechslung mit 919.

[2] S. o. Kap. 24, Anm. 5.

[3] Wipo c. 6: »quamquam litteras ignoraret« ...

[4] Ob wegen der unkanonischen Ehe oder eines Makels ihrer Geburt, ist unbekannt; vgl. N. Bischof, Über die Chronologie der Kaiserin Gisela u. über die Verweigerung ihrer Krönung durch Aribo v. M., MÖIG 58 (1950); Fr. v. Klocke, Die Grafen v. Werl u. die Kaiserin Gisela, Westfäl. Zs. 98/99 (1949); J. H. Rieckenberg, Das Geburtsdatum der Kaiserin Gisela, DA 9 (1952), liest auf ihrer Speyrer Grabplatte 990 (alte Lesung 999); Gisela, Tochter des Schwabenhg. Hermann II., war wohl in 1. Ehe mit Bruno v. Braunschweig, in 2. Ehe mit Hg. Ernst I. v. Schwaben (1012–15) vermählt; RI, S. 6e.

[5] So R. Schmidt (s. o. Kap. 19, Anm. 5), S. 170 f., vgl. auch S. 150 ff., und W. Berges, s. o. Kap. 23, Anm. 5.

[6] Vgl. H. Löwe, Kaisertum u. Abendland in ottonischer u. frühsalischer Zeit, HZ 196 (1963), S. 539; K. F. Werner, HZ 200 (1965), S. 12, Anm. 1.

[7] Über Pavias Bedeutung als Mittelpunkt der kgl. Verwaltung vgl. die Ausgabe der ›Instituta regalia‹ von A. Hofmeister, MG SS 30, 2, S. 144 ff., mit Lit., und A. Schulte, Pavia u. Regensburg, HJb 52 (1932), S. 465 ff.; vgl. Kap. 20, Anm. 2; Storia politica d'Italia 5, 2 (1952): C. G. Mor, L'Età feudale, S. 91.

[8] R. Schmidt (s. o. Kap. 19, Anm. 5), S. 200 ff., mit Lit.; RI 117a; zur Krönung Carm. Cantabrigiensia nr. XVI (nicht von Wipo).

Kapitel 26
Der Osten. Burgund. Die Reichsfürsten

Boleslaw Chrobry hatte 1025 seine Königskrönung durchgesetzt »in iniuriam regis Chuonradi« (Wipo c. 9), war aber bald darauf gestorben. Konrad hatte 1025 in Sachsen den Tribut der Slavenfürsten und später ihre Boten mit Bitten um Hilfe gegen Mieszko, Boleslaws Sohn und Nachfolger, empfangen, aber erst 1029 zog er von Leitzkau (südöstlich Magdeburg) gegen Mieszko, der im Vorjahr Ostsachsen mit Plünderung und grausamen Mordtaten verheert hatte. In dem sumpfigen Gebiet erlitt das kaiserliche Heer große Verluste, gab die Belagerung Bautzens auf und kehrte ohne Erfolg um. 1028 hatte Konrad das seit Jahren durch die Kriegsläufte schwer heimgesuchte Bistum Zeitz nach Naumburg zurückverlegt[1]. Der Tod des Markgrafen Thietmar von der Ostmark veranlaßte Mieszko wieder zu einem Überfall auf das Land zwischen Elbe und Saale. Graf Dietrich von Wettin leistete mit einer kleinen Schar Widerstand. In seltsamem Widerspruch steht die leidenschaftliche Anklage des Magdeburger Annalisten (SS 16, S. 169) zu dem Lob des frommen und gelehrten Königs Mieszko durch die Herzogin Mathilde von Oberlothringen[2]. Da sein Bruder ihm mit russischer Waffenhilfe die Herrschaft streitig machte, erschien es Mieszko nach zwei kurzen Feldzügen Konrads 1031 und 1032[3] geraten, den Kaiser um Frieden zu bitten, der im Juli 1033 zu Merseburg geschlossen wurde: Mieszko verzichtete auf seine königlichen Insignien und durfte nur einen Teil Polens behalten (RI 196a). Nach seinem Tod (1034) richtete sich deutsch- und christenfeindlicher Widerstand gegen seine Gemahlin Richenza, eine Enkelin Ottos II., und ihre Umgebung, so daß sie mit ihrem Sohn Kasimir nach Deutschland floh. Die inneren Kämpfe der folgenden Jahre zerrütteten das Reich Boleslaws und seine christliche Kultur und enthoben Konrad II. der Notwendigkeit, seine Ostgrenze vor diesem gefährlichen Vasallen zu schützen.

Dem Eremiten Gunther, einem thüringischen Grafen, der in Niederaltaich Mönch geworden war und dann als Einsiedler im Böhmerwald (Rinchnach) Gleichgesinnte an sich gezogen hatte[4], gelang es, Konrad II. mit dem *Böhmenherzog* Udalrich zusammenzubringen. Gegen Polen verbündet, gewann dessen Sohn Bretislaw 1029 Mähren, und als er 1034 seinem Vater im Herzogtum nachfolgte, huldigte er dem Kaiser und leistete ihm Waffenhilfe[5].

Grenzstreitigkeiten zwischen Liutizen und Sachsen im Anfang der 30er Jahre hatten zu einem für die Sachsen verlustreichen Gefecht geführt. Ein von Konrad zu Werben berufenes Gottesgericht entschied für die Liutizen, ließ sie ungestraft und brachte keinen Frieden. Ihre Eroberung der Burg Werben und Zerstörung der Kirchen und christlichen Heiligtümer strafte Konrad grausam in einem Feldzug 1035 mit böhmischer Hilfe. Ein Feldzug des folgenden Jahres zwang ihnen erhöhte Tributzahlung auf[6].

Die engen Beziehungen zwischen dem Reich und *Ungarn* hörten auf mit dem Tod Heinrichs II.: Konrad hatte den Vertrag mit dem Dogen Otto Orseoli, einem Verwandten König Stephans, nicht erneuert und hatte 1027 zusammen mit Papst Johann XIX. gegen das Interesse von Venedig den Patriarchen von Aquileja mit Grado belehnt (RI 82b)[7]. König Stephan hatte einer deutschen Gesandtschaft zur Brautwerbung für König Heinrich den Durchzug nach Byzanz verwehrt (RI 116b; 140a): Vielleicht beanspruchte er für seinen Sohn Heinrich[8], als Enkel Heinrichs des Zänkers, das Herzogtum Bayern. Grenzstreitigkeiten, an denen Wipo (c. 26) den Deutschen Schuld gibt, führten zu einem ergebnislosen und verlustreichen Feldzug. 1031 schloß der junge König Heinrich als Herzog von Bayern auf Wunsch der Fürsten selbständig Frieden: Er trat dem Ungarnkönig ein Stück Land zwischen Fischa und Leitha ab. Der Kaiser erkannte den Frieden an. Die Ostgrenze war befriedet.

Am 5. oder 6. 9. 1032 starb König Rudolf III. von *Burgund*, der nur seine Kronlande – die spätere französische Schweiz – wirklich beherrscht hatte; die Grafen von Burgund, Dauphiné, Savoyen und der Provence waren fast unabhängig von ihm. Sein Neffe Odo von der Champagne, dessen Besitz das französische Kronland beinahe einschloß und an Lothringen grenzte, hatte sich einen großen Teil Burgunds mit den Burgen Neuenburg und Murten unterworfen. Konrad II., der in dieser Zeit in Sachsen Krieg führte, zog im Winter nach Peterlingen, das von Kaiserin Adelheids Mutter gegründet und Cluny übergeben, von den burgundischen und deutschen Königen besonders ausgezeichnet worden war[9]. Hier wurde er am 2. 2. 1033 von den Großen des nördlichen Burgund gewählt und gekrönt. Der sterbende König Rudolf hatte ihm, als seinem

Lehnsherrn und als Erben Heinrichs II., das Diadem und die Insignien des Königreichs Burgund (RI 189b) übersandt[10]. Ein strenger Winter zwang den Kaiser zum Rückmarsch, ohne daß er die Burgen eingenommen hatte. In Zürich huldigten ihm und seinem Sohn Graf Humbert Weißhand, der Ahnherr des späteren Hauses von Savoyen[11], mit den Seinen und die Witwe des letzten Königs von Burgund.

Der Tod des französischen Thronfolgers, anschließende Erbstreitigkeiten und Konrads Italienzug 1025 hatten eine Verschwörung, die König Robert, Herzog Wilhelm von Aquitanien, lothringische und innerdeutsche Fürsten gegen Konrad vereinen sollte, zusammenbrechen lassen[12]. Unter König Roberts Sohn Heinrich I. (1031–1060) kam es durch die Vermittlung Bischof Bruns von Toul und Abt Poppos von Stablo im Mai 1033 zu einer Begegnung beider Fürsten zu Deville/Maas (DD 189): Heinrich erkannte wohl Konrads Besitzergreifung von Burgund an, beide Fürsten verbanden sich gegen Odo. Das Verlöbnis des französischen Königs mit einer Kaisertochter löste ihr Tod im folgenden Jahr. Ein Zug Konrads nach Lothringen im Hochsommer 1033 zwang Odo, der das Bistum Toul verwüstet hatte, zur Unterwerfung. Da er sein Versprechen nicht hielt, Burgund nicht räumte und wieder plündernd in Toul einfiel, zog Konrad mit einem starken Heer 1034 bis zur Rhone, wo ihm Graf Humbert und eine italienische Schar unter Aribert von Mailand und Graf Bonifaz von Tuszien entgegenkamen. Odo wich einer Entscheidung durch die Flucht aus. Nach der Huldigung der südburgundischen Fürsten zog Kaiser Konrad am 1. 8. 1034 (Petri Kettenfeier) unter der Krone in den Petersdom in Genf. In den folgenden Jahren wurde – nach der Datumzeile der Urkunden – Konrads Herrschaft auch in der Provence formell anerkannt; ausgeübt hat er sie dort so wenig wie Rudolf. Auch über seine Verwaltung der Kronlande ist nichts bekannt. Wichtig war der Erwerb von Burgund, weil damit die übrigen Alpenpässe gewonnen, alle Wege nach Italien beherrscht wurden: Mit der Vertreibung Odos war für 200 Jahre französische Einflußnahme in Italien verhindert. Die Verbindung der drei Reiche in der Mitte Europas erhöhte die Macht des Kaisertums.

Mit Recht konnte Konrad nach der Mündigkeitserklärung seines Sohnes sagen: »imperiali autem nostra potestate Dei gratia magis magisque in regno confirmata et corroborata« (DD 198). – Konrads Stiefsohn *Ernst von Schwaben*, der 1028 sein herzogliches Lehen zurückerhalten hatte, verfiel 1030 auf Fürstenbeschluß der Acht, weil er sich nicht eidlich dazu verpflichten wollte, seinen geächteten Vasallen Werner von Kyburg zu verfolgen. Er kam bald darauf im Kampf ums Leben, ein Opfer schlechter Ratgeber, seiner eigenen Unrast, eines gerechten und strengen Kaisers und nicht zuletzt der Treue[13].

Der Kaiser scheint auch Herzog Adalbero von *Kärnten* mißtraut zu haben, dessen Macht er zu Beginn seiner Regierung durch Verleihung von Land an dort ansässige Grafen (DD 32/3), von Hoheitsrechten an den Patriarchen von Aquileja (DD 92) einschränkte. Nachdem Adalbero vorübergehend die Gunst Konrads zurückgewonnen hatte, stellte dieser auf einem Hoftag zu Bamberg 1035 den Fürsten den Antrag auf Ächtung des Herzogs und Aberkennung seiner Lehen. Als die Fürsten zögerten, da sie die alte Feindschaft des Kaisers gegen Adalbero kannten und seine hochverräterische Verbindung mit Kroaten und Ungarn nicht erwiesen war, und als König Heinrich, auf ihren Wunsch als Herzog von Bayern zugezogen, sich weigerte, des Vaters Willen zu erfüllen, stürzte der Kaiser in heftigem Zorn ohnmächtig zu Boden und setzte dann mit kniefälligen Bitten unter Tränen seinen Wunsch durch: Adalbero wurde in Abwesenheit des Hochverrats schuldig gesprochen, verlor Herzogtum und Mark Kärnten und einen Teil seines Besitzes und wurde mit seinen Söhnen verbannt.[14] Die karantanische Mark und die zugehörigen Grafschaften, die spätere Steiermark, erhielt Graf Arnold von Lambach; das Herzogtum, das sein Vater und Großvater besessen hatten, 1036 der jüngere Konrad. Denn bei der Verleihung der *Herzogslehen* befolgte der Kaiser den Grundsatz der Erblichkeit. Er vergrößerte den Machtbereich der Herzöge. Herzog Gozelo verwaltete seit 1033 beide Lothringen, und Konrads Stiefsohn Hermann IV. von Schwaben wurde als Gemahl Adelheids von Turin 1036 nach dem Tod seines Schwiegervaters mit der Mark Turin belehnt. Auch bei der Vergabe der gräflichen Lehen folgte der Kaiser dem Erbrecht. Der Eigenmächtigkeit der fürstlichen Lehnsträger wurde durch das Erbfolgerecht ihrer Vasallen Schranken gesetzt; über beide gebot der Kaiser als Lehnsherr. In dieser Zeit beginnen die gräflichen Familien sich nach ihren Burgen zu nennen – ein sichtbares Zeichen für die Erblichkeit der gräflichen Würde. Durch Ehen verband Konrad den deutschen und italienischen Adel: Otto von Schweinfurt mit Irmgard von Turin (1035), den Markgrafen Bonifaz von Canossa, seit 1030 mit Tuszien belehnt, mit Beatrix von Oberlothringen, Azzo von Este mit Kuniza, Tochter Welfs II.

[1] A. Hauck, Bd. 3, S. 554; W. Schlesinger, KiG Sachsens im MA 1 (1959), S. 92 ff.

[2] In einem Widmungsschreiben, bei W. Giesebrecht 2, S. 711; vgl. H. Bresslau, Jbb. 1, S. 247 f.; eine politische Bedeutung hatte es wohl nicht.

[3] Wipo c. 29; die Chronologie dieser Feldzüge ist unsicher, vgl. H. Bresslau zur Stelle u. R. Holtzmann, NA 35 (1910), S. 90 ff.; s. o. Kap. 19, Anm. 11.

[4] G. Lang, Gunther der Eremit in Gesch., Sage u. Kult, Stud. u. Mitt. z. Gesch. d. Benedikt.-Ordens 59 (1941/42); H. Grundmann, Dt. Eremiten im HochMA, AKG 45 (1963), S. 73 ff.

[5] Nach wiederholtem Abfall war Udalrich 1033 im ersten Feldzug des jg. Kg. Heinrich besiegt worden, RI 195 a; J. Loserth, Kritische Studien zur ält. Gesch. Böhmens, MIÖG 4 (1883); W. Wegener, Böhmen, Mähren u. d. Reich im HochMA (1959), S. 53 ff.; K. Richter in: Hdb. d. Gesch. der böhm. Länder 1 (1967), S. 220 ff.

[6] W. Brüske, s. Kap. 19, Anm. 10, S. 75 ff.; W. Berges, s. Kap. 23, Anm. 5, S. 153 f.

[7] B. Schmeidler, Venedig u. das Reich 983–1024, MIÖG 25 (1904), S. 572 f.; P. Kehr, Rom u. Venedig bis ins 12. Jh., QFItA 19 (1927), S. 84 ff.; H. Schmidinger, Patriarch und Landesherr. Die weltl. Herrschaft der Patriarchen von Aquileja bis z. Ende der Staufer (1954), S. 13.

[8] Auch Emmerich genannt (RI 142 b); über Kg. Konrads geplantes Bündnis mit Byzanz gegen Ungarn u. Venedig u. die Werbung um eine sehr viel ältere Prinzessin für seinen 10jährigen Sohn s. B. Hóman, Gesch. des ungar. MA 1 (1940), S. 245 ff. (leider ohne Angabe von Quellen u. Lit.); er glaubt an einen Angriffsplan Konrads gegen Ungarn; K. Schünemann, Die Deutschen in Ungarn bis z. 12. Jh. (1923); ders., Dt. Kriegführung im Osten während des MA, DA 2 (1938); J. Scheiding-Wulkopf (s. Kap. 23, Anm. 4), S. 70; H. Jäger, Rechtl. Abhängigkeit d. östl. Staaten v. fränk.-dt. Reich (Diss. Frankfurt 1960).

[9] Über die Anfänge Peterlingens s. H. E. Mayer, DA 19 (1963).

[10] Vgl. Kap. 23, Anm. 4 u. Kap. 24, Anm. 3; Rod. Schmidt, s. Kap. 19, Anm. 5, S. 188 ff.

[11] M. Hellmann, Die Grafen v. Savoyen u. das Reich bis z. Ende d. staufischen Periode (1900); F. Cognasso, Umberto Biancamano (1929); M. Chaume, Le problème des origines de la maison de Savoie, Annales de Bourgogne 3 (1931).

[12] RI 140c; H. Bresslau, Jbb. 1, S. 17 ff.

[13] Rod. Schmidt (s. o. Kap. 19. Anm. 5), S. 176 ff.; NDB 4 (1959), S. 624.

[14] NDB 1 (1953), S. 40; Ält. Wormser Briefsammlung, hg. v. W. Bulst (Briefe d. dt. Kaiserzeit 3, 1949), n. 27; D 219; A. Jaksch, Gesch. Kärntens bis 1335, 1 (1928), S. 123 f.; H. Mitteis, Polit. Prozesse des frühen MA in Dtld. u. Frankreich (SB Heidelberg 1927, 3), S. 27 ff. über die nicht eindeutig zu klärende Rechtslage beider Prozesse.

Kapitel 27
Kanzlei und Verwaltung. Konrad II. und die Kirche. Sein zweiter Italienzug und sein Ende

»Die Verfassung der Kanzlei Konrads II. schloß sich aufs engste an die Ordnungen an, die unter Heinrich II. bestanden hatten[1].« Die Vereinigung der beiden Erzkanzlerämter unter Aribo blieb nur bis zu seinem Tod bestehen, wo die italienische Erzkanzlerwürde an Pilgrim von Köln kam; sie blieb fortan bei diesem Erzstuhl. Beide Kanzler wurden übernommen.

Konrad II. hat durch planvolle *Vermehrung des Reichsgutes* die Herrschaft der Krone über das ganze deutsche Gebiet ausgebreitet und gefestigt[2]. In Bayern ist eine Untersuchung zur Feststellung des Reichsgutes daselbst bezeugt (RI 106b). Über das reiche Wittum der Kaiserin Kunigunde verfügte er wie über Reichsgut (DD 104 und ebenda DD Kunig. 2/3). Konfiszierte Güter wurden nicht wieder ausgegeben, so im bayerischen Nordgau das Gebiet um Weißenburg, wohl aus dem Besitz Herzog Ernsts. Dagegen verminderten die etwa 40 Schenkungen, die sich zum Teil auf noch zu rodendes Land beziehen, das Reichsgut nicht; größere Schenkungen wie an Freising oder Paderborn stellen den Entgelt für empfangene Dienstleistungen dar. Es sind nicht viel mehr Schenkungen an Laien bezeugt als von Heinrich II.; die Anzahl der Urkunden Konrads ist viel geringer.

Nach dem Fehlschlagen des griechischen Plans vermählte der Kaiser seinen Sohn Heinrich mit Gunhild (Kunigunde), Tochter Knuts von Dänemark (Juni 1036 zu Nimwegen), um den Preis der Abtretung der Mark zwischen Schlei und Eider, die ihm der Frieden mit dem mächtigen König von Dänemark und England wert war[3]. Weise Überwindung von Gegensätzen durch Verknüpfung von Interessen haben dem Reich in weitem Umfang Frieden gebracht. Des Kaisers überlieferte Urteile und Rechtsfindungen zeigen ihn als Schüler Burchards von Worms (DD 124, 140, 216; ›Vita Meinwerci‹ c. 203/4): Die Stellung königlicher und klösterlicher Dienstleute wurde rechtlich festgelegt. Rechtsverleihungen an deutsche und italienische Städte sind überliefert. Münzfunde erweisen vermehrten Geldumlauf und Zunahme von Handel und Verkehr bei größerer Sicherheit[4].

Wie Heinrich II. leitete auch Konrad Synoden; von ihm übernahm er auch das Königskanonikat[5]. Wie sein Vorgänger besetzte er die vakanten Bischofssitze mit Männern aus dem hohen Adel, die zum Teil vorher seine Kapellane gewesen waren, die er aber weniger nach ihrer geistlichen Eignung als seinen Zwecken gemäß auswählte. Reginbald, der in und für Lorsch gebaut hatte, wurde nach Speyer gerufen, um dort den Dom zu bauen, die Grabstätte des salischen Hauses. Erzbischof Aribo von Mainz gelangte unter dem von ihm erhobenen Konrad II. nicht zu größerer Macht. Schon im Herbst 1025 setzte Konrad ohne seinen Rat und seine Einwilligung Bischof Azecho von Worms ein[6]. Das Verfahren gegen Otto und Irmingard von Hammerstein (Kap. 24) wurde auf Konrads Wunsch durch Synodalbeschluß 1027 niedergeschlagen; seit dieser Zeit treten auch Aribos Interventionen in den Urkunden zurück. Doch den Anspruch auf Gandersheim, den er schon 1022 bei der Einsetzung Bischof Godehards von Hildesheim wieder erhoben hatte, vertrat er weiter auf einer Reihe von Synoden. Der Kaiser sprach schließlich das Kloster »honoris causa« (Vita Godehardi prior, SS 11, 162 ff., c. 35) dem Bistum Hildesheim zu; die umliegenden Ortschaften sollten jedoch zwischen Mainz und Hildesheim geteilt werden. Aribo starb 1031 auf einer Wallfahrt nach Rom. Die Beschlüsse der Synode zu Tribur 1036, die unter anderem den Gemeindegliedern zur Pflicht machen, sich auf den bischöflichen Synoden zu verantworten, und die Veräußerung von Kirchengut, den Kauf und Verkauf von Altären und des Chrisma verbieten, schließen sich den Verordnungen der Seligenstädter Synode 1023 im Sinne Aribos an[7]. Doch erhielt er in dem Prediger, Mönch und Seelsorger Bardo einen Nachfolger, der den weltlichen Aufgaben seines Amtes abgewandt war, kein zweiter Aribo. Bardo war ein Verwandter der Kaiserin Gisela; hier, wie bei der Einsetzung anderer Geistlicher, hat diese kluge und unterrichtete Frau ihren Einfluß geltend gemacht und Konrad, für den die geistliche Seite seines Amtes zurücktrat, beraten.

In dem lothringischen Reformabt *Poppo von Stablo* und Malmedy achtete Konrad vor allem den tüchtigen, organisatorisch fähigen Mann, der die Klöster durch Sicherung und Vermehrung ihres Besitzes in Auseinandersetzung mit räuberischen Nachbarn ihrer eigentlichen Bestimmung zuführte, ihr Ansehen durch schöne Bauten hob. Wenn er ihm und seinen Schülern nach der Reform von fünf Reichsklöstern und sieben anderen in Lothringen nun auch die Errichtung des Klosters Limburg a. d. Hardt auf seinem väterlichen Besitz übertrug, dazu Hersfeld, Weißenburg im Elsaß und St. Gallen zur »Reform«, deren sie nicht bedurften, vielmehr zur Einführung seiner »consuetudo«, so wollte Konrad diesen Mann, der ihm zu Beginn seiner Regierung die lothringischen Fürsten gewonnen, später eine Verständigung mit Heinrich I. von Frankreich vermittelt hatte, auszeichnen und belohnen und seine Kenntnisse und Erfahrung im Kirchenbau dem Reich nutzbar machen. Aus St. Gallen ist die wohl allgemeine Ablehnung der Neuerungen Poppos im Reich überliefert. Odilo von Cluny ließ sich die Schenkungen an seine Klöster vom Kaiser bestätigen; nähere Beziehungen zwischen ihnen bestanden nicht[8].

Die *norditalienischen Städte* waren durch Handel und Verkehr mit der Levante aufgeblüht. Ihr soziales Gefüge hatte sich verändert. Das Regiment ihrer gräflichen oder bischöflichen Stadtherren stand dieser Entwicklung entgegen; den Bischöfen war in den letzten 50 Jahren von den deutschen Kaisern außer der Gerichtsbarkeit meist auch Münz-, Markt- und Zollregal verliehen worden, in ihrer Hand lag die Erweiterung der Stadt, waren Land- und Wasserstraßen, Umladeplätze und Häfen. Die Fürsten und ihre Lehnsträger, die »capitanei«, setzten in der Regel die Erblichkeit ihrer Lehen durch; deren Lehnsleute aber, die »valvassores«, niedere Ritter und Bürger, waren rechtlos. So kam es zu Unruhen: In Cremona erhoben sich die Bürger gegen ihren Bischof (DD 251/3). Nach einem Valvassorenaufstand in Mailand, den Erzbischof Aribert niederschlug, kam es bei Campo Malo zu einem Gefecht zwischen ihm, seinen Suffraganen und Laienfürsten und den aufständischen Rittern, die das Feld behaupteten. Der Kaiser hatte den ihm getreuen Aribert bei der Einsetzung seiner Bischöfe gewähren lassen, während er in Aquileja und Ravenna und in Tuszien in der Nachfolge Heinrichs II. deutsche Bischöfe investiert hatte; aber als er nun von den streitenden Parteien gerufen wurde, entschied er, den allmächtigen Aribert zur Rechenschaft zu ziehen. Schon seit 1034 hatte der Kaiser Verbindung mit den lombardischen Fürstenhäusern aufgenommen, besonders zu den Otbertinern (Este), denen Graf Hugo von Mailand angehörte. Unruhen brachen in Mailand aus nach des Kaisers Einzug zu Beginn des Jahres 1037 (RI 244e). Ein kaiserliches Gericht verurteilte Aribert als Hochverräter; er entkam der Haft und kehrte nach Mailand zurück, das nun seine Partei nahm. In der Lombardei und der Romagna sicherten der Kaiser und seine »missi« den Frieden; aber es gelang ihm nicht, Mailand einzunehmen. Im

Heerlager erließ er am 28. 5. 1037 das *Lehnsgesetz* »zur Sicherung des Besitzes aller Lehnsträger gegen willkürliche und rechtswidrige Verdrängung« und »Verbürgung der Erblichkeit aller Lehen selbst« (Bresslau, Jbb. 2, 244; RI 254). Jeder Lehnsträger konnte künftig nur durch ein gerichtliches Verfahren vor seinen »pares« seine Lehen verlieren. Damit gewann Konrad II. nach dem hohen Adel auch die Valvassoren für sich. Aribert wurde abgesetzt, ein Nachfolger ernannt, drei andere Bischöfe verhaftet auf den Beschluß eines Fürstentages, nicht eines geistlichen Gerichtes, was der junge König Heinrich mißbilligte. Eine Verschwörung zwischen ihnen und Odo von der Champagne, dem sie die Krone Italiens angeboten hatten, war aufgedeckt worden. Odo wurde von Herzog Gozelo mit einem starken Aufgebot auch geistlicher Herren bei der Festung Bar nach hartem Kampf erschlagen. Damit war Konrads Herrschaft auch über Burgund gesichert. Ein Aufstand der Bürger von Parma gegen den Kaiser und ihren bischöflichen Stadtherrn zu Weihnachten 1037 brachte dem Heer und der Stadt schwere Verluste. Benedikt IX. (1033 bis 1045) bannte auf des Kaisers Wunsch den Erzbischof Aribert, ohne den Widerstand Mailands zu brechen[9].

In *Unteritalien* hatte Pandulf IV. von Capua seinen Erzbischof vertrieben, Monte Cassino und Gaeta besetzt und verweigerte Konrads Unterhändlern die Rückgabe der Klostergüter und der Gefangenen; im Bund mit ihm hatte der Normannenfürst Rainulf auf der Terra di lavoro (nördlich Neapel) die Burg Aversa errichtet. Die Fürsten von Salerno, Benevent und Neapel vermochten auch mit Hilfe anderer Normannenscharen nichts gegen Pandulf. Die Griechen standen mit ihren Truppen in Sizilien und mischten sich nicht ein. Konrad zog ungehindert im Frühjahr 1038 bis vor Troja, besetzte Monte Cassino und gab ihm in Richer von Niederaltaich einen deutschen Abt[10], er nahm Capua ein, wo er Pfingsten unter der Krone ging: Pandulf wurde abgesetzt, Waimar von Salerno mit Capua belehnt, Rainulf von Aversa seiner Hoheit unterstellt[11]. Mit ihm war nach jahrzehntelangem Söldnerdasein im Dienste langobardischer Fürsten eine Normannenschar nun seßhaft geworden. Der gefährliche südliche Sommer forderte schwere Opfer im kaiserlichen Heer, darunter die junge Königin Gunhild[12] und Konrads Stiefsohn Herzog Hermann IV. von Schwaben. Der Kaiser kehrte in den Norden zurück, ohne Aribert bezwungen zu haben. Dem Aufgebot der italischen

Fürsten und Ritter, die Konrad gelobt hatten, jährlich gegen Mailand zu ziehen, trat Aribert mit einem Volksheer unter dem »carroccio«, dem Fahnenwagen mit dem Kreuz Christi, entgegen.

Rom hat der Kaiser auf diesem Zug nicht besucht, aber zwei Erlasse zur römischen Rechtsprechung zeigen ihn auch außerhalb Roms mit dessen Angelegenheiten befaßt (DD 275/6)[13]. Wieder in Deutschland, wurde König Heinrich als Enkel Hermanns II. von Schwaben mit dem Herzogtum Schwaben belehnt und erhielt auf dem Reichstag zu Solothurn die Königswürde Burgunds[14].

Am Tage nach Pfingsten, das der Kaiser mit den Seinen zu Utrecht begangen hatte, starb Konrad II. am 4. 6. 1039 etwa 50jährig; seinen Tod beklagten viele, die seine Gerechtigkeit und »milte« erfahren hatten[15].

Konrad II. setzte fort, was Heinrich II. angefangen hatte, war aber mehr als er vom Glück begünstigt und hatte sichtbareren Erfolg. Er hatte weniger Kriege zu führen und weniger Aufstände niederzuschlagen als sein Vorgänger und sein Sohn und nutzte den Frieden durch Ausbreitung seiner königlichen Herrschaft. Die Männer seines Hofes sahen in ihm den echten Nachfolger Karls d. Gr. Einer byzantinischen Prinzessin ebenbürtig, erscheint der junge Heinrich III. auf der Rückseite der ersten Kaiserbulle seines Vaters abgebildet mit der Umschrift »Heinricus spes imperii«. Die Bezeichnung *Imperium Romanum* setzt sich unter Konrad für das ganze Reich durch. Auf dem Revers der zweiten Kaiserbulle ist der Mauerring der »aurea Roma« abgebildet mit der Umschrift: »Roma caput mundi tenet orbis frena rotundi«[16].

[1] H. Bresslau, Einleitung zu den DD K II.; ebd. S. 447 f.: Übersicht über die Schenkungen; J. Fleckenstein, Hofkapelle 2, S. 161 ff., 190 ff., 223 ff.; L. Santifaller, s. o. Kap. 22, Anm. 12.

[2] D. v. Gladiss, Die Schenkungen der dt. Könige zu privatem Eigen, DA 1 (1937); M. Stimming, Das dt. Königsgut im 11. u. 12. Jh. 1: Die Salierzeit (1922); H. Krabusch, Untersuch. zur Gesch. des Königsgutes unter den Saliern (Diss. Ms. Heidelberg 1949); H. J. Rieckenberg, AUF 17 (1941, Ndr. 1965), S. 95 ff.

[3] F. M. Stenton, Anglosaxon England ([2]1947), S. 400 ff.

[4] K. Bosl, Die Reichsministerialität der Salier u. Staufer 1 (1950), S. 32 ff., dazu H. Dannenbauer, Zs. f. württ. Landesgesch. 12 (1953), S. 346 ff.; W. Schlesinger, ZRG GA 69 (1952). Zum Burgenbau unter Konrad II. vgl. C. Erdmann, Konrad II. u. Heinrich III. in der Ecbasis captivi, DA 4 (1941); I placiti del Regnum Italiae. 1025–1100, hg. v. C. Manaresi, in: Fonti per la storia d'Italia 97 (1960).

[5] A. Hauck 3, S. 552 ff.; M. Lintzel, S. 128 ff., und M. Boye, S. 251 ff., s. o. Kap. 24, Anm. 7; J. Fleckenstein, Hofkapelle 2, S. 230 ff.

[6] Ältere Wormser Briefsammlung (s.

Kap. 26, Anm. 14), n. 13. Zum Gandersheimer Streit vgl. A. HAUCK 3, S. 548 ff.; anders H. BRESSLAU, Jbb. 1, S. 255 ff., 293 f., 305 f.; K. ALGERMISSEN, Bernward u. Godehard v. Hildesheim (1960). Zum Anspruch von Mainz auf Gandersheim vgl. Vorbemerkung zu D H II. 256; s. auch Kap. 24, Anm. 7.

[7] H. BRESSLAU, Jbb. 2, S. 419 ff.; M. BOYE, S. 214 ff.; RI 237 a; A. HAUCK 3, S. 552 ff.

[8] H. BRESSLAU, Jbb. 2, S. 382 ff.; vgl. Kap. 22, Anm. 1, 5 u. 6, bes. K. HALLINGER, S. 653 ff.

[9] Vgl. Kap. 20, Anm. 2; E. WUNDERLICH, Aribert v. Antemiano (Diss. Halle 1914); G. ZANETTI, Il Comune di Milano della genesi del Consolato fino all'inizio del periodo podestarile, Arch. Stor. Lombard. 60–62 (1933–35); C. VIOLANTE, La società milanese nell'età precomunale (1953); Storia di Milano 3 (1954), S. 22 ff., 53 ff., 78 ff. – H. SCHIEFFER, Heinrich II. u. Konrad II., DA 8 (1951); dazu H. E. J. COWDREY, Archbishop Aribert II of Milan, History 51 (1967).

[10] W. WÜHR, Die Wiedergeburt Monte Cassinos unter seinem ersten Reformabt, Richer von Niederaltaich, in: Studi Gregoriani 3 (1948).

[11] Trotz der Zweifel von P. KEHR, Die Belehnungen der südital. Normannenfürsten durch die Päpste, Abh. Ak. Berlin (1934) 7, wegen ihrer unsicheren Beglaubigung, ist doch wohl mit K. HAMPE, Kaisergeschichte S. 18, L. BUISSON, Formen normannischer Staatsbildung. Studien zum mal. Lehenswesen, in: Vorträge u. Forschungen 5 (1960), S. 159 f., u. M. MATHIEU (Hg.) in: Guillaume de Pouille, La Geste de Robert Guiscard (Palermo 1961), S. 267, an einer Belehnung durch den Kaiser festzuhalten; Aversa wurde von Neapel getrennt.

[12] F. SPRATER, Das Grab der Königin Gunhild auf der Limburg, in: Unsere Heimat, Bll. f. saarl.-pfälz. Volkstum (1938/39).

[13] Dazu W. KÖLMEL, Rom u. der Kirchenstaat (1935), S. 67 f.

[14] RI 291 b; es war wohl die Absicht des Kaisers, damit die Mitregentschaft oder sogar die Regierung von Burgund zu übergeben, so FR. BECKER, Das Königtum der Thronfolger im dt. Reich des MA (1913), S. 15 ff., P. KEHR, Vier Kapitel, S. 43, ROD. SCHMIDT (s. o. Kap. 19, Anm. 5), S. 196 ff.; anders H. BRESSLAU, Jbb. 2, 324.

[15] Wipo c. 39 u. seine Totenklage c. 40 = Carm. Cantabr. n. 33, s. Kap. 24, Anm. 8, dazu W. BULST, in: Festschr. P. E. Schramm, Bd. 1 (1964); vgl. dageg. Ann. Hildesh. zu 1039, wo die Gleichgültigkeit beim Tod des Kaisers – vielleicht nur in Sachsen – beklagt wird; FR. KLIMM, Die Inschrift auf der Grabkrone Konrads II., Arch. f. mittelrhein. KiG 2 (1950).

[16] P. E. SCHRAMM, Renovatio 1, S. 227; ders., Herrschaftszeichen 2, S. 628 ff.; ders., Die dt. Kaiser u. Könige in Bildern 1, S. 118 ff.; W. OHNSORGE, Das Zweikaiserproblem im früheren MA (1947), S. 74 f., dazu G. OSTROGORSKY, Byz. Zs. 46 (1953), S. 153 ff.

Kapitel 28
Die ersten Regierungsjahre Heinrichs III.

Nirgends erhoben sich Unruhen nach dem Tod Konrads II. Der gewählte und gekrönte König Heinrich III. (s. o. Kap. 25) wurde in Deutschland, Italien und Burgund anerkannt. Nach dem feierlichen Geleit der Leiche des Vaters nach Speyer, wo Konrad in der Krypta der Domkirche beigesetzt wurde, begann auch Heinrich seinen Umritt in Aachen, der ihn über Lothringen (Maastricht), Sachsen (Goslar) nach Bayern (Regensburg) und Schwaben (Augsburg und der Reichenau) und zu Ostern 1040 nach Ingelheim an den Rhein führte[1].

Herzog Bretislaw von *Böhmen* hatte die Unruhen in Polen und den Thronwechsel in Deutschland dazu benutzt, um in Polen einzufallen: Krakau wurde geplündert, viele Polen gefangen und in die Fremde verkauft und die Gebeine des hl. Adalbert aus Gnesen nach Prag gebracht. Den Truppen König Heinrichs, die den Überfall ahnden sollten, schickte er seinen Sohn als Geisel entgegen mit dem Versprechen, selbst zur Huldigung zu kommen. Gegen den Wortbrüchigen zog Heinrich 1040 zu Felde, wurde aber geschlagen, da Bretislaw ungarische Verstärkung bekam. Der Vermittlung des Eremiten Gunther dankte man die Rückführung des restlichen Heeres[2]. Aber Frieden wurde nicht geschlossen. Mit drei Heeren zog der König noch einmal 1041 von Norden, Westen und Süden gegen Böhmen. Als die Heere vor Prag standen, unterwarf sich Bretislaw, er huldigte im Büßergewand zu Regensburg, zahlte eine Buße von 4000 Mark in Gold und wurde mit Böhmen und zwei polnischen Landschaften belehnt, wohl Teilen Schlesiens mit Breslau. Er hat Heinrich III. lebenslang die Treue bewahrt, war oft am Hofe und leistete ihm Heeresfolge.

Peter von *Ungarn*, der Sohn des Dogen Otto Orseoli und Neffe König Stephans, war diesem 1038 gefolgt. Seiner ungerechten, gewalttätigen Herrschaft wegen war er von den ungarischen Fürsten vertrieben worden, die einen der Ihren, Aba (Samuel), erhoben, der, um seine Macht durch Kriegsruhm zu festigen, mit drei Heerhaufen verheerend ins Reichsgebiet an der Donau einbrach. Der erste Gegenstoß Heinrichs 1042, bei dem er nach Zerstörung von Deutsch-Altenburg und Preßburg bis Gran vordrang, hatte keinen bleibenden Erfolg. So zog er 1043 trotz zwei Friedensangeboten Abas noch einmal südlich der Donau gegen ihn. Vor den Befestigungswerken der Ungarn an der Rabnitz kam ein Vertrag zustande, der den Deutschen die Gefangenen und das 1031 abgetretene Land zwischen Fischa und Leitha zurückgab, wohl gegen Anerkennung Abas. Seine Unbotmäßigkeit und die Mißstimmung der ungarischen Fürsten gegen ihn ließen Heinrich 1044 noch einmal mit bayrischen und böhmischen Truppen gegen ihn ziehen. Er umging die ungarischen Befestigungen an der Rabnitz und überschritt die Raab bei Menfö, wo er das an Zahl überlegene ungarische Heer vernichtend schlug. Das Volk unterwarf sich dem deutschen König, der den früheren König Peter in Stuhlweißenburg wiedereinsetzte: Aba wurde von Deutschen und Ungarn gerichtet und verurteilt. Zu Pfingsten 1045 kam Heinrich nochmals nach Stuhlweißenburg, wo Peter ihm als seinem Lehnsherrn eine vergoldete Lanze übergab, nachdem die ungarischen Großen sich dem deutschen König und seinen Nachfolgern zur Treue verpflichtet hatten[3].

Schon der Aufmarsch von Heinrichs Ritterheer im Jahre 1045 nötigte die *Liutizen*, die die sächsische Grenze beunruhigten, wieder zur Tributzahlung. *Polen* konnte der 1034 vertriebene Herzog Kasimir (Kap. 26) wohl mit deutscher Hilfe zurückgewinnen. So war, als er zusammen mit den Herzögen von Pommern und Böhmen 1046 dem deutschen König huldigte, in den ersten Jahren von Heinrichs Regierung seine Hoheit über alle östlichen Nachbarländer hergestellt.

Heinrichs Vermählung mit Agnes, der Tochter Wilhelms V. von Aquitanien und Poitou (ihre Mutter war eine Tochter Otto-Wilhelms von Burgund, in zweiter Ehe mit Gottfried Martell von Anjou vermählt), sollte der Erhaltung des Friedens im *Westen* und der Sicherung seiner Herrschaft über Burgund und Italien dienen. Heinrich I. von Frankreich gab wohl auf einer Zusammenkunft bei Ivois an der Chiers ungern seine Zustimmung. Die Verbindung der mächtigsten Familie Südfrankreichs mit dem deutschen König entsprach nicht seinen Interessen. Die Verlobung fand in Besançon, die Krönung in Mainz, die Vermählungsfeier danach im November 1043 in Ingelheim statt, wo die Vertreibung der »histriones et ioculatores« dem Fest einen ernsten Charakter gab. Einwänden des Abtes Siegfried von Gorze gegen ihre zu nahe Verwandtschaft – beide waren Nachkommen Heinrichs I. – wurde nicht stattgegeben[4].

Nach der Huldigung burgundischer Fürsten in Ingelheim zog Heinrich im Winter 1041/42 nach Lyon, setzte dort einen Erzbischof ein und sprach Recht. Widerstand gegen ihn, von dem 1045 berichtet wird, scheint vereinzelt gewesen zu sein. Die Errichtung einer eignen Kanzlei für *Burgund* unter der Leitung des getreuen Erzbischofs Hugo von Besançon, der in dieser Zeit zum erstenmal als Erzkanzler erscheint, zeigt Heinrichs Absicht, Burgund in anderer Weise als sein Vater »als eigenes Reich mit eignem Recht« zu verwalten als König der Burgundionen; er hielt häufig Hoftage in Solothurn, hat aber den Süden Burgunds nie besucht[5].

Der Tod Gozelos von *Lothringen* 1044 und die Belehnung seines Sohnes Gottfried (des Bärtigen) mit Oberlothringen, wo er schon Mitherzog gewesen, und des jüngeren, wohl nicht regierungsfähigen Sohnes Gozelo († 1046) mit Niederlothringen war die Ursache von Aufständen und Unruhen, deren der König nie wirklich Herr zu werden vermochte. Abschlägig beschiedenen Bitten und Verhandlungsversuchen Gottfrieds um das niederlothringische Herzogtum folgte sein Bündnis mit König Heinrich I. von Frankreich, das Heinrich III. im Fürstengericht zu Aachen mit Aberkennung aller seiner Lehen ahndete, worauf Gottfried von seinen befestigten Besitzungen aus Reichsland plünderte und brandschatzte. Es gelang Heinrich, außer den getreuen geistlichen Fürsten – Utrecht und Lüttich hatten hier immer stärker als die Herzöge die Reichsgewalt vertreten – auch die weltlichen zu gewinnen. Zu Beginn seiner Regierung hatte Heinrich III. zu Bayern und Schwaben auch das 1039 heimfallende Kärnten in eigener Verwaltung. Aber schon 1042 hatte er den Luxemburger Heinrich (VII.), einen Neffen des letzten Bayernherzogs, mit Bayern belehnt. 1045 erhielt der rheinische Pfalzgraf Otto, Ezzos Sohn und ein Bruder Hermanns von Köln, das Herzogtum Schwaben. Pfalzgraf wurde ihr Vetter Heinrich, den man einmal bei einer schweren Krankheit des Königs zu seinem Nachfolger bestimmte. Die Mark Antwerpen kam als weiteres Reichslehen an Flandern. Als Gottfried diese beiden großen lothringischen Fürstenfamilien, Luxemburger und Ezzoniden, im Bund mit dem König sah, ergab er sich 1045 und erhielt nach einjähriger Haft Oberlothringen zurück. Mit Niederlothringen wurde Friedrich, der Bruder Heinrichs von Bayern, belehnt[6].

E. Steindorff, Jbb. des dt. Reichs unter Heinrich III. (2 Bde. 1874/81); dazu P. Kehr, Vier Kapitel aus der Gesch. K. Heinrichs III. (Abh. Ak. Berlin 1930); Ph. Funk, Pseudo-Isidor gegen Heinrichs III. Kirchenhoheit, HJb 56 (1936); G. Ladner, Theologie u. Politik vor dem Investiturstreit. Abendmahlsstreit, Kirchenreform, Cluni u. Heinrich III. (1936); E. Müller, Das Itinerar Heinrichs III. (1901); knappes Gesamtbild: Th. Schieffer, Heinrich III., in: Die großen Deutschen 1 (1956); R. Holtzmann, Heinrich III. u. Heinrich IV., in: Gestalter dt. Vergangenheit (1937); J. Spörl, Pie rex caesarque futurus, in: Festschr. H. Kunisch (1961). Eine Vita ist nicht vorhanden; die meisten Nachrichten enthalten die Niederaltaicher Annalen, hg. v. E. v. Oefele (1891), Hermann von Reichenau, SS 5, S. 67 ff., und die Hamburgische KiG Adams von Bremen, hg. v. B. Schmeidler ([3]1917).

[1] Nach Rod. Schmidt, (Kap. 19, Anm. 5), S. 196 ff., fand ein eigentlicher Umritt, zu dem gehört, daß die Herrschaft »persönlich übernommen und persönlich ausgeübt wird« (Th. Mayer), nicht statt.

[2] G. LANG (s. Kap. 26, Anm. 4), S. 49ff.

[3] Vgl. B. HÓMAN, S. 248 ff., u. K. SCHÜNEMANN, s. Kap. 26, Anm. 8; E. KLEBEL, Altenburg und Hainburg, MÖIG 47 (1939); eine erbeutete Lanze sandte Kg. Heinrich nach Rom; J. DEÉR, Die heilige Krone Ungarns (1966), S. 69 Anm. 173, S. 196 Anm. 38, S. 199 weist die spätere Behauptung P. Gregors VII., daß damit Ungarn dem Papst unterstellt worden sei, zurück.

[4] M. L. BULST-THIELE, Kaiserin Agnes (1933), S. 18 f.; J. DHONDT, Henri Ier, l'empire et l'Anjou (1043–1056), Revue belge de philol. et d'hist. 25 (1946/47). Man führt Siegfrieds Verhalten allgemein auf die überstrenge Haltung seines Lehrers Wilhelm v. Dijon zurück; dagegen spricht, daß Otto-Wilhelm v. Burgund, der Großvater der Agnes, ein besonderer Freund u. Förderer Wilhelms gewesen ist; vgl. N. BULST, Untersuchungen zu den Klosterreformen Wilhelms von Dijon (962–1031) (Pariser Hist. Studien, 1972).

[5] Vgl. P. KEHR, Vier Kapitel, S. 45 ff., u. Kap. 23, Anm. 2 u. 4.

[6] W. REESE, Die Niederlande und das dt. Reich (1941), mit reicher Lit., doch sehr einseitig; vgl. Kap. 20, Anm. 3 u. 4; H. GLAESENER, Les démêlés de Godefroid le barbu avec Henri III et l'évêque Wazon, Rev. d'hist. eccl. 40 (1944/45); ders., Un mariage fertile en conséquences (Godefroid le barbu et Béatrice de Toscane), ebd. 42 (1947).

Kapitel 29
Erster Italienzug Heinrichs III., Synode von Sutri und Kaiserkrönung

In Burgund hatte Heinrich III. die »treuga Dei« kennengelernt. Er stellte diesen Gottesfriedensordnungen der Kirche, die für alle hohen Festtage und wöchentlich von Mittwoch abend bis Montag früh zum Gedächtnis der Leidenstage des Herrn Waffenruhe geboten, seine *königlichen Friedensgebote* gegenüber[1]. Auf einer Synode in Konstanz predigte er von der Kanzel herab den Frieden und erließ Indulgenzen wie im gleichen Jahr 1043 in Trier, nach seinem Ungarnsieg in Menfö und 1047 in Rom. Als im Herbst 1046 der Frieden im Lande und an den Grenzen gesichert war, brach er nach Italien auf. Italienische Fürsten hatten seinen Hof schon im Januar 1040 aufgesucht. Die Konrad zugesagte Heerfahrt gegen Mailand war bei der Nachricht von seinem Tod sofort aufgegeben worden. Erzbischof Aribert von Mailand kam bald darauf an den Hof; er leistete Genugtuung und erhielt seine Würde zurück[2].

Papst Benedikt IX., ein Tusculaner und Neffe seiner beiden Vorgänger, hatte sich dem König Heinrich wie seinem Vater gefügt: Er war mild gegen Bretislaw von Böhmen nach seinem Reliquienraub, hart gegen Aba von Ungarn gewesen und hatte durch zwei Legaten die unkanonische Vermählung Heinrichs sanktioniert. Aber gegen die Interessen des Reiches und Aquilejas hatte er die Selbständigkeit Grados wiederhergestellt (Italia pontif. 7, 1 n. 87). Die Behauptung, er sei schon mit 12 Jahren Papst geworden, und die ihm nachgesagte Verworfenheit sind spätere Verleumdungen der Reformer[3]; ein Papst nach ihrem Sinne war er freilich nicht. Wohl Unzufriedenheit über sein hartes Stadtregiment führte zu einem Aufstand der Römer im Herbst 1044 und zu dem siebenwöchigen Pontifikat Silvesters III., Bischofs der Sabina (Januar bis März) 1045, den die Crescentier unterstützten[4]. Wiedereingesetzt dankte Benedikt IX. bald darauf ab aus eignem Antrieb oder auf Drängen der Reformpartei, die in Rom, im Kloster auf dem Aventin ihren Sitz hatte, wo die Äbte von Cluny bei ihrem Aufenthalt in Rom zu wohnen pflegten; sie erhob den Archidiakon Johann Gratian, einen der Ihren, aus einer angesehenen, wohlhabenden römischen Familie, zum Papst Gregor VI., der Benedikt mit einer hohen Geldsumme entschädigte[5]. Obwohl gerade seine Freunde und Schüler die Simonie bekämpften, den Erwerb eines geistlichen Amtes mit Geldmitteln um der Vorteile dieses Amtes willen (Apostelgesch. 8, 18 ff.), haben sie ihn nicht angegriffen; seine Synoden wurden besucht, sein Pontifikat von 20 Monaten ist im Papstkatalog anerkannt.

Heinrich III. kam in ein befriedetes *Italien*. In Pavia hielt er am 24. 10. 1046 mit lombardischen, deutschen und burgundischen Bischöfen eine Synode ab, die ein allgemeines Verbot der Simonie erließ[6]. In Piacenza traf er mit Gregor VI. zusammen. Die Ereignisse der folgenden Monate sind nicht ganz zu erhellen, da die Darstellungen der deutschen, der italienisch-römischen und der Chronisten der Reformpartei – auch wenn man nur die gleichzeitigen berücksichtigt – unvereinbar bleiben. Nach seinen großen Erfolgen in Deutschland, nach Befestigung seiner Herrschaft über Burgund wünschte Heinrich auch eine wirkliche Beherrschung Italiens, der die bestehende Verbindung zwischen den Tusculanerpäpsten, Bonifaz von Canossa und Waimar von Salerno, gefährlich werden konnte; mit dem gleichen Ernst wie die Kirchenmänner seiner Zeit wünschte er den Frieden in seinem Reich und die Aufrichtung einer wahren Kirche Christi. Die unkanonische Erhebung Gregors VI. gab Heinrich den Grund, ihn von der *Synode zu Sutri* am 20. 12. zusammen mit dem vor anderthalb Jahren vertriebenen Silvester III. absetzen zu lassen[7]; um Unruhen zu verhüten, mußte Gregor VI. dem Kaiser gefangen nach

Deutschland folgen; ihn begleitete der Mönch Hildebrand (Gregor VII.). Nach drei Tagen sprach eine Synode in Rom die Absetzung Benedikts IX. nach seiner ungesetzlichen Abdankung aus und erhob nach der Weigerung Erzbischof Adalberts von Bremen auf dessen Rat den Sachsen Bischof Suitger von Bamberg als *Clemens II.* auf den Stuhl Petri. Am folgenden Tag (25. 12.) empfing er die Weihen und vollzog an Heinrich und seiner Gemahlin die *Kaiserkrönung*. Ein deutscher Papst, der zu seinem materiellen Rückhalt sein deutsches Bistum behielt und durch keine Verbindung einer römischen Partei verpflichtet war, sollte die kirchliche Erneuerung durchführen. Der Kaiser tritt von nun an in rein kirchlichen Angelegenheiten zurück. Odilo von Cluny und Petrus Damiani[8], der Abt der Eremitenkongregation Fonte Avellana, ein Freund und Berater des Kaisers, stimmten der Erhebung des neuen Papstes zu. Mit dem goldenen Stirnreifen empfing der Kaiser von den Römern die Würde des *Patricius* und damit das Recht des Primats bei der Papstwahl; keine stadtrömische Partei sollte sich mehr die Herrschaft über Rom anmaßen, nicht die Erhebung des Hauptes der Christenheit von ihren Interessen abhängig machen[9].

Waimar von Salerno hatte die ihm von Konrad II. verliehene Macht über Amalfi, Gaeta, Sorrent und Capua ausgedehnt. Im Süden hatten die Normannen ihre Herrschaft, deren Mittelpunkt Melfi wurde, im Kampf gegen Araber und Griechen ausgeweitet. Sie hatten im September 1042 Wilhelm Eisenarm, einen Sohn Tancreds von Hauteville, zu ihrem Führer und zum Grafen von Apulien erhoben unter der Hoheit Waimars, der seit dem Januar 1043 als Herzog von Apulien und Kalabrien erscheint, ein bloßer Titel, der die Landnahme der Normannen gleichsam legalisieren sollte. Um die Jahreswende 1045/46 folgte auf Wilhelm Eisenarm sein Bruder Drogo, der sich »dux et magister Italiae comesque Normannorum totius Apuliae et Calabriae« nannte; doch scheint Waimars Hoheit nicht aufgehört zu haben. Nach seinem Aufenthalt in Monte Cassino empfing der Kaiser im Februar 1047 in Capua die Huldigung und reiche Geschenke Waimars, der Normannenfürsten und Pandulfs IV. von Capua, der gegen eine hohe Geldsumme zusammen mit seinem gleichnamigen Sohn wieder mit Capua belehnt wurde, während den Normannenfürsten ihr Besitz von Apulien und Aversa bestätigt wurde[10]. In diesem fernen Grenzgebiet erschien dem Kaiser eine Reihe von Teilreichen weniger gefährlich als die unbeschränkte Vergrößerung der Macht Waimars, den schon seine Verbindung mit den Tusculanern gefährlich machte. Benevent öffnete dem Kaiser seine Tore nicht und wurde von Clemens II., der ihn durch Süditalien begleitete, nach vergeblicher Belagerung exkommuniziert[11].

Der erste Romzug Heinrichs III. erinnert an den Ottos III. im Jahre 996, der wie er einen deutschen Papst erhob und mit Romuald von Camaldoli befreundet war, wie Heinrich mit Romualds Schüler Petrus Damiani. Wie die Ottonen handelte Heinrich III. mit den Päpsten. Erst im Spiegel der folgenden Jahrzehnte wird Sutri zu dem außerordentlichen Ereignis, als das es in die Geschichte eingegangen ist.

[1] Vgl. C. Erdmann, Die Entstehung des Kreuzzugsgedankens (1935), S. 53 ff.; ders., DA 4 (1941). Dazu ein Brief Berns v. Reichenau: F.-J. Schmale, Die Briefe des Abtes B. v. Reichenau (1961), n. 27; K. Hauck, Heinrich III. u. der Ruodlieb, Beitr. z. Gesch. d. dt. Sprache u. Lit. 70 (1948); K. Schnith, Recht u. Friede. Zum Königsgedanken im Umkreis Heinrichs III., HJb 81 (1962). – V. Achter, Über den Ursprung des Gottesfriedens (1955); B. Töpfer, Volk u. Kirche z. Z. der beginnenden Gottesfriedensbewegung in Frankreich (1957); H. Hoffmann, Gottesfriede u. Treuga Dei (1964).

[2] A. Falce, Bonifacio di Canossa (1927). Über die wachsende Macht des Bonifaz u. die Lage in Italien nach 1039 (DD 28, 29), s. U. Gualazzini, Per la storia dei rapporti tra Enrico III e B. di Canossa, Arch. Stor. Ital. ser. 7, 19 (1933), u. C. Violante, Aspetti della politica italiana di Enrico III prima della sua discesa in Italia, Riv. Stor. Ital. 64 (1952).

[3] Vor allem als Quellensammlung: G. B. Borino, L'elezione e la deposizione di Gregorio VI, Arch. della R. Soc. di storia patria 39 (1916); ders., Invitus ultra montes abii cum domno papa Gregorio, in: Studi Gregoriani 1 (1947); R. L. Pooler, Benedict IX and Gregory VI. Proceedings of the Brit. Acad. (1917/18).

[4] O. Vehse, S. 148 ff., u. W. Kölmel, S. 70 f., s. o. Kap. 21, Anm. 5.

[5] Die Herkunft Gregors VI. ist umstritten; s. J. Haller, Papsttum 2 (²1951), S. 579; er gilt für verwandt mit den Pierleoni, aber auch den Tusculanern u. Crescentiern nahestehend; anders G. Marchetti-Longhi, Ricerche sulla famiglia di Gregorio VII, in: Studi Gregoriani 2 (1947); dazu P. E. Schramm, GGA (1953), S. 68 ff.

[6] Am eingehendsten jetzt O. Capitani (s. Kap. 21, Anm. 2), S. 52 ff., über den Reformcharakter der Synode und das kaiserl. Edikt gegen Simonie; er berichtigt C. Violante, La Pataria milanese e la riforma ecclesiastica 1: Le premesse. 1045–1057 (1955), der die Vorliebe Heinrichs III. für die Klöster und den Unterschied seiner Regierung von der Konrads II. zu stark betont.

[7] Nach einigen Quellen hat eine freiwillige Abdankung Gregors VI. der Synode von Sutri das Odium der Absetzung eines Papstes genommen; s. Haller, Bd. 2 (²1951), S. 572 f.; G. Tellenbach, Libertas (1936), S. 206 ff. (vgl. auch S. 202 ff., 210 ff.), betont mit M. Boye gegen P. Kehr, S. 50 f., daß in Sutri bei Heinrich das reichs-egoistische Interesse zurücktritt: Der Papst wird nicht Reichsbischof; O. Capitani, Immunità vescovili, S. 17 ff. u. 84 ff.; C. Violante (1955), S. 45 ff.; ein Gedicht an Heinrich III. über Sutri, HJb 19

(1898), S. 249 ff.; A. HAUCK, Bd. 3, S. 585; H. ZIMMERMANN, Papstabsetzungen des MA (1968), S. 119 ff.; H. MEIER-WELCKER, Die Simonie im frühen MA, ZKiG 64 (1953), gibt einen Überblick über den Bedeutungswandel dieses Begriffs.

[8] H. v. SCHUBERT, Petrus Damiani als Kirchenpolitiker, in: Festgabe f. K. Müller (1922); F. DRESSLER, Petrus Damiani (1954). Lit. über P. D.: K. REINDEL, DA 15 (1959), S. 23; J. LECLERCQ, Saint Pierre Damien, ermite et homme d'église (1960). Wichtig: J. J. RYAN, Saint Peter Damiani and his Canonical Sources (Toronto 1956).

[9] P. E. SCHRAMM, Renovatio 1, S. 228 ff., mit der ält. Lit.; vgl. auch M. UHLIRZ, Zur Kaiserkrönung Ottos I., in: Festschr. E. E. Stengel (1952), S. 270 ff.; H. L. MIKOLETZKY, Bemerkungen zu einer Vorgesch. des Investiturstreites, in: Studi Gregoriani 3 (1948), S. 254; H.-G. KRAUSE, Das Papstwahldekret von 1059 u. seine Rolle im Investiturstreit (Studi Gregoriani 7, 1960), S. 106 ff.

[10] Die Belehnung der Normannen Drogo und Rainulf II. als Lehnsleute des Kaisers oder Waimars ist umstritten, aber wohl eine Belehnung durch den Kaiser anzunehmen, vgl. auch Kap. 23, Anm. 8, mit J. HALLER, Papsttum 2 (^{2}1951), S. 576 f., u. K. HAMPE, Kaisergesch., S. 27; s. J. DEÉR, Der Lehenskonflikt zw. dem Papsttum u. den südital. Normannen, in: Protokoll über die Arbeitstagung Oktober 1961 auf der Insel Reichenau; L. BUISSON, s. Kap. 27, Anm. 11, S. 166; P. FEDELE, Di alcuni relazioni fra i conti del Tuscolo e i principi di Salerno, Arch. della società di storia patria 28 (1905) u. 29 (1906).

[11] O. VEHSE, Benevent als Territorium des Kirchenstaates, QFItA 22 (1930/31); W. KÖLMEL, s. Kap. 21, Anm. 5, S. 90 f. Das auf dem Rückzug des Kaisers in Rimini erlassene Gesetz, das alle Geistlichen der Pflicht der Eidesleistung enthebt (Const. 1 n. 50), ist über seine lokale Bedeutung hinaus wichtig für die bewußt werdende Trennung zwischen kanonischer u. ziviler Rechtssphäre: s. E. STEINDORFF, Jbb. 1, S. 331 f.

Kapitel 30
Der Osten und Nordosten des Reiches unter Heinrich III.

In *Ungarn* richtete sich Mißstimmung und Haß der Fürsten gegen König Peter und seine deutsche Gefolgschaft, des Volkes gegen die Geistlichkeit und das Christentum überhaupt. Schon auf seinem Zug nach Rom erhielt Heinrich III. Nachrichten von Peters Absetzung und Blendung und der Erhebung des Arpaden Andreas, der jedoch in der Nachfolge König Stephans sowohl das wiedererwachende Heidentum unterdrückte als auch Rückhalt und Unterstützung beim deutschen Kaiser suchte. Er hielt 1047 durch sein Versprechen, die deutsche Lehnshoheit anzuerkennen und Tribut zu zahlen, den Kaiser von einem Feldzug ab und nahm Verbindung mit dem Papst auf. Doch kam es seit 1050 wieder zu mehreren Grenzkriegen. Die Bedingungen eines Friedens, den Leo IX. 1052 vermittelte, wurden nach dem Abzug des deutschen Heeres von König Andreas nicht erfüllt. Der ihm verschwägerte Herzog Konrad von Bayern (ein Enkel des Pfalzgrafen Ezzo, seit 1049 Herzog) floh zu ihm, als ihm nach einer Fehde mit dem Regensburger Bischof wegen Hochverrats sein Herzogtum entzogen wurde; er stiftete einen Ungarneinfall in die Karantanische Mark an. Nach seinem Tod (1055) aber suchte König Andreas wieder die Freundschaft des Kaisers, zumal er seit der Geburt seines Sohnes Salomon die Feindschaft seines Bruders Bela, dem er die Nachfolge versprochen hatte, fürchten mußte.

In *Polen* hatte Kasimir seine Herrschaft befestigt; seine Ansprüche auf Schlesien wies der Kaiser 1050 zurück; aber da er als Schwager Jaroslaws von Kiew und des Königs Andreas von Ungarn in der Lage war, sie mit Gewalt durchzusetzen, gebot der Kaiser 1054 dem Herzog von Bretislaw, Breslau und andere Städte Schlesiens gegen 500 Mark Silber und 30 Mark Gold jährlichen Tributs an Kasimir zurückzugeben, damit ein dauernder Frieden zwischen beiden Ländern hergestellt würde. Nach Bretislaws Tod 1055 ließ sich sein ältester Sohn Spytihnew von Heinrich mit dem Herzogtum *Böhmen* belehnen. Seinen Grausamkeiten gegen die Mähren und Gewalttätigkeiten gegen die eigenen Brüder setzte sein früher Tod 1061 ein Ende[1]. Die *Liutizen* besiegten 1056 ein kaiserliches Heer.

Heinrich III. war sich der Möglichkeit solcher Rückschläge und der Unzuverlässigkeit seiner Lehnsträger im Osten offenbar bewußt. Wohl im Anschluß an seine Kriege mit Aba von Ungarn baute er mit der Schaffung von *Marken* gegen Böhmen und Ungarn eine neue Grenzsicherung. Die königlichen Ministerialen wurden Verwalter des Reichsgutes wie auch seine Verteidiger. Die zahlreichen Vergabungen von Königshufen an Ministerialen in diesen Marken zeigt die bewußte Planung des Kaisers, die für seine Beurteilung entscheidender ist als vereinzelte Niederlagen, die nur sein früher Tod verhängnisvoll machte. Ebenso planvoll erscheint die wohl 1040/41 begonnene großangelegte Gründung der Burg von Nürnberg als Wirtschaftszentrum und Stützpunkt des Heeres in den Feldzügen gegen Böhmen[2].

Anders als sein Vater verminderte Heinrich in seinen späteren Jahren die Macht der *Herzöge* durch Einschränkung ihrer Rechte oder Vergabung des Herzogtums an eine landfremde Familie. In Bayern, das er einst selbst als Herzog verwaltet hatte, folgten 1053 dem abgesetzten Herzog Konrad die noch unmündigen Kaisersöhne Heinrich und Konrad und nach Konrads Tod die Kaiserin Agnes. Schwaben wurde 1048 an den Babenberger Otto (III.) von Schweinfurt vergabt. Kärnten (s. Kap. 28) blieb acht Jahre unbesetzt; den Grenzschutz leisteten die zuverlässigen Markgrafen und Ministerialen. 1047 kam es an Graf Welf III., der durch seine Mutter mit den Luxemburgern verwandt war; durch Abtrennung der Grenzmarken (später Steiermark, Krain, Istrien) wurde seine Macht eingeschränkt.

In den beiden Herzogtümern, in denen die Dynastien erhalten geblieben waren, konnte die kaiserliche Autorität sich nicht voll durchsetzen. In Sachsen hatte Erzbischof Unwan von Bremen 1020 einen dauerhaften Frieden zwischen dem Kaiser und den Billungern vermittelt. Gemeinsam hatten sich Erzbischof und Herzog mit König Magnus von Norwegen verbunden, der 1045 einen großen Sieg über die Elbslaven bei Schleswig erfocht. Als darauf der Slavenfürst Gottschalk eine christliche Herrschaft über die Obodriten aufrichtete, wozu er der Hilfe Bremens bedurfte, schien der *Frieden im Norden* hergestellt zu sein. Aber mit der Erhebung des Thüringer Grafen Adalbert von Goseck 1045 zum Erzbischof brach die alte Feindschaft der Billunger wieder aus, die sich durch sein hochfahrendes Wesen gereizt und durch sein Bemühen, Macht und Rechte seiner Kirche zu vermehren, bedroht fühlten. Papst Leo IX. hatte als den Bereich der Bremer Kirche Schweden, Dänemark, Norwegen, Island, Finnland, Grönland und die Slavenländer zwischen Peene und Eider bezeichnet, verwirklichte aber nicht Adalberts Wunsch, sein Erzbistum zu einem nordischen Patriarchat zu erheben. Die Schaffung von zwölf Bistümern seiner Kirchenprovinz, die Adalbert später plante, war wohl als »Voraussetzung für die Errichtung eines Patriarchats gedacht« (Fuhrmann). Nachdem 1035 die Verbindung der nordischen Reiche mit England gelöst war, sollte gegen das Streben der skandinavischen Könige, ihre Kirche selbst zu beherrschen, ihre Unterordnung unter eine Art Patriarchat Adalberts den Norden enger mit dem Reich verbinden[3]. Bis nach Island und an die nördliche Ostküste Schwedens sandte Adalbert seine Missionsbischöfe zu einer Missionierung, die die Macht des Reiches erst ermöglichte und sie zugleich ausbreiten sollte. Verwirklichen konnte er seine Missionsabsichten mit Gottschalks Beistand unter den Obodriten, wo er neben Oldenburg nun die Bistümer Mecklenburg und Ratzeburg gründete. In Treue zu Kaiser und Reich bemühte er sich um Frieden mit den Billungern, die in ihm auch den Freund und Günstling des Kaisers haßten[4]. Durch reiche Schenkungen an ihn und die Bischöfe von Hildesheim und Halberstadt, durch Ausbau des an Wäldern und Erzgruben reichen Königsgutes um Goslar, beschränkte Heinrich III. die Macht der Billunger. Nach einem entdeckten Anschlag auf sein Leben leisteten sie zu seinen Lebzeiten keinen Widerstand mehr.

In *Lothringen*, dessen Grenzen zu Kaiser Konrads Zeiten unter einem mächtigen Herzog geschützt waren, hatte Herzog Gottfrieds Begnadigung (s. Kap. 28) keinen Frieden gebracht. Ende des Jahres 1046 hatte Bischof Wazo einen Einfall König Heinrichs von Frankreich in Lothringen verhindert[5]. Ein für das Reich verlustreicher Feldzug gegen den Grafen von Holland ließ eine Verschwörung zwischen ihm, Herzog Gottfried und Graf Balduin V. von Flandern zum Ausbruch kommen; Lothringen wurde aufs neue verwüstet. Erst nachdem im Januar 1049 die Reichsbischöfe Lothringens dem Herzog Gottfried eine Niederlage bereitet hatten, behauptete sich der nach seiner Absetzung erhobene elsässische Graf Gerhard, ein Verwandter des Kaisers und Stammvater der lothringischen Dynastie (bis 1735 in Lothringen). Denn zur Unterstützung gegen seinen mächtigen Vasallen Balduin ließ sich König Heinrich von Frankreich 1049 für ein Bündnis mit Heinrich III. gewinnen, der sich auch mit Eduard (dem Bekenner), seit 1042 König in England, und durch Erzbischof Adalberts Vermittlung mit Sven Estridson, seit 1047 Nachfolger des Königs Magnus in Dänemark, verband. Beide sperrten mit ihren Flotten die flandrischen Häfen[6]. Die Exkommunikation Gottfrieds und Balduins durch Papst Leo IX. im kaiserlichen Heer erzwang die Unterwerfung Gottfrieds im Juni 1049 und nach einem Verwüstungszug des Kaisers durch Flandern auch die Balduins, den jedoch wiederholte Feldzüge des Kaisers in der Folgezeit nicht hinderten, wieder in Lothringen einzufallen.

Der Regierungswechsel hatte die *Kanzlei* kaum berührt[7]. Obwohl Markgrafen, Grafen und Ministerialen an Heinrichs Hof eine Rolle zu spielen beginnen, bleiben die Stützen seiner Herrschaft die Bischöfe, denen er vielfach Güter und Rechte verlieh; er suchte sie fast so ausschließlich wie sein Vater nach ihrer politischen Befähigung aus, so daß auch unter ihm einige ihres ungeistlichen Wandels wegen angegriffen wurden. Auch er setzte sie und die Äbte nach seinem Willen ein und enthob sie auch ihres Amtes, wenn er sich auch, anders als sein Vater, der

Simonie enthielt[8]. Neu ist, daß sich zum erstenmal Widerspruch erhebt gegen sein Kirchenregiment. Bischof Wazo von Lüttich, der oft für das Reich zu Felde gezogen ist, tadelt die Absetzung Erzbischof Widgers von Ravenna durch ein Gericht deutscher Bischöfe und den Kaiser, obwohl Widgers Amtsführung zu tadeln war. Wazo trennt die dem Kaiser geschuldete »fides« von der dem Papst gebührenden »oboedientia«; er stellt die »sacra auctoritas pontificum« über die »regalis potestas«. Er verwirft die Vorgänge von 1046, wie noch erbitterter ein nordfranzösischer oder lothringischer Anonymus in einer Schrift ›De ordinando pontifice‹[9]. Nicht die berühmte Lütticher Schule, nicht das regere geistige Leben in Lothringen »erklärt«, warum gerade in dieser Zeit die verfälschte Kanones- und Dekretalen-Sammlung eines Isidor Mercator (Pseudo-Isidor) stärker als vorher zu wirken beginnt sowohl durch die Eindringlichkeit ihrer Sprache wie durch die Unbedingtheit ihrer Forderungen. Daß Abt Halinard von St. Bénigne in Dijon, ein Freund und ständiger Begleiter Leos IX., bei seiner Erhebung zum Erzbischof von Lyon 1046[10] dem König den Treueid verweigerte, geschah im Gehorsam zur Benediktinerregel, die (c. 4) den Mönchen das Schwören verbietet, und ist nicht politisch zu werten. So hat auch Heinrich III. selbst ihn verstanden und geachtet. Mit dem Abt Guido von Pomposa, dessen Rat er für italienische Angelegenheiten erbat, mit Petrus Damiani und den Äbten Odilo und Hugo von Cluny war er freundschaftlich verbunden (vgl. DD Heinrich III., 244 und 263); Hugo machte er zum Taufpaten seines 1050 geborenen Sohnes und Erben Heinrich IV. und zog ihn wohl auch bei der Verwaltung Burgunds zu Rate. Er beschenkte Klöster und Stifter. An vielen Orten sammelte er Reliquien, um sie seiner Stiftung SS. Simon und Juda (der Heiligen seines Geburtstages) in Goslar zu verehren; diese legte er wohl mit Vorbedacht in das dem Stammland der Salier fernliegende und ihnen widerstrebende Sachsen und errichtete dort eine Art Pflanzschule der Geistlichen, seiner Kanzler und späteren Bischöfe[11]. Wie diese Gründung, so haben auch die über das ganze Reich in vielen Kirchen gestifteten Anniversarien auch einen politisch-dynastischen Sinn. Eine aufrichtige Frömmigkeit zeigt Heinrichs Friedenspredigt zu Konstanz, seine Siegesfeier auf dem Schlachtfeld zu Menfö und später in Regensburg »barfuß und in härenem Gewand« (Ann. Altah. 1044).

[1] Zu Ungarn, s. Kap. 28, Anm. 3. Zu den Liutizen u. Polen: Kap. 19, Anm. 10 u. 11. Zu Böhmen: Kap. 26, Anm. 5. Die Deutschfeindlichkeit Spytihnews, von der Cosmas berichtet, ist sonst nicht belegt.

[2] K. Bosl, Die Markengründungen K. Heinrichs III. auf bayer.-österr. Boden, Zs. f. bayer. Landesgesch. 14 (1943/44); ders., Nürnberg als Stützpunkt staufischer Staatspolitik, Mitt. d. V. f. Gesch. d. St. Nürnberg 39 (1944); A. Ortegel, ebd.; K. Bosl, Reichsministerialität (s. Kap. 27, Anm. 4), S. 48 ff.

[3] Adam v. Bremen III, 33; H. Ludat, Die Patriarchatsidee Adalberts v. Br. und Byzanz, AKG 34 (1952). Bes. H. Fuhrmann, ZRG KA 41 (1955), S. 120 ff., und ders., Provincia constat duodecim episcopatibus. Zum Patriarchatsplan Eb. Adalberts v. Hamburg-Bremen, in: Studia Gratiana 11 (1967).

[4] Zu Adalbert: A. Hauck, Bd. 3, S. 649 ff. Lit. s. Wattenbach-Holtzmann 1, S. 563 ff. W. Gerhardt u. W. Hubatsch, Dtld. u. Skandinavien im Wandel der Jahrhunderte (1950), S. 37 ff. Vgl. auch Kap. 23, Anm. 5 u. Bd. 4, Kap. 4, Anm. 2.

[5] W. Kienast, Dtld. u. Frankr. in der Kaiserzeit (1943), S. 52 f.; W. Reese, S. 108 ff. u. 62 ff., und J. Dhont, s. o. Kap. 28, Anm. 4 u. 6.

[6] A. Cartellieri, Der Aufstieg des Papsttums im Rahmen der Weltgesch. 1047–1095 (1936), S. 6 ff.

[7] Auch unter Heinrich III. spielt der Erzkanzler u. Eb. v. Mainz keine Rolle; die Hofkapelle ist nicht mehr mit dem Erzstuhl Mainz verbunden; ein oberster Hofkaplan wird bestellt, s. J. Fleckenstein, Hofkapelle 2, S. 234 ff.; vgl. auch L. Santifaller, s. o. Kap. 22, Anm. 12. Heinrichs Kanzler für Italien u. seine »missi« sind die Träger einer geordneten Regierung über Italien, gegen die sich nie Widerstand erhoben hat; vgl. P. Kehr, Vier Kapitel, S. 36 ff.; G. Zanetti, Arch. Stor. Lombard. 60 (1933), S. 122 f.

[8] So P. Kehr (s. o. S. 162), S. 28, während J. Haller, Papsttum 2 (²1951), S. 572, stärker zwischen Konrads u. Heinrichs »Kirchenpolitik« unterscheiden möchte; vgl. C. Violante u. O. Capitani, s. o. Kap. 29, Anm. 6. Zu Wazo: Wattenbach-Holtzmann 1, S. 395 u. 836; Ph. Funk, HJb 56 (1936); E. de Moreau, Hist. de l'église en Belgique 2 (²1945), S. 39 ff.; H. Hoffmann, AKG 45 (1963), S. 182 ff., »lothringische Kanonistenschulen«, die oft angenommen wurden, sind nicht bezeugt.

[9] Lib. de lite 1, S. 8 ff.; die Zuschreibung von Fr. Pelster, Der Traktat De ordinando pontifice u. sein Verfasser Humbert v. Moyenmoutier, HJb 61 (1941), ist irrig, vgl. A. Michel u. G. B. Borino, in: Studi Gregoriani 1 (1947); O. Capitani, Immunità vescovili (1966), S. 1 ff.; ders., La figura del vescovo in collezioni canoniche, in: Vescovi e diocesani in Italia nel Medioevo, sec. IX–XIII (1964).

[10] B. de Vregille, Dijon, Cluny, Lyon et Rome. A propos de 2 documents sur Halinard de Sombernon 1046 († 1052), in: Annales de Bourgogne 31 (1959), S. 5 ff.

[11] H.-W. Klewitz, Königtum, Hofkapelle u. Domkapitel im 10. u. 11. Jh., AUF 16 (1939), u. D. v. Gladiss, Die sal. Kanzleischule zu Kaiserswerth, ebd.; H.-W. Klewitz, Kanzleischule u. Hofkapelle, DA 4 (1941); J. Fleckenstein, Hofkapelle 2, S. 234 ff.; E. Rothe, Goslar als sal. Residenz (Diss. Berlin 1940). Heinrich III. u. die Klöster: G. Ladner, Theologie u. Politik . . . (1936), S. 64 ff.; G. Tellenbach, Libertas (1936), S. 208 ff.

Kapitel 31

Leo IX. und die Anfänge des Reformpapsttums. Der zweite Italienzug Heinrichs III. Seine letzten Jahre und sein Tod

Nach einem Pontifikat von nur neun Monaten starb Clemens II. am 9. 10. 1047[1]. Der von römischen Gesandten zum Papst erbetene Poppo von Brixen, Damasus II., den der abgesetzte Benedikt IX. mit Unterstützung des Markgrafen Bonifaz von Canossa (DD 217) hindern wollte, den päpstlichen Stuhl zu besteigen, starb nach drei Wochen (17. 7.–9. 8. 1048). Nun erhob der Kaiser den ihm verwandten Bischof Brun von Toul als *Papst Leo IX.*[2], einen Mann der lothringischen Reform, der auch in Nordfrankreich bekannt war; er soll – gemäß den »canones« – auf seiner Nachwahl durch Klerus und Volk von Rom bestanden haben. Ihm folgten Hildebrand, der Subdiakon der römischen Kirche wurde, der Lütticher Archidiakon Friedrich, ein Bruder Herzog Gottfrieds, die Mönche Humbert aus Moyenmoutier und Hugo Candidus aus Remiremont und andere nach Rom. Mit ihnen hat Leo die päpstliche Verwaltung neu und selbständig geordnet, wenn sie auch zunächst in ihren äußeren Formen die kaiserliche Kanzlei nachahmte; unter ihm hat sich das *Kardinalskollegium* im späteren Sinne des Wortes gebildet[3]. Meist war er auf Reisen, in seinem fünfjährigen Pontifikat dreimal in Deutschland, sechsmal in Unteritalien; er hat zwölf allgemeine Synoden gehalten. Ohne universalistische Tendenzen arbeitete er für die Reinheit der Kirche, ihre Befreiung von Simonie und Priesterehe. Seine Urkunden in Deutschland gelten vornehmlich den Klöstern seiner lothringischen Heimat, für die er schon als Bischof gesorgt hatte: Er bestätigt ihren Besitz, schützt sie gegen willkürliche Übergriffe; die Vorrechte der Stifter und ihrer Nachkommen als Vögte werden in alter Weise bewilligt, gelegentlich aber auch Klöster in den unmittelbaren Schutz des Papstes gestellt. Er trieb keine »Klosterpolitik«, nur durch die kräftige Förderung des Wohlstandes und der Sicherheit der Klöster hat er der späteren Entwicklung vorgearbeitet. Mit Heinrich III. zusammen leitete Leo eine Reformsynode 1049 in Mainz; der Erzkanzler für Italien, Erzbischof Hermann von Köln, wurde 1051 auch der des römischen Stuhls. Obgleich Leo gegen das Interesse des Reiches die Rechte von Grado bestätigte, weil er für seine unteritalienischen Pläne die Hilfe Venedigs brauchte, kam es zwischen Kaiser und Papst nicht zu Spannungen. In gleicher Frömmigkeit, in gleicher Weise erfüllt von der Würde ihres Amtes, einte sie *ein* Ziel: das Imperium christianum.

Gesandte aus Benevent hatten durch Geldmittel Leos Aufenthalt in Rom in den ersten Tagen ermöglicht[4]. Seit 1047 hatten die Normannen fast das ganze Fürstentum Benevent erobert. Die Klagen der Bevölkerung über ihre Roheit und Gewalttätigkeit, die Sorge um die kirchliche Betreuung Unteritaliens, das auch die griechische Kirche für sich in Anspruch nahm, und vielleicht auch Rechte des Kaisers als »rex Italiae«, den Leo hier vertrat, auf Capua und Benevent veranlaßten Leo zu seinen vielen Reisen nach *Unteritalien*. Nachdem Benevent seinen Fürsten vertrieben und sich 1051 der päpstlichen Hoheit unterworfen hatte, versprachen die Fürsten Waimar von Salerno und Graf Drogo von Apulien es zu schützen: Dem Sachwalter des Kaisers beugten sich Fürsten und Städte. Als aber nach Waimars und Drogos Tod bald darauf Drogos Bruder Humfred der eigentliche Machthaber von Salerno wurde, sein Stiefbruder Robert Guiskard Kalabrien eroberte und Richard von Aversa (seit 1049) gegen Capua vordrang, sah Leo in einem Krieg gegen die Normannen die einzige Möglichkeit, seine Rechte über Benevent zu behaupten. Von beiden Kaisern erhoffte er, als von »seinen beiden Armen«, Unterstützung. Zwischen ihm und den Kaisern Konstantin IX. Monomachos und Heinrich III. vermittelte wohl der griechische Statthalter in Unteritalien. Heinrich übertrug dem Papst »vicariationis gratia« die Reichsgewalt über das damals fast ganz von Normannen besetzte Territorium von Benevent gegen die päpstlichen Rechte an Bamberg und Fulda (Herm. Chron. zu 1053); aber der Kanzler Bischof Gebhard von Eichstätt verhinderte die Aufstellung eines deutschen Heeres. Mit einer selbstgeworbenen Truppe aus Deutschland und dem Kirchenstaat, zum Teil Abenteurern, erlitt Leo am 18. 6. 1053 bei Cività[5] eine schwere Niederlage, nachdem die drei Normannenfürsten zuvor versucht hatten, ihn zu ihrem Oberlehnsherrn zu erheben, Räumung ihrer Eroberungen aber verweigerten. Leo blieb in Benevent, war aber wohl nicht in normannischer Haft.

Im Anfang des Pontifikats Johannes' XIX. (1024–1033) hatte der Patriarch von *Byzanz* Rom um Anerkennung seiner Gleichberechtigung ersucht, was bei den Reformern heftigen Widerstand hervorgerufen hatte. Seitdem waren die Beziehungen gespannt geblieben. Konstantin IX. (1042–1055) wünschte, da die Griechen von den Normannen immer mehr aus Süditalien verdrängt wurden, um so mehr den Frieden mit Rom; sein tatkräftiger Patriarch Michael Kerullarios (seit 1043) richtete ein in scharfem Ton gehaltenes offenes Schreiben an einen süditalienischen Bischof über bestimmte Gebräuche der römischen Liturgie, nicht über Glaubenssätze, das die Kurie ebenso scharf erwiderte. Im Januar 1054 sandte der Papst noch aus Benevent seinen Kanzler Friedrich von Lothringen mit Kardinal Humbert und dem Erzbischof von Amalfi nach Byzanz, dessen Hilfe er jetzt dringend bedurfte. Da sie zufolge der Konstantinischen Schenkung für den römischen Stuhl den Primat forderten, dadurch den Patriarchen aufs höchste reizten und der Kaiser nicht länger vermitteln konnte, brach mit der Exkommunikation Michaels am 16. VII. 1054 das Schisma, das de facto schon lange bestand, aber hatte überwunden werden sollen, erst recht aus und blieb fortan bestehen, obwohl in den griechischen Quellen nichts von dieser Auseinandersetzung berichtet wird. Der Fluch des Patriarchen folgte. Er wollte das Scheitern der Verhandlungen; die Römer vollzogen den Bruch[6], vielleicht zunächst in der Absicht, nur Kerullarios zu stürzen, gewiß aber in der leidenschaftlichen Überzeugung von ihrem Recht.

Zwei kleine Schriften ›De s. Romana ecclesia‹[7] entstanden in dieser Zeit der Auseinandersetzung mit Byzanz, Aufrufe zur Einheit der Kirche unter Rom, der Stadt der Märtyrer-Apostel Petrus und Paulus; als Petri Nachfolger ist sich der Papst seiner hohen Verantwortung bewußt. Vielleicht sind die Schriften von Leo IX. verfaßt, vielleicht von Kardinal Humbert, seinem wirksamsten Berater und Helfer (»Staatssekretär«), der den Bruch mit Byzanz vollzogen hatte, 1050 die Exkommunikation Berengars von Tours wegen dessen symbolischer Deutung der Eucharistie durchsetzte und – anders als Petrus Damiani – alle Weihen von Simonisten (auch an nicht selbst Schuldigen) verwarf, Simonie als Häresie verurteilte. Er wurde Kardinalbischof von Silva Candida und 1050 Erzbischof von ganz Sizilien.

In dieser Zeit entstand wohl das erste Rechtsbuch der römischen Kurie, die ›diversorum sententiae patrum‹ oder ›collectio LXXIV titulorum‹. Sie beruht auf den Dekretalen Pseudo-Isidors: Das Haupt der geistlichen Hierarchie ist der Papst. Als Voraussetzung und Bedingung einer Reform werden die Rechte ihrer Glieder, z. B. die Immunität der Bischöfe, festgelegt. Von dem Universalitätsanspruch Gregors VII. ist Leo IX. noch entfernt.

Mit der ehrerbietigen Behandlung Leos in Benevent bahnten die Normannen ihre spätere enge Verbindung mit dem Papsttum an, die ihnen zur Legalität, diesem zur Macht verhalf. In Leos Sinne war sie nicht; er kehrte krank nach Rom zurück, wo er am 19. 4. 1054 starb. Der römischen Gesandtschaft unter der Führung des Subdiakons Hildebrand bestimmte der Kaiser noch einmal einen Reichsbischof zum Papst, seinen Kanzler Bischof Gebhard von Eichstätt, der am 16. 4. 1055 als Viktor II. inthronisiert wurde. Das Werk der Reinigung der Kirche und den Kampf gegen die Simonie führte er mit seinen Legaten fort[8]. Der Kaiser übertrug ihm das Herzogtum Spoleto und die Mark Fermo – bei dieser Verleihung waren wohl auch ältere päpstliche Rechte wirksam –, so daß der schon um Benevent vergrößerte Herrschaftsbereich des Papstes – vom Kaiser als Grenzmark des Reiches verstanden – sowohl gegen die Normannen als auch gegen das Haus Canossa eine Macht darstellte. Denn Gottfried von Lothringen heiratete 1054 ohne Wissen des Kaisers Beatrix, die Witwe Bonifaz' von Tuszien-Canossa. Daraufhin verlor sein Bruder Friedrich das römische Kanzleramt und mußte sich in einem Kloster verbergen. Zu dem wiedereingesetzten Fürsten von Benevent wahrte Viktor II. freundliche Beziehungen. Ein späteres gemeinsames Vorgehen gegen die Normannen war geplant; Kaiser Heinrich nahm mit der byzantinischen Kaiserin Theodora, die 1055 Konstantin gefolgt war, Verbindung auf[9], vielleicht zu einem gemeinsamen Vorgehen gegen Ungarn. Aber wegen des häufigen Thronwechsels in Byzanz blieben diese trotz des Schismas noch nicht getrübten politischen Beziehungen wirkungslos.

Im Frühjahr 1055 zog der Kaiser zum zweitenmal nach *Italien*. Zusammen mit dem Papst und 120 Bischöfen hielt er ein Generalkonzil in Florenz, wo der Papst die Veräußerung von Kirchengut verbot und einzelne Bischöfe wegen Simonie oder Verletzung des Zölibats zur Rechenschaft zog. Kaiser und Papst blieben bis zum Ende des Jahres zusammen. Heinrichs Plan war, seine Macht gegenüber dem Haus Canossa zu festigen. Gottfried war nach Deutschland geflohen, Beatrix und ihre Tochter Mathilde führte der Kaiser gefangen mit sich. Er und seine Missi hielten an vielen Orten Gericht. Durch die ersten Stadtprivilegien unterstützte er die Städte gegen den hohen Adel und gewann sie für sich (DD 351/52, 356)[10]. Hier fand noch Heinrich IV. Unterstützung. Eine wichtige Verbindung schuf sich der Kaiser durch die Verlobung seines Sohnes mit Bertha, der Tochter des Grafen von Turin. Sie schien jetzt wichtiger als die Vermählung mit einer ausländischen Fürstentochter.

Doch hat gerade Heinrich III. im Bewußtsein der Würde seines Kaisertums mit vielen ausländischen Fürsten bis nach Kiew[11] Beziehungen unterhalten. Bei einer letzten Begegnung mit Heinrich I. von Frankreich 1056 kam es zu einer heftigen Auseinandersetzung, so daß der König Ivois heimlich verließ[12].

Mit der Annahme des Titels »*Rex Romanorum*« schon in den Urkunden des Jahres 1040 erhebt Heinrich III. noch als deutscher König Anspruch auf das Kaisertum. An diesen Kaiser knüpfen die Römer wieder die Hoffnung auf Erneuerung ihres Reiches. Dem zum Herrscher erzogenen, lateinkundigen Kaiser werden Werke gewidmet, Verse künden seinen Ruhm[13]. Die kostbaren Handschriften, die er stiftete, setzen die Tradition der Ottonenzeit fort, so wie er dem Reich Ottos I. die höchste Vollendung gegeben hat.

Seinem am 11. 11. 1050 geborenen, noch nicht getauften Sohn mußten die Fürsten zu Weihnachten Treue schwören; im Herbst 1053 wurde er in Tribur zum König gewählt und als Nachfolger des Vaters anerkannt unter dem bedeutsamen Vorbehalt: »si rector iustus futurus esset« (Hermann von Reichenau). Die Kaiserin Agnes, die fast regelmäßig an des Kaisers Seite genannt wird, tritt selbständig nicht hervor; gleichen Sinnes unterstützte sie des Kaisers Werk an der Erneuerung der Kirche.

Der Vorbehalt der Fürsten gründete sich auf ihre Unzufriedenheit mit des Kaisers Abfall von seiner früheren »iustitia, pax, pietas, divinus amor«. Zahlreiche Konfiskationen bezeugen Auflehnung gegen sein strenges Regiment, wohl auch seine zu starke Bevorzugung der Geistlichkeit. Bischof Gebhard von Regensburg und Herzog Welf von Kärnten fielen 1055 ab und nahmen Verbindung mit dem abgesetzten Bayernherzog Konrad auf. Der Tod Konrads und Welfs, die Gefangennahme Gebhards und der Prozeß gegen ihn und andere bayrische Großen beendete die Verschwörung ohne Kampf. Mit seinem einzigen wirklichen Feind Herzog Gottfried bahnte der Kaiser wohl kurz vor seinem Tod eine Versöhnung an. Heinrich III. starb am 5. 10. 1056 in der sächsischen Pfalz Bodfeld. Dem Papst Viktor II. vertraute er sterbend Sohn und Reich an. Am 28. 10., seinem 39. Geburtstag, wurde er in Speyer beigesetzt. Sein Herz ruht in Goslar[14]. Nach der erfolgreichen Herrschaft Konrads II. war es Heinrich in den ersten Jahren gelungen, seine Lehnshoheit über Böhmen zu festigen und sie über Ungarn auszudehnen. Der Tag von Sutri schon, nicht erst seine Kaiserkrönung, zeigt ihn als wirklichen Herrscher über das christliche Abendland. Es liegt eine Tragik darin, daß er seine Friedensbestrebungen nicht verwirklichen konnte, daß ihm vielmehr die Strenge, vielleicht sogar Härte seines Wesens Feindschaften eintrug, daß gerade sein Bemühen um die Reinheit der Kirche unter einer höchsten päpstlichen Autorität an seiner Seite zu einem Konflikt zwischen kaiserlicher und päpstlicher Macht unter seinem Sohn geführt hat. Sein vorzeitiger Tod ist für das Reich verhängnisvoll gewesen. Unter der Herrschaft Heinrichs III. hat die frühmittelalterliche Geschichte ihren Höhepunkt erreicht: Das Reich war innen und außen gefestigt und an den Grenzen beschützt[15]. Die Fürstenaufstände richteten sich als Machtkämpfe gerade gegen einen starken Herrscher. Ehe die Welt in eine geistliche und eine weltliche Sphäre auseinanderfiel, ist es Heinrich III. gelungen, das Imperium christianum als Einheit unter einem Kaiser und einem Papst gleichen Sinnes zu verwirklichen.

Der Tod Heinrichs III. bedeutet insofern das Ende einer Entwicklung, als nun auch in Deutschland neue Kräfte Einfluß und Bedeutung gewinnen. Die beiden ersten Salier hatten als Stützen ihrer Macht gegen den hohen Adel die Stellung der Ministerialen, des Dienstadels, gestärkt. Auch die Städte, die sich unter dem Schutz des Krummstabs entwickelt hatten, fangen nun an, ein eigenes Leben zu entfalten. Die freien Bürger, die Kaufleute, empfinden die schützende Hand des Stadtherrn als Last, als Minderung ihrer Freiheit. In Worms und Köln kommt es in den folgenden Jahrzehnten zu den ersten Aufständen gegen Bischof und Erzbischof. Bis zu dieser Zeit hatten die Chronisten vornehmlich die Taten der Kaiser und Könige, der Päpste und der geistlichen und weltlichen Fürsten verzeichnet; es war noch selten, daß ein Nicht-Adliger die Abts- oder Bischofswürde erhielt. Läßt sich daher für den Historiker schwer erkennen, wie sich das Leben unter dieser dünnen Oberschicht vollzog, so wird das nun anders. An den schweren Auseinandersetzungen der folgenden Jahrzehnte, sowohl zwischen Kaiser und Papst als auch zwischen Kaiser und Fürsten, haben Ministerialen und Bürger entscheidenden Anteil.

Da sich in der Geschichtsschreibung des frühen Mittelalters weder psychologische Persönlichkeitsschilderung noch Motivierung der Ereignisse findet, wird dem modernen Historiker sowohl die Charakterisierung wie auch eine abgerundete Darstellung problematisch. Briefe sind in dieser Zeit selten; nur gelegentlich scheint in den Arengen der Urkunden ein persönliches Anliegen vorgebracht zu werden. So bleiben die erhaltenen Bauten und Bildwerke der unmittelbarste Ausdruck ihrer Zeit, wenn auch ihre Deutung wiederum der Zeitgebundenheit unterliegt. Sie geben ein vielfältiges Bild. Neben der Schwere und Masse frühsalischer Bauten, deren Größe und Weiträumigkeit die Ruinen von Hersfeld und Limburg a. d. Hardt ahnen lassen, erscheinen die Darstellungen der Buchmalerei in vielen Bamberger Handschriften der Zeit Ottos III. und Heinrichs II. bis zum kostbaren ›Codex aureus‹, den Heinrich III. nach Speyer schenkte und der heute im Escorial liegt, wirklichkeitsfern. Die großen ausdrucksvollen Augen der dargestellten Personen sind wie in eine andere Welt gerichtet; die symbolischen Gesten und Ornamente waren vielleicht nur der eigenen Zeit unmittelbar verständlich. »Gottnähe«, »gültige Wirklichkeit des Allgemeinen und Ewigen«, »Schaffen rein aus dem Geist« geben dieser Malerei das Gepräge (Jantzen). »Die letztlich theokratisch zu verstehende Reichsidee ist das wichtigste Movens karolingischer und ottonischer Kunst, die immer zugleich religiös und politisch zu verstehen ist. Ihre hierarchische, den ganzen Kosmos durchwirkende Gliederung gipfelt zunächst in der Darstellung der Maiestas Domini, in der christusähnlichen Gestalt des Kaisers.«[16] Die kunstvollen Einbände, Zierseiten und Werke der Goldschmiedekunst sind aus dem Verlangen zu verstehen, durch Pracht und Kostbarkeit die liturgischen Bücher und Gegenstände über alles Profane zu erheben. Von hier aus erhalten die Stiftung von Bamberg und die Ereignisse von Sutri eine eigene Bedeutung. Sie sind nicht »realpolitisch« zu deuten, sondern zu verstehen aus dem mittelalterlichen Staatsdenken, das irdische Ziele mit den Forderungen einer göttlichen Weltordnung zu vereinen sucht.

1 W. Specht u. K. Hauck, Zum Tode Papst Clemens' II., Jb. f. fränk. Landesforschung 19 (1959).

2 E. Hlawitschka, Die Anfänge des Hauses Habsburg-Lothringen. Genealog. Untersuchungen (1969): über die Verwandtschaft P. Leos IX. mit den Saliern und den lothringischen Vorfahren Konrads II.; A. Hauck, Bd. 3, S. 595 ff.; J. Haller, Bd. 2 (²1951), S. 286 ff. m. Anm.; P. Schmid, Der Begriff der kanon. Wahl in den Anfängen des Investiturstreites (1926); R. Bloch, Die Klosterpolitik Leos IX. in Dtld., Burgund u. Italien, AUF 11 (1930), anders H. Hirsch, Untersuch. zur Gesch. des päpstl. Schutzes, MIÖG 54 (1942); N.-N. Huyghebaert, Léon IX et la lutte

contre la simonie dans le diocèse de Verdun, in: Studi Gregoriani 1 (1947); H. TRITZ, Die hagiographischen Quellen zur Gesch. P. Leos IX., ebd. 4 (1952), hält Humbert v. Moyenmoutier für den Verfasser der ›Vita Leonis‹, die einem Wibert zugeschrieben wurde; dagegen H. HOFFMANN, AKG 45 (1963), S. 203 ff.; FR. KEMPF i. Hdb. d. KiG, hg. v. H. JEDIN, Bd. 3 (1966), S. 404 ff.

3 H.-W. KLEWITZ, Die Entstehung des Kardinalkollegiums, ZRG KA 25 (1936); R. L. POOLE, Imperial Influences on the Forms of Papal Documents, Proceedings of the Brit. Acad. (1917/18); K. JORDAN, Die Entstehung d. röm. Kurie, ZRG KA 28 (1939); H.-W. KLEWITZ, Die Krönung des Papstes, ebd. 30 (1941).

4 Zum ganzen Abschnitt vgl. Kap. 29, Anm. 10 u. 11; nach O. VEHSE, Benevent, S. 95, u. G. LADNER, Theologie und Politik, S. 80, bleibt das Eigentumsrecht des Reiches gewahrt, wie es wohl der Rechtsauffassung Heinrichs u. Leos entspricht; nach W. KÖLMEL wurde Benevent päpstl. Land; über Leo IX. u. die Normannen Süditaliens vgl. Italia pontificia 8, hg. v. P. KEHR (1935), S. 6 ff., u. 9, hg. v. W. HOLTZMANN (1962).

5 M. FUIANO, La battaglia di Civitate (1053), Archivio storico pugliese 2 (1949).

6 A. MICHEL, Humbert u. Kerullarios (2 Bde. 1925/30); ders., HJb 60 (1940); V. GRUMEL, Les préliminaires du schisme de Michel Cérulaire ou la question romaine avant 1054, Revue des études byzantines 10 (1953); A. MICHEL, Schisma u. Kaiserhof i. J. 1054, in: L'église et les églises 1 (1954); R. MAYNE, East and West in 1054, The Cambridge Historical Journal 11 (1954); D. M. NICOL, Byzantium and the Papacy in the 11th Century, The Journal of Ecclesiastical History 13 (1962); G. OSTROGORSKY, Gesch. d. byz. Staates (²1963), S. 277 ff.; J. J. RYAN, The Legatine Excommunication of Patriarch Michael Caerularius (1054), in: Studia Gratiana 13/14 (1967). – Die Glaubwürdigkeit Radulfus Glabers u. seinen Bericht über die Beziehungen zw. Byzanz u. Johann XIX. bezweifelt A. MICHEL, HJb 70 (1951), gegen OSTROGORSKY; vgl. FR. KEMPF i. Hdb. d. KiG 3 (s. o.), S. 470 ff.

7 P. E. SCHRAMM, Renovatio 2 (1929), S. 120 ff., u. A. MICHEL ebd. Wichtig J. RYAN, Cardinal Humbert De s. Romana ecclesia: Relics of Roman Byzantine Relations 1053–54, Mediaeval Studies 20 (1958); G. LADNER (s. o. Anm. 4), S. 33 ff.; A. MICHEL, Die Anfänge Kard. Humberts bei B. Brun v. Toul, und ders., Pseudo-Isidor, die Sentenzen Humberts u. Burkard v. Worms im Investiturstreit, in: Studi Gregoriani 3 (1948). Zus.fassend ders., Die folgenschweren Ideen des Kard. Humbert u. ihr Einfluß auf Gregor VII., ebd. 1 (1947) mit ält. Lit.; W. ULLMANN, Cardinal Humbert and the Ecclesia Romana, ebd. 4 (1952). Neu u. Ursache vieler späterer Konflikte ist in Humberts Lehre, daß der Papst, wenn er »a fide devius« befunden wird, von der röm. Kirche, d. h. den Kardinälen zu richten ist. Humberts Verfasserschaft ist gesichert nur für die ›libri III adversus Simoniacos‹. Zweifel an den Zuschreibungen durch A. MICHEL äußern O. CAPITANI, Immunità, S. 43, Anm. 84, u. G. MICCOLI, Chiesa Gregoriana (1966), S. 41 f., 179 u. 263 ff. Über die ihm zugeschriebenen Schriften s. J. RYAN, S. Peter Damiani (1956), S. 172 f. Die Abfassungszeit der Sentenzen ist umstritten; vgl. Y. M. J. CONGAR, Der Platz des Papsttums in der Kirchenfrömmigkeit der Reformer des 11. Jh., in: Sentire ecclesiam (1961); J. T. GILCHRIST, Canon Law Aspects of the 11th Century Gregorian Reform Programme, The Journal of Ecclesiastical History 13 (1962); dagegen O. CAPITANI, La figura del vescovo (s. o. Kap. 30, Anm. 9), u. ders., Immunità, S. 183 ff.; FR. KEMPF im Hdb. d. KiG 3, S. 408 f.

8 Die Kontinuität der päpstl. Politik betont G. TELLENBACH, Libertas, S. 222 ff.

9 W. OHNSORGE, Das nach Goslar gelangte Auslandsschreiben des Konst. IX. Monomachos für K. Heinrich III. 1049, Braunschweiger Jb. 32 (1951), u. ders.,

Niedersächs. Jb. f. Landesgesch. 40 (1968), S. 61 ff.; ders., Eine Rotulus-Bulle des K. Michael VI. Stratiotikos von 1056, Byz. Zs. 46 (1953): Sie hat den Kaiser nicht mehr erreicht; E. STEINDORFF, Jbb. 2, S. 311.

[10] C. VIOLANTE, La pataria milanese (1955), S. 127: La posizione della chiesa milanese nell'ultima fase della politica italiana di Enrico III.

[11] TH. EDIGER, Rußlands älteste Beziehungen zu Dtld., Frankr. u. d. röm. Kurie (Diss. Halle 1911).

[12] J. DHONDT in: Revue belge de philol. et d'hist. 25 (1946/47), S. 104 ff.: Thibaut v. Blois habe 1054 dem Kaiser gehuldigt, der aber ein Versprechen der Abtretung eines Teiles von Lothringen nicht einlöste; E. STEINDORFF, Jbb. 2, S. 340 ff.: Nach dt. Quellen habe Heinrich I. das Bündnis von 1048 nicht länger anerkennen wollen.

[13] P. E. SCHRAMM, Renovatio 1, S. 227 ff., S. 255 ff.; M. L. BULST-THIELE, Die Kaiserin Agnes (1933), S. 15 ff. Gedichte auf Heinrichs III. Tod, ebd. S. 32; B. BISCHOFF, Caesar, tantus eras, in: Corona quernea (Schriften der MGH 6, 1941), S. 247 ff., auch in dessen Mal. Studien 2 (1967); C. ERDMANN, Forsch. z. polit. Ideenwelt des FrühMA (1951) über Bern v. Reichenau u. Heinrich III. und über Anselm d. Peripatetiker, Kaplan Heinrichs III.; Anselm v. Besate, Rhetorimachia, hg. v. K. MANITIUS (1958); P. E. SCHRAMM, Die dt. Kaiser ... in Bildern ihrer Zeit 1, S. 124 ff.; ders. u. FL. MÜTHERICH, Denkmale der dt. Könige u. Kaiser 768–1250 (1962), S. 99 ff.; R. GAETTENS, Münzportraits im 11. Jahrhundert? (1956).

[14] Über Goslars Bedeutung zuletzt J. FLECKENSTEIN, Hofkapelle 2, S. 281.

[15] Über die widerspruchsvolle Beurteilung Heinrichs III. s. K. HAMPE-FR. BAETHGEN, Dt. Kaisergeschichte ([9]1945, [11]1964), S. 20.

[16] H. JANTZEN, Otton. Kunst (1947); Zitat aus V. H. ELBERN, Die bildende Kunst der Ottonenzeit zw. Maas u. Elbe, in: Das erste Jahrtausend. Kultur u. Kunst im werdenden Abendland an Rhein u. Ruhr 2 (1964), S. 1041; ebd. A. VERBEEK, Zentralbauten in der Nachfolge der Aachener Pfalzkapelle. Ausführliche Bibliographie des Schrifttums über die Kunstdenkmäler: E. KUBACH u. P. BLOCH, Früh- u. Hochromanik (1964). Über die angebliche »Reichenauer Malerschule« s. C. R. DODWELL and D. H. TURNER, Reichenau Reconsidered. A Reassessment of the Place of Reichenau in Ottonian Art (London 1965).

Stammtafel der Ottonen und Salier

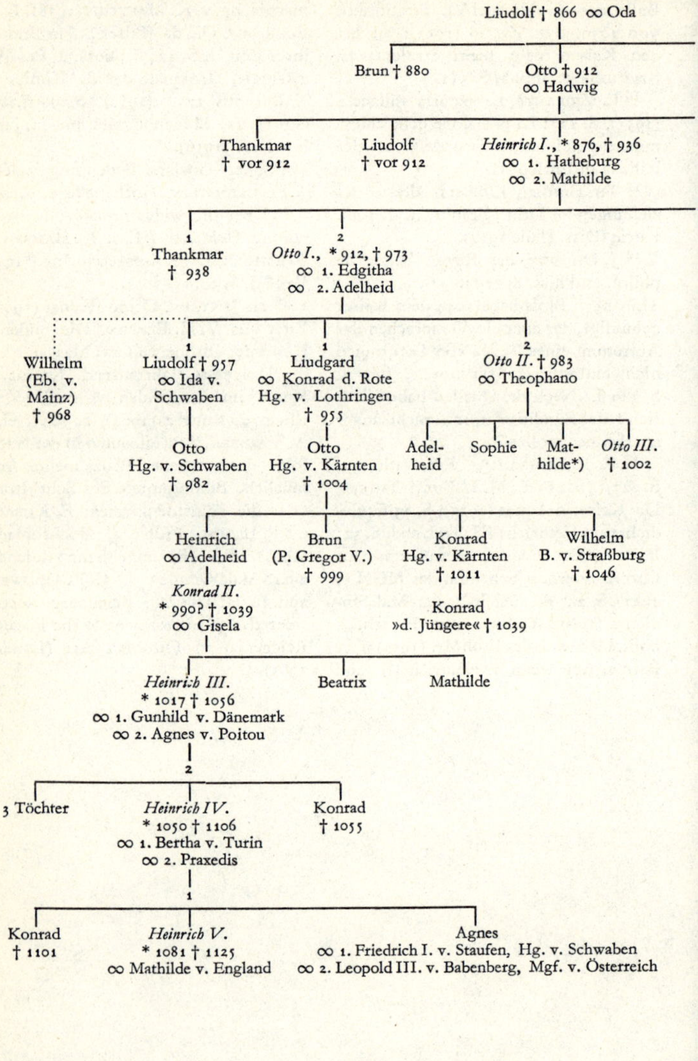

* Mathilde ∞ Ezzo (s. STEINBACH, s. o., Kap, 20, Anm. 10)

Liudgard † 885
∞ Kg. *Ludwig d. J.*

Oda
∞ Kg. *Zwentibold* v. Lothringen

2	2	2	2
Gerberga ∞ 1. Giselbert v. Lothr. † 939 ∞ 2. Ludwig IV. v. Frankr. † 954	Hadwig ∞ Hugo v. Francien	Heinrich † 955 ∞ Judith v. Bayern	Brun † 965 Eb. v. Köln

Children of Gerberga:

2	2	2
Lothar v. Frankreich † 986	Mathilde ∞ Konrad v. Burgund † 993	Karl v. Niederlothringen † 992
Ludwig V. v. Frankreich † 987	Rudolf III. v. Burgund † 1032	Otto † 1005

Descendants of Hadwig:

Hugo (Capet) † 996

Robert II. † 1031

Heinrich I. † 1060

Philipp I. † 1108

Ludwig VI. † 1137

Descendants of Heinrich:

Heinrich d. Zänker
Hg. v. Bayern † 995
∞ Gisela v. Burgund
(Schwester Rudolfs III.)

Heinrich II. * 973 † 1024 ∞ Kunigunde	Brun, B. v. Augsburg † 1029	Gisela ∞ Kg. *Stephan* v. Ungarn

Hilfsmittel, Quellensammlungen und allgemeine Darstellungen zur Geschichte des deutschen Mittelalters

Bibliographien: Dahlmann-Waitz, Quellenkunde der deutschen Geschichte, 9. Aufl. hg. v. H. Haering (1932, Register-Bd. 1932 = DW^{9}), 10. Aufl. hg. im Max-Planck-Inst. f. Gesch. v. H. Heimpel u. H. Geuss (1965 ff. = DW^{10}, Bd. 1 abgeschl. 1969, Bd. 2 abgeschl. 1971); Jahresberichte für dt. Gesch., hg. v. A. Brackmann u. F. Hartung (für 1925 bis 1939 15 Bde. 1927–1942), Neue Folge ab 1949 (1952 ff.); für die Zwischenzeit: Die dt. Geschichtswissenschaft im II. Weltkrieg, Bibliogr. des histor. Schrifttums dt. Autoren 1939–1945, hg. v. W. Holtzmann u. G. Ritter (1951); fortlaufend für 1926–1939 u. 1947 ff.: Internationale Bibliographie der Geschichtswissenschaften 1–14 u. 16 ff. (1928 bis 1941, 1949 ff.); International Medieval Bibliography (IMB), hg. v. R. S. Hoyt u. P. H. Sawyer (Leeds 1968 ff.); Österreichische Histor. Bibliographie, hg. v. E. H. Boehm u. F. Fellner, bearb. v. H. Paulhart (1968 ff.); gute Jahres-Bibliogr. in Revue d'hist. ecclés. (seit 1900). – G. Franz, Bücherkunde zur dt. Gesch. (1951); ders., Bücherkunde zur Weltgesch. (1956); W. Trillmich, Kleine Bücherkunde zur Gesch.wiss. (1949); W. Baumgart, Bücherverz. z. Dt. Gesch. (1971); G. M. Dutcher, A Guide to Historical Literature (^{3}1949); E. M. Coulter u. M. Gerstenfeld, Historical Bibliographies (1935); P. Caron u. M. Jaryc, World List of Historical Periodicals and Bibliographies (^{2}1939); Bibliographie histor. Zeitschriften 1939 bis 1951, bearb. v. H. Kramm (3 Hefte 1952/53).

Zur Einführung: DW^{10} Bd. 1, Abschn. 1; J. G. Droysen, Historik, Vorlesungen über Enzyklopädie und Methodologie der Gesch., hg. v. R. Hübner (^{3}1958); E. Bernheim, Lehrbuch der histor. Methode u. der Geschichtsphilosophie (^{6}1908, Ndr. 1961); W. Bauer, Einführung in d. Studium der Gesch. (^{2}1928, Ndr. 1961); E. Keyser, Die Geschichtswissenschaft, Aufbau u. Aufgaben (1931); R. Lorenz, Grundriß der Geschichtslehre (1945); H. Nabholz, Einführung in das Studium der mittelalterl. u. der neueren Gesch. (1948); P. Kirn, Einführung in die Geschichtswiss. (Slg. Göschen ^{4}1963); L. Halphen, Indroduction à l'histoire (^{2}1948); ders., Initiation aux études d'histoire du moyen âge (^{3}1952); L'histoire et ses méthodes, hg. v. Ch. Samaran (Encyclopédie de la Pléiade 1961); H. Quirin, Einführung in das Studium der mittelalterl. Gesch. (^{3}1964); L.-E. Halkin, Initiation à la critique historique (Cahiers des Annales 6, 1963); G. Fasoli, Guida allo studio della storia medievale, moderna, contemporanea (^{2}1967); Th. Schieder, Gesch. als Wissenschaft, Eine Einführung (1965); marxist.: W. Eckermann u. H. Mohr (Hg.), Einführung in d. Studium der Gesch. (1966).

Historisch-biographische Lexika und Sammelwerke: Allgemeine Deutsche Biographie (= ADB), hg. durch die Histor. Kommission bei d. Bayer. Akad. d. Wissensch. (56 Bde. 1875–1912), wird ergänzt bzw. ersetzt durch: Neue Deutsche Biographie (= NDB, 1953 ff.); H. Rössler u. G. Franz, Biograph. Wörterbuch zur dt. Gesch. (1952); Die Großen Deutschen, hg. v. W. Andreas u. W. v. Scholz (5 Bde. 1935 bis 1937), hg. v. H. Heimpel, Th. Heuss u. B. Reifenberg (5 Bde. ^{2}1956/57); Meister der Politik, hg. v. E. Marcks u. K. A. v. Müller (3 Bde. ^{2}1923/24); Landesgeschichtl. Biographien s. DW^{9} S. 988 ff. – E. Haberkern u. J. F. Wallach, Hilfswörterbuch f. Historiker (^{2}1964, auch als Taschenbuch, 2 Bde.); H. Rössler u. G. Franz, Sachwb. z. dt. Gesch. (1958, Ndr. 1970); K. Fuchs u. H. Raab, dtv-Wörterbuch zur Gesch. (2 Bde. 1972); E. Bayer, Wb. z. Gesch. Begr. u. Fachausdr. (1960); O. Meyer (Hg.), Clavis mediaevalis, Kleines Wb. zur MA-Forschung (1962). – Reallexikon der Vorgeschichte, hg. v. M. Ebert (15 Bde. 1924–1932); Reallex. der german. Altertumskunde, hg. v. J. Hoops (4 Bde. 1911–1919; ^{2}1968 ff.); Realenzyklopädie der class. Altertumswissenschaft, hg. v. A. Pauly, G. Wissowa u. a. (1893 ff., noch unvollst.); dtv-Lexikon der Antike (13 Bde. 1969–1971); Reallex. für Antike u. Christentum, hg. v. Th. Klauser (1950 ff.); Realenzykl. für protestant. Theologie u. Kirche (= PRE), begr. v. J. J. Herzog, hg. v. A. Hauck (24 Bde. ^{3}1896–1913); Die Religion in Geschichte und Gegenwart (= RGG), hg. v. K. Galling (6 Bde. ^{3}1957–1962); Lexikon für Theologie u. Kirche (= LThK), hg. v. M. Buchberger (10 Bde. 1930 bis 1938), hg. v. J. Höfer u. K. Rahner (10 Bde. u. Register, ^{2}1957–1965); Dictionnaire de théologie catholique, hg. v. A. Vacant u. a. (30 Bde. 1930–1950); Dictionnaire d'hist. et de géographie ecclésiastiques, hg. v. A. Baudrillart u. a. (1922 ff., unvollst.); Dictionnaire de spiritualité ..., hg. v. M. Viller (1937 ff.); Handwörterbuch des dt. Aberglaubens, hg. v. H. Bächtold-Stäubli (10 Bde. 1927–1942). – Hdwb. der Soziologie, hg. v. A. Vierkandt (1931); Hdwb. der Staatswissenschaften, hg. v. L. Elster (9 Bde. ^{4}1923–1929), neu bearb. als Hdwb. der Sozialwiss., hg. v. E. Beckerath u. a. (12 Bde. 1956–1965); Deutsches Rechtswb., hg. v. R. Schröder u. E. Frhr. v. Künssberg (1932 ff.); Hdwb. zur dt. Rechtsgesch., hg. v. A. Erler u. W. Kaufmann (1964 ff.); Dictionnaire de droit canonique, hg. v. N. Naz (1935 ff.). – Deutsches Städtebuch, Hdb. städtischer Gesch., hg. v. E. Keyser (bisher 4 Bde. 1939 ff.); Österreich. Städtebuch, hg. v. A. Hoffmann (1968 ff.); Hdb. der histor. Stätten Deutschlands (Kröners Taschenausg. 1958 ff.), Übersicht (auch für Österreich) s. in Bd. 13, vor Kap. 1; G. Dehio, Hdb. d. dt. Kunstdenkmäler, 5 Bde., bearb. v. E. Gall (^{2}1949 ff.), Neue Folge 1964 ff. ebd.; Reallex. zur dt. Kunstgesch., hg. v. O. Schmitt u. a. (1937 ff.); Reallex. d. dt. Literaturgesch., hg. v. P. Merker u. W. Stammler (4 Bde. 1925–1931), hg. v. W. Kohlschmidt u. W. Mohr (^{2}1955 ff.); Deutsche Philologie im Aufriß, hg. v. W. Stammler (3 Bde. u. Reg.-Bd. ^{2}1957, Ndr. 1966–1969); Die dt. Lit. im MA, Verfasserlexikon, hg. v. W. Stammler u. K. Langosch (5 Bde. 1933–1955).

Historische Hilfswissenschaften: A. v. Brandt, Werkzeug des Historikers, Eine Einführung in die hist. Hilfswiss. (^{6}1971); Grundriß der Geschichtswissenschaft, hg. v. A. Meister (1906 ff. in 15 Einzelbänden); H. Bresslau, Hdb. der Urkundenlehre für Dtld. u. Italien (Bd. I ^{2}1912, Bd. II 1 1915, II 2 hg. v. H.-W. Klewitz 1931, ^{3}1958 bis 1960 mit Register); L. Santifaller, Urkundenforschung. Methoden, Ziele, Ergebnisse (1937); O. Meisner, Urkunden- u. Aktenlehre der Neuzeit (1950); K. Löffler, Einführung in d. Handschriftenkunde (1929); H. Foerster, Abriß der lat. Paläographie (1949). B. Bischoff, Paläographie, in: Dt. Philol. im Aufriß 1 (^{2}1957); Monumenta Palaeographica, Denkmäler der Schriftkunst des MA, hg. v. A. Chroust (1902–1940, Tafelwerk); Hdb. der Bibliothekswissenschaft, hg. v. F. Milkau u. G. Leyh (4 Bde. ^{2}1950–1957). – K. Strecker, Einführung in das Mittellatein (^{3}1939); K. Langosch, Lat. Mittelalter, Einleitung in Sprache u. Literatur (1963). – H. Grotefend, Zeitrechnung des dt. MA u. der Neuzeit (2 Bde. 1891–1898); ders., Taschenbuch der Zeitrechnung des dt. MA u. d. NZ (^{10}1960; H. Lietzmann u. K. Aland, Zeitrechnung der röm. Kaiserzeit, des MA u. der NZ (Slg. Göschen ^{3}1956). – O. Lorenz, Lehrbuch der gesamten wissensch. Genealogie (1898); E. Heydenreich, Lehrbuch der prakt. Genealogie (2 Bde. 1913); O. Forst de Battaglia, Wissenschaftl. Genealogie, Eine Einführung in die wichtigsten Grundprobleme (1948); W. K. Prinz v. Isenburg, Histor. Genealogie (1941); ders., Stammtafeln zur Gesch. der europ. Staaten, hg. v. E. Freytag v. Loringhoven (^{2}1953–1957). – H. Hassinger, Geograph. Grundlagen der Gesch. (^{2}1953); H. Oesterley, Histor.-geograph. Wörterbuch des dt. MA (1881–1883); J. G. Th. Graesse, Orbis latinus, Verzeichnis der wichtigsten lat. Orts- u. Ländernamen (^{3}1922, Neubearbeitung v. H. Plechl im Druck). Geschichts-Atlanten: K. v. Spruner u. Th. Menke, Handatlas für d. Gesch.

des MA u. der neueren Zeit (^{3}1880); G. Droysen, Allgem. histor. Handatlas (1886); F. W. Putzger, Histor. Schulatlas, hg. v. A. Hansel u. W. Leisering (^{88}1965); Großer histor. Weltatlas, hg. v. Bayer. Schulbuchverlag (3 Tle. 1953 ff.); Westermanns großer Atlas zur Weltgesch., hg. v. H.-E. Stier u. a. (1966); dtv-Atlas zur Weltgesch. (2 Bde. $^{8}/^{7}$1972). – K. Heussi, Atlas zur Kirchengesch. (^{3}1937). – Geschichtl. Handatlas Niedersachsens, hg. v. G. Schnath (1939); W. Fabricius u. a., Geschichtl. Atlas d. Rheinprovinz (1894 ff.); Geschichtl. Handatlas der dt. Länder am Rhein, hg. v. J. Niessen (1950); Pfälzischer Geschichtsatlas (1935); Bayerischer Geschichtsatlas, hg. v. M. Spindler (1969); Histor. Atlas der österreich. Alpenländer (1906 ff.); Histor. Atlas der Schweiz, hg. v. H. Ammann u. K. Schib (1951); Geschiedkundige Atlas van Nederland, hg. v. A. A. Beekman (1912 ff.); über weitere Geschichts-Atlanten s. G. Franz, Historische Kartographie (^{2}1962).

Handbücher: Hdb. für den Geschichtslehrer, hg. v. O. Kende, Bd. III: F. Schneider, MA bis z. Mitte d. 13. Jh. (1929, Ndr. 1967), Bd. IV 1: B. Schmeidler, Das spätere MA (1937, Ndr. 1962), Bd. V 1: F. Hartung, Neuzeit von d. Mitte d. 17. Jh. bis 1789 (1932, Ndr. 1965); Hdb. d. dt. Gesch., begr. v. O. Brandt, fortgef. v. A. O. Meyer, neu hg. v. L. Just (4 Bde. 1936 ff., unvollst.), dazu Bd. 5: Athenaion-Bilderatlas zur Dt. Gesch., hg. v. H. Jankuhn, H. Bookmann u. W. Treue (1968); Deutsche Gesch. im Überblick, hg. v. P. Rassow (^{2}1962); marxist.: Deutsche Gesch., hg. v. J. Streisand u. a. (3 Bde. ^{2}1967). – Hdb. d. Kulturgesch., hg. v. H. Kindermann (1934 ff.), neu hg. v. E. Thurnher (1960 ff.).

Gesamtdarstellungen und Weltgeschichten: L. v. Ranke, Weltgesch. (9 Bde. bis 15. Jh., $^{3}/^{4}$1896/98 u. ö.); H. Delbrück, Weltgesch. (5 Bde. 1923–1928); Propyläen-Weltgesch., hg. v. W. Goetz (10 Bde. u. Register 1930–1933); Neue Propyläen-Weltgesch., hg. v. W. Andreas (nur Bd. 1–3 u. 5, 1940/43); Propyläen Weltgesch., hg. v. G. Mann u. a. (12 Bde. 1961–1965); Historia mundi, hg. v. F. Kern u. F. Valjavec (10 Bde. 1952–1961); Hdb. der Weltgesch., hg. v. W. v. Randa (1956); Saeculum Weltgesch., hg. v. H. Franke u. a. (7 Bde. 1965 ff.); Fischer-Weltgesch. (35 Tbb. 1965 ff.); H. Freyer, Weltgesch. Europas (2 Bde. 1949); The Cambridge Medieval History (8 Bde. 1911–1936, Ndr. 1964); E. W. Previté-Orton, The Shorter Cambr. Medieval Hist. (2 Bde. 1952); The Cambr. Modern Hist. (13 Bde. u. Atlas. 1902–1912); The New Cambr. Modern Hist. (1957 ff.); Histoire générale, hg. v. L. Lavisse u. A. Rambaud (12 Bde. ^{3}1922–1924); Hist. générale, hg. v. G. Glotz (20 Bde. 1929 ff., bisher nur MA); Peuples et civilisations, Hist. gén., hg. v. L. Halphen u. Ph. Sagnac (20 Bde. 1929–1945, ^{2}1946 ff.); Hist. gén. des civilisations, hg. v. M. Crouzet (7 Bde. 1953–1957); Collection Clio, Introduction aux études hist. (10 Bde. 1934 ff.); Storia universale, hg. v. E. Pontieri (8 Bde. 1959–1963); Weltgesch. in 10 Bänden, hg. v. d. Akad. d. Wiss. der UdSSR (dt. 1961–1968). – Histoire des relations internationales, hg. v. P. Renouvin, Bd. 1: F. L. Ganshof, Le moyen âge (1953), Bd. 2/3: G. Zeller, Les temps modernes (1953–1955). – Hdb. der Europ. Gesch., hg. v. Th. Schieder (7 Bde. 1968 ff.); C. J. H. Hayes, M. W. Baldwin, Ch. W. Cole, Hist. of Europe (2 Bde. ^{2}1954–1956); H. A. L. Fisher, A Hist. of Europe (2 Bde. ^{2}1952, dt.: Die Gesch. Europas, 1951); J. Bowle, The Unity of European Hist., A Political and Cultural Survey (1949); E. Kessel, Zeiten der Wandlung. Hauptepochen abendländ. Gesch. (1950).

Kirchengeschichte: A. Hauck, KiG Deutschlands (nur MA, 5 Bde. $^{3}/^{4}$1911–1929, Ndr. 1953 u. ö.); Histoire de l'Eglise, hg. v. A. Fliche u. V. Martin u. a. (1934 ff., bisher 21 Bde.); Hdb. der KiG, hg. v. H. Jedin (1966 ff.), Die Kirche in ihrer Gesch.; Ein

Hdb., hg. v. K. D. Schmidt u. E. Wolf (4 Bde., 1961 ff. in Einzellieferungen); Gesch. der Kirche, hg. v. L. J. Rogier u. a. (5 Bde. 1965/66 ff.); K. Heussi, Abriß der KiG (^{5}1957); K. Bihlmeyer, KiG, neu besorgt v. H. Tüchle (2 Bde. ^{18}1966/68); J. Lortz, Gesch. der Kirche in ideengesch. Betrachtung (2 Bde. ^{21}1962–1964); Atlas z. KiG, hg. v. H. Jedin u. K. S. Latourette (1969). – J. Haller, Das Papsttum, Idee u. Wirklichkeit (5 Bde. ^{2}1950–1953); F. X. Seppelt, Gesch. der Päpste (5 Bde. ^{2}1954–1959); ders. u. G. Schwaiger, Gesch. d. Päpste von d. Anfängen bis z. Gegenwart (^{6}1964); G. Barraclough, The Medieval Papacy (1968).

Jahrbücher der deutschen Geschichte, hg. durch die Histor. Kommission bei der Bayer. Akad. d. Wiss. (1862 ff.), eingehendste Darstellung von d. Anfängen der Karolinger bis 1158, 1190–1233 u. 1298–1308, nach Regierungszeiten gegliedert, mit Anführung aller Quellen, doch z. T. veraltet, wird fortgesetzt (z. T. Ndr.; s. zu den einzelnen Herrschern). – Nützliche Quellenzusammenstellung nach Jahren bis 1137: G. Richter u. H. Kohl, Annalen der dt. Gesch. im MA (4 Bde. 1873–1897).

Neuere Darstellungen deutscher Landesgeschichten (s. Bd. 13: Die dt. Territorien; vgl. DW ^{9}1826 ff.); G. W. Sante (Hg.), Gesch. der dt. Länder (Territorien-Ploetz, 1964); M. Spindler (Hg.), Hdb. der bayerischen Gesch. (4 Bde. 1967 ff.), B. Hubensteiner, Bayer. Gesch. (^{5}1967). – J. Schultze, Die Mark Brandenburg (5 Bde. 1961–1969); M. Braubach, Der Aufstieg Brandenburg-Preußens (1933); H. Herzfeld u. G. Heinrich, Gesch. Berlins u. der Mark Br. (bisher nur Bd. 3, 1968). – R. Wackernagel, Gesch. des Elsaß (1919); H. Büttner, Gesch. d. Elsaß 1 (1939). – K. E. Demandt, Gesch. des Landes Hessen (1959). – M. Hamann, Gesch. Mecklenburgs (1969). – R. Lehmann, Gesch. der Niederlausitz (1963). – H. Lübbing, Oldenburgische Landesgesch. (1953). – K. u. M. Uhlirz, Hdb. der Gesch. Österreichs u. seiner Nachbarländer Böhmen u. Ungarn (4 Bde. 1927–1944, Bd. 1 ^{2}1961); A. Huber u. O. Redlich, Gesch. Österreichs (7 Bde. bis 1740, 1888–1938, Bd. I 1 neu bearb. v. A. Lhotsky 1967); H. Hantsch, Die Gesch. Österreichs (2 Bde. ^{3}1962); E. Zöllner, Gesch. Österreichs (^{3}1966). – J. König, Verwaltungsgesch. Ostfrieslands bis zum Aussterben s. Fürstenhauses (1955). – B. Schumacher, Gesch. Ost- u. Westpreußens (^{2}1957 u. ö.). – R. Kötzschke u. K. Kretzschmar, Sächsische Gesch. (2 Bde. 1935). – Gesch. Schlesiens, hg. v. H. Aubin u. a. (^{2}1961, nur Bd. 1 bis 1526). – O. Brandt, Gesch. Schleswig-Holsteins (^{4}1949); Gesch. Schl.-Holsteins, hg. v. V. Pauls u. a. (4 Bde. 1934 ff., noch unvollst.). K. Weller, Gesch. des schwäbischen Stammes bis z. Untergang der Staufer (1944). – K. S. Bader, Der dt. Südwesten in seiner territorialstaatl. Entwicklung (1950). – H. Patze u. W. Schlesinger, Gesch. Thüringens (1967 ff., bisher Bd. 1 u. 3); F. Schneider u. A. Tille, Einführung in die thüring. Gesch. (1931). – H. Rothert, Westfälische Gesch. (bis 1815, 3 Bde. 1949–1951, erg. v. K. A. Hömberg, ^{2}1962–1969). – A. Dehlinger, Württembergs Staatswesen in s. gesch. Entwicklung 1 (1951).

Quellenkunde und Historiographie: A. Potthast, Bibliotheca historica medii aevi, Wegweiser durch die Geschichtswerke des europ. MA bis 1500 (2 Bde. ^{2}1896, Ndr. 1957), wird ersetzt durch: Repertorium fontium historiae medii aevi (seit 1962, bisher 3 Bde.); U. Chevalier, Répertoire des sources hist. du moyen-âge, 1: Bio-Bibliographie (2 Bde. ^{2}1905–1907, Ndr. 1959), 2: Topo-Bibliographie (2 Bde. 1894–1903, Ndr. 1960). – W. Wattenbach, Dtlds. Geschichtsquellen im MA bis z. Mitte d. 13. Jh. (Bd. 1 ^{7}1904, Bd. 2 ^{6}1894), Neubearbeitung: Vorzeit u. Karolinger, bearb. v. W. Levison u. H. Löwe (4 Hefte 1952–1963, Heft 5 in Vorb.; Beiheft: R. Buchner, Die Rechtsquellen, 1953); dass., Deutsche Kaiserzeit, hg. v. R. u. W. Holtzmann (4 Hefte bis 1125, 1938–1943), Neuausgabe v. F.-J. SCHMALE (1967); O. LORENZ, Dtlds. Gesch.quellen im MA seit d. Mitte d. 13. Jh. (2 Bde. [2]1886/87); M. JANSEN u. L. SCHMITZ-KALLENBERG, Historiographie u. Quellen der dt. Gesch. bis 1500 ([2]1914); H. VILDHAUT, Hdb. d. Quellenkunde zur dt. Gesch. (2 Bde., Bd. 1 [2]1906, Bd. 2 1900; größtenteils veraltet); K. JAKOB, Quellenkunde der dt. Gesch. im MA [6]1 (Karolinger) u. [5]2 (Kaiserzeit), bearb. v. J. HOHENLEUTNER (Slg. Göschen 1959–1961), 3 (SpätMA) v. F. WEDEN (ebd. 1952, unzulänglich). A. LHOTSKY, Quellenkunde zur mittelalterl. Gesch. Österreichs (1963); ders., Österreich. Historiographie (1962); R. C. VAN CAENEGEM u. F. L. GANSHOF, Kurze Quellenkunde des Westeurop. MA (dt. 1964); H. GRUNDMANN, Geschichtsschreibung im MA (1965), aus: Dt. Philol. im Aufriß 3 ([2]1957), ebd. H. GOLLWITZER, Neuere dt. Geschichtsschreibung; G. WOLF, Quellenkunde der dt. Reformationsgesch. (3 Bde. 1915–1923); F. SCHNABEL, Dtlds. geschichtliche Quellen und Darstellungen in der Neuzeit 1: Das Zeitalter der Reformation (1931, Ndr. 1969); E. FUETER, Gesch. der neueren Historiographie ([3]1936, Ndr. 1968); H. v. SRBIK, Geist u. Geschichte vom dt. Humanismus bis zur Gegenwart (2 Bde. 1950/51, Ndr. 1964); G. v. BELOW, Die dt. Geschichtsschreibung von d. Befreiungskriegen bis zu unseren Tagen ([2]1924); G. P. GOOCH, History and Historians in the 19th Century ([2]1952); J. W. THOMPSON u. B. J. HOLM, A History of Historical Writing (2 Bde. 1942, Ndr. 1950); F. WAGNER, Geschichtswissenschaft (1951).

Quellensammlungen: Monumenta Germaniae Historica (= MGH), seit 1826 hg. von der Gesellschaft für ältere dt. Geschichtskunde (gegr. 1819 vom Frhr. vom Stein), 1875 umgewandelt in die (ksl.) Zentraldirektion, 1935 in das Reichsinstitut für ält. dt. Gesch., 1946 in das Dt. Inst. für Erforschung des MA, vgl. H. BRESSLAU, Gesch. der MGH (NA 42, 1921); H. GRUNDMANN, Mon. Germ. Hist. 1819–1969 (1969). – Hauptabteilungen der MGH: 1. *Scriptores:* Auctores antiquissimi (15 Bde. 4°), Scriptores rerum Merovingicarum (7 Bde. 4°), Script. rer. Langobardicarum (1 Bd. 4°), Script. rer. Germanicarum (= SS), Hauptreihe 30 Bde. 2°, 2 Bde. 4°, dazu Nova series (=n. s., bisher 13 Bde. 8°) und sogen. Schulausgaben (Script. rer. Germ. in usum scholarum, bisher 62 Bde. 8°), Deutsche Chroniken (6 Bde. 4°); Libelli de lite imperatorum et pontificum saec. XI et XII (= L. d. L., 3 Bde. 4°), Gesta pontificum Romanorum (1 Bd. 4°). – 2. *Leges* (= LL), 5 Bde. 2°, zumeist überholt durch: Leges nationum Germanicarum (bisher 6 Bde. 4°); Capitularia regum Francorum (2 Bde. 4°); Formulae Merovingici et Carolini aevi (1 Bd. 4°); Concilia (2 Bde. u. Suppl. 4°); Constitutiones et acta publica imperatorum et regum (= Const.), Bd. 1–6, 1 u. 8 in 4°; Fontes iuris Germanici antiqui, n. s. (5 Bde. in 8°), Fontes . . . in us. schol. (10 Bde. in 8°). – 3. *Diplomata* (= DD), 1 Bd. 2° (DD Merovingorum, unzulängl.), sonst 4°. Die Urkunden der Karolinger (= DD Karol., Bd. 1 u. 3), Die Urk. der deutschen Karolinger (4 Bde. für 829–911), Die Urk. der burgund. Rudolfinger 888–1032 (im Druck), Die Urk. der dt. Könige u. Kaiser = DD K. I., DD H. I. usw. (8 Bde. für 911–1106 u. 1152, Urk. Barbarossas in Vorb.), Die Urk. Heinrichs d. Löwen (1 Bd. gr. 8°). – 4. *Epistolae* (= Epp.): Register Gregors I. (2 Bde. 4°), Epp. Karolini aevi (bisher 6 Bde. 4°), Epp. saec. XIII e regestis pontificum Rom. selectae (3 Bde. 4°), Die Briefe der Deutschen Kaiserzeit (Bd. 1–3 u. 5 in gr. 8°), Epp. selectae (5 Bde. 8°). – 5. *Antiquitates* in 4°: Poetae latini medii aevi 1–6; Necrologia Germaniae (5 Bde.), Libri confraternitatum (1 Bd.), Libri memoriales (Bd. 1 im Druck). – Neue Reihen: Staatsschriften des späteren MA (bisher 4 Teilbde. in gr. 8°); Quellen zur Geistesgesch. des MA (bisher 6 Bde. 8°); Deutsches MA, krit. Studientexte der MGH (4 Hefte 8°); Schriften der MGH (bish. 23 Bde.). – Übersetzungen: Geschichtsschreiber der deutschen Vorzeit (= GdV, 3. Gesamtausg. 103 Bde. kl. 8°). – Texte mit Übersetzungen: Ausgewählte Quellen zur dt. Gesch. des MA u. der Neuzeit, hg. v. R. BUCHNER (Freiherr-vom-Stein-Gedächtnisausgabe 1955 ff.).

An MG Const. schließt an, 1376 beginnend: Deutsche Reichstagsakten (= RTA), hg. durch die Histor. Kommission bei d. Bayer. Akad. d. Wiss., Ältere Reihe (1868 ff., bisher 19 Bde. bis 1454); Jüngere Reihe (1893 ff., Bd. 1–4 für 1519–1524, Bd. 7 u. 8 für 1527–1530).

Die MG SS werden ergänzt durch: Die Chroniken der deutschen Städte vom 14. bis ins 16. Jh., hg. durch die Histor. Kommission bei d. Bayer. Akad. d. Wiss. (37 Bde. 1862–1968, Ndr. ält. Bde. seit 1961).

Ältere, noch unentbehrliche Quellensammlungen: J. F. Böhmer, Fontes rerum Germanicarum (4 Bde. 1843–1868); Ph. Jaffé, Bibliotheca rerum Germanicarum (6 Bde. 1864–1873); J. F. Böhmer, Acta imperi selecta (1870); E. Winkelmann, Acta imperii inedita (2 Bde. 1880–1885). – Für Kirchengeschichte: MIGNE, Patrologiae cursus latinus (= MPL) bis 1216, 221 Bde. 1844–1864; wird neubearb. u. ergänzt in: Corpus Christianorum, Series latina (1954 ff.); Acta Sanctorum (= AA. SS.), bisher 68 Bde. (1643 ff., Ndr. seit 1854); G. D. Mansi, Sacrorum conciliorum nova et amplissima collectio (31 Bde. 1759–1798, Ndr. 60 Bde. 1900–1927). – Für Italien: L. A. Muratori, Scriptores rerum Italicarum (25 Bde. 1723–1751, seit 1900 Neubearbeitung im Gang); ders., Antiquitates Italicae medii aevi (6 Bde. 1738–1741, Indices 1889–1892); Fonti per la storia d'Italia, hg. vom Istituto stor. Ital. (seit 1887). – Für Frankreich: M. Bouquet, Recueil des historiens des Gaules et de la France (24 Bde., neu hg. v. L. Delisle seit 1869); Collection de textes pour servir à l'étude et à l'enseignement de l'histoire (seit 1886); Collection de documents inédits sur l'hist. de France (seit 1835); Les classiques de l'hist. de France au moyen-âge (seit 1923, mit Übersetz.). – Für England: Rerum Britannicarum medii aevi scriptores (in Einzelausgaben seit 1858). – Andere Quellensammlungen vollständig im Repertorium fontium historiae medii aevi 1 (1962).

Urkunden-Bücher und -Regesten: H. Oesterley, Wegweiser durch die Literatur der Urkundensammlungen (2 Bde. 1885/86); DW[9] 1289 f. – Reichsregesten: J. F. Böhmer, Regesta imperii (= RI), zuerst 1831, sind oder werden neu bearbeitet, s. zu den einzelnen Herrschern. Für die Regesten der Kaiserurkunden des 12. Jh. noch unentbehrlich K. Stumpf, Die Reichskanzler, Bd. 2 (1879 = St.). Papst-Regesten: Ph. Jaffé, Regesta pontificum Romanorum ab condita ecclesia ad annum 1198, hg. v. S. Loewenfeld (2 Bde. 1885/88 = JL), chronologisch; P. F. Kehr, Regesta pont. Rom. (bis 1198, nach Empfängergruppen geordnet): Italia pontificia, hg. v. P. F. Kehr u. W. Holtzmann (9 Bde. 1906 ff.); Germania pontificia, hg. v. A. Brackmann (4 Bde. 1906 ff., wird fortgeführt im Max-Planck-Inst. f. Gesch., Göttingen); d'A. Potthast, Regesta pontificum Romanorum 1198–1304 (2 Bde. 1874/75). Die päpstl. Register des 13./14. Jh. werden hg. in d. Bibliothèque des écoles franç. d'Athènes et de Rome, 2. sér. (1884 ff., noch unvollst., s. zu den einzelnen Päpsten). Deutschland betreffende Auszüge aus den päpstl. Registern seit 1378: Repertorium Germanicum (bisher 4 Bde. 1897 ff.). Nuntiaturberichte aus Dtld., 1. Abt. 1533–1559, hg. v. Preuß. bzw. Dt. Histor. Inst. in Rom (bisher 14 Bde. bis 1554, 1892–1965, 2 Erg.Bde. für 1530–1532, 1963–1969); 2. Abt. 1560–1572, hg. v. d. Histor. Kommission d. österreich. Akad. Wien (8 Bde. bis 1572, 1897–1967); 3. Abt. 1572–1585, hg. v. Preuß. Hist. Inst. Rom (bisher 5 Bde. für 1573–1584, 1892–1909), 1585–1592, hg. v. d. Görres-Gesellsch. (bisher 6 Bde. bis 1592, 1895–1969); 4. Abt. XVII. Jh. (bisher 3 Bde. für 1603–1606 u. 1628/29, 1895–1913); La nunziatura di Praga di Cesare Speciano 1592–1598 (5 Bde. 1966–1967); Nuntiaturberichte aus der Schweiz seit d. Concil v. Trient (3 Bde. für 1579–1581, 1906–1929, Einleitungsbd. 1910). – Urkunden- und Regestensammlungen für einzelne deutsche Bistümer, Klöster, Territorien, Dynastien u. Länder s. DW[9] 1311 ff.

Die deutschen Inschriften, hg. v. den dt. Akademien (1942 ff., bisher 10 Bde.), dazu

Hilfsmittel, Quellensammlungen und allgemeine Darstellungen

R. M. KLOOS, DA 15 (1959) u. 23 (1967). – P. E. SCHRAMM, Herrschaftszeichen und Staatssymbolik (Schriften der MGH 13, 1–3, 1954–1956); ders. u. F. MÜTHERICH, Denkmale der dt. Könige u. Kaiser (1962).

A. SCHULTE, Der deutsche Staat. Verfassung, Macht u. Grenzen 919–1914 (1933); P. KIRN, Politische Gesch. der dt. Grenzen ([4]1958).

Übersicht der Taschenbuchausgabe des GEBHARDT

Die erste Auflage des ›Handbuchs der deutschen Geschichte‹, herausgegeben von dem Berliner Realschullehrer Bruno Gebhardt (1858–1905) in Zusammenarbeit mit elf Gymnasiallehrern, Bibliothekaren und Archivaren, erschien 1891/92 in zwei Bänden. Von der zweiten bis zur siebenten Auflage wurde das Handbuch unter seinen Herausgebern Ferdinand Hirsch, Aloys Meister und Robert Holtzmann unter immer stärkerer Heranziehung von Universitätslehrern jeweils nach dem erreichten Forschungsstand überarbeitet und ergänzt und fand im wachsenden Maße bei Lehrenden und Lernenden an den Universitäten Verwendung. Nach dem Zweiten Weltkrieg nahm Herbert Grundmann mit neuen Autoren eine völlige Neugestaltung des ›Gebhardt‹ in Angriff, und auf diese in den Jahren 1954 bis 1960 in vier Bänden erschienene achte Auflage geht die nun vorliegende, wiederum überarbeitete und ergänzte, 1970 bis 1973 erschienene neunte Auflage zurück.

Um das bewährte Studien- und Nachschlagewerk vor allem den Studenten leichter zugänglich zu machen, haben sich der Union Verlag und der Deutsche Taschenbuch Verlag im Einvernehmen mit den Autoren zu dieser Taschenbuchausgabe entschlossen. Das Handbuch erscheint ungekürzt und, von kleinen Korrekturen abgesehen, unverändert in folgender Bandaufteilung:

1. Ernst Wahle: Ur- und Frühgeschichte im mitteleuropäischen Raum
2. Heinz Löwe: Deutschland im fränkischen Reich
3. Josef Fleckenstein und Marie Luise Bulst-Thiele: Begründung und Aufstieg des deutschen Reiches
4. Karl Jordan: Investiturstreit und frühe Stauferzeit (1056 bis 1197)
5. Herbert Grundmann: Wahlkönigtum, Territorialpolitik und Ostbewegung im 13. und 14. Jahrhundert (1198–1378)
6. Friedrich Baethgen: Schisma- und Konzilszeit, Reichsreform und Habsburgs Aufstieg
7. Karl Bosl: Staat, Gesellschaft, Wirtschaft im deutschen Mittelalter
8. Walther Peter Fuchs: Das Zeitalter der Reformation
9. Ernst Walter Zeeden: Das Zeitalter der Glaubenskämpfe (1555–1648)
10. Max Braubach: Vom Westfälischen Frieden bis zur Französischen Revolution
11. Gerhard Oestreich: Verfassungsgeschichte vom Ende des Mittelalters bis zum Ende des alten Reiches
12. Wilhelm Treue: Wirtschaft, Gesellschaft und Technik in Deutschland vom 16. bis zum 18. Jahrhundert
13. Friedrich Uhlhorn und Walter Schlesinger: Die deutschen Territorien
14. Max Braubach: Von der Französischen Revolution bis zum Wiener Kongreß
15. Theodor Schieder: Vom Deutschen Bund zum Deutschen Reich
16. Karl Erich Born: Von der Reichsgründung bis zum Ersten Weltkrieg
17. Wilhelm Treue: Gesellschaft, Wirtschaft und Technik Deutschlands im 19. Jahrhundert.

Es ist vorgesehen, die Taschenbuchausgabe in angemessenem zeitlichen Abstand nach Erscheinen des vierten Bandes des Handbuchs, der die deutsche Geschichte seit 1914 behandelt, weiterzuführen.

Namen- und Sachregister

HANDBUCH
DER EUROPÄISCHEN GESCHICHTE

Herausgegeben von Prof. Dr. Theodor Schieder, Köln
in Zusammenarbeit mit rund 70 Historikern
7 Bände, Gesamtumfang ca. 6000 Seiten

In der Anordnung lehnt sich dieses Handbuch an die bewährte Form des GEBHARDT an; jeder Band beginnt mit einer breiten Darstellung des gesamteuropäischen Phänomens, der europäischen Grundzüge und der europäischen Verflechtungen, wie sie gemeinsam in den Staatenbeziehungen bestehen. Den gesamteuropäischen Kapiteln folgen Darstellungen der einzelnen und nationalgeschichtlichen Entwicklungen.

Der Verlag [illegible], so erreicht das Werk [illegible] der SCHIEDER [illegible] des GEBHARDT [illegible] Hilfsmittel [illegible].

Wir unterrichten Sie gern über Einzelheiten. Bitte fordern Sie Prospekte an.

[illegible]

HANDBUCH
DER EUROPÄISCHEN GESCHICHTE

herausgegeben von Prof. Dr. Theodor Schieder, Köln
in Zusammenarbeit mit rund 70 Historikern
7 Bände, Gesamtumfang ca. 6000 Seiten

In der Aufmachung lehnt sich dieses Handbuch an die bewährte Form des GEBHARDT an. Jeder Band beginnt mit einer breiten Darstellung des gesamteuropäischen Fundaments, der europäischen Grundzüge und der europäischen Verflechtungen, wie sie namentlich in den Staatenbeziehungen bestehen. Diesem europäischen Hauptteil folgen Darstellungen der einzelnen und nationalgeschichtlichen Entwicklungen.

›Die Voraussage sei gewagt‹, so urteilt ›Die Zeit‹ über dieses Handbuch, ›daß der SCHIEDER wie der GEBHARDT bald ein unentbehrliches Rüstzeug des Historikers sein wird.‹

Wir unterrichten Sie gern über Einzelheiten. Bitte, fordern Sie Prospekte an.

UNION VERLAG STUTTGART
7000 Stuttgart, Postfach 326